게슈탈트 치료

100 가지 핵심 포인트

Dave Mann 저 | 장현아 역

GESTALT THERAPY

100 KEY POINTS AND TECHNIQUES (2ND ED.)

Gestalt Therapy: 100 Key Points and Techniques (2nd ed.)
by Dave Mann

역자 서문

저에게 게슈탈트는 늘 더 알고 싶은 치료입니다. 인간을 전체적인 존재로 바라보면서 그 복잡성과 불확실함을 한껏 껴안으려는 태도, 그리고 삶을 향한 열린 질문과 호기심은 누군가의 곁에 머문다는 것의 의미를 깊이 생각하게 합니다.

이러한 게슈탈트의 정신이 실제 치료 장면에서 어떻게 살아 움직일 수 있을까 하는 질문은 항상 제 안에 자리해 왔습니다. 그렇기에 게슈탈트 치료의 철학과 감수성 그리고 임상 실천의 생생한 결이 함께 담긴 자료에 대한 갈증은 자연스러운 것이었습니다.

그러던 중 우연히 이 책을 만나게 되었습니다. 『게슈탈트 치료: 100가지 핵심 포인트(Gestalt Therapy: 100 Key Points and Techniques)』의 초판을 처음 접했을 때, 제목을 보자마자 단번에 마음이 끌렸습니다. 특히 100개의 주제를 하나하나 짚어 가는 구성은 게슈탈트를 배우고 실천하는 사람에게 든든한 나침반처럼 느껴졌습니다. 원서 제2판이 출간되었다는 소식을 들었을 때에는 이 책을 국내에 소개하고 싶다는 바람이 마음속에서 선명해졌습니다.

하지만 막상 번역을 시작하고 나니 생각보다 훨씬 더 오랜 시간이 걸렸습니다. 각 장은 몇 페이지 내외의 짧은 분량으로 구성되어 있었지만, 그만큼 압축된 문장 너머를 읽어 내야 하는 일이 많았습니다. 임상적 뉘앙스와 철학적 배경을 붙들고 고민하는 시간이 길어졌습니다. 특히 문장과 문장 사이에 스며든 게슈탈트적인 감수성을 최대한 한국어로 담아내고 싶었지만 부족함이 많았습니다.

아마 이 책은 단번에 이해하기보다는 여러 번 들여다보면서, 실천과 연결해 나가고, 문장 사이의 여백을 함께 채워 가야 하는 책일지도 모릅니다. 그러나 한 문장, 한 문장에 담긴 밀도와 사유에 천천히 머무르다 보면 어느새 게슈탈트의 정신을 만나게 될 것입니다. 게슈탈트를 처음 접하는 이들에게는 큰 틀을 잡아 주는 '지도'가, 이미 실천해 온 임상가들에게는 자신의 접근을 성찰하는 '거울'이 되어 줄 것이라 생각합니다. 저는 이 책을 통해 독자 한 사람 한 사람이 자기만의 질문을 품고, 게슈탈트적인 태도를 스스로의 언어로 천천히 번역해 나가기를 바랍니다.

그 여정은 단순히 이론을 익히는 공부가 아니라
자기 자신과의 만남이며, 타인의 세계에 더 깊이 다가가기 위한 시도일 것입니다.
우리가 누군가의 곁에 진실하게 존재하려 할 때
게슈탈트는 언제나 그 사이를 든든히 받쳐 주는 배경이 되어 줄 것이라 믿습니다.

그 여정 속에서 접촉은 더 생생해지고,
알아차림은 조금 더 깊어지며,
말로는 다 담을 수 없는 감각과 감정이 치료의 자리에 조용히 스며들기를.
그리고 그 자리에 있는 우리가
조금 더 온전한 존재로 서로를 마주할 수 있기를 바랍니다.

2025년 7월

흐르는 물 장현아 드림

저자 서문

2008년, 나는『게슈탈트 치료: 100가지 핵심 포인트』초판의 첫 몇 단어를 망설이며 타이핑하기 시작했다. 나의 목표는 게슈탈트 치료의 방법론과 이 접근의 근간이 되는 중요한 이론을 담은 실용적인 입문서를 집필하는 것이었다. 흥미를 가진 독자들에게 관련 문헌을 안내하는 것도 부가적인 목표였다. 제2판을 집필하면서도 이 두 가지 목표는 변함이 없었다. 그러나 세상은 필연적으로 변화해 왔고, 게슈탈트 치료 역시 분리된 세계에 존재하는 것이 아닌 이상 함께 변화해 왔다. 그 결과, 제2판은 새롭게 재구성되고 수정되었다. 일부 이론적인 부분과 체험적 실습은 삭제되었고, 새로운 내용이 추가되었다. 모든 핵심 개념은 재작업되고 업데이트되었다.

"실천 없는 이론은 공허하고, 이론 없는 실천은 맹목적이다."(Kant in Morrison & van der Werf, 2012: 339)라는 문구는 자주 인용된다. 공허하지도 맹목적이지도 않기 위해 제2판은 초판과 유사한 방식으로 구성되었으며, 특정 핵심 포인트에 대한 알아차림을 증진할 수 있도록 체험적 실습과 실험을 포함하여 설계되었다. 나는 당신이 이러한 핵심 포인트를 보다 체현된 감각으로 경험하기를 바라지만, 다른 실험과 마찬가지로 그 효과를 보장할 수는 없다! 물론 이러한 실습과 실험을 반드시 해야 하는 것은 아니다. 그러나 하지 않기로 선택한다면 당신의 저항에 대해 생각해 보기를 바란다. 이 책에는 이론적 내용을 명확히 설명하기 위해 여러 사례와 실습에 대한 간단한 '대본'이 제시되어 있는데, 이러한 사례들은 비밀보장을 위해 가명으로 표기되고 각색되었다. '그' '그녀' '그들'을 평등하게 번갈아 사용하였고, 치료사의 성별도 교차하여 사용하였다. 원한다면 특정 핵심 포인트를 선택하여 머물 수 있지만, 그렇게 할 경우에는 배경 중 일부가 부족할 수 있음을 염두에 두길 바란다. 게슈탈트 용어로 말하자면, 선명한 전경 경험을 위해서는 견고한 배경이 필요하다.

우리 각자가 현실을 조성하는 방식은 우리의 과거와 현재 상황과의 관계성 속에서 형성되는 독특한 창조적 행위이다. 이 만남 속에서 우리는 현재의 신선한 경험에 반응할 수도 있고, 고정된 습관적 존재 방식으로 이어지는 오래전 내면화된 서사에 반응할 수도 있다. 앞으로 전개될 내용을 통해 우리는 개인적 서사에 반응할 때 관여할 수 있는 과정, 낡은 관계 패턴으로 되돌아가는 방식, 그리고 세계에 대한 인식이 각자의 현실을 어떻게 구성하는지에 대해 살펴볼 것이다. 세계는 원자로 이루어져 있을 수 있지만, 이야기들로 함께 연결되어 있다.

제한된 지면상 원활한 흐름을 위해 일부 설명에서는 약어를 사용할 것이다. 예를 들어, '전경과 배경'에서 '전경'이라는 용어를 사용할 때, 이 용어는 '전경과 배경 사이의 역동적이고 끊임없이 변화하는 과정'을 의미한다. 매번 그런 문구를 사용한다면 말이 길고 복잡해질 것이다! 이런 방식이 오해를 일으키지 않기를 바란다. 나는 독자들이 관계적 렌즈를 통해 이 책을 보면서 한 명의 게슈탈트 치료사인 나의 관점과 의견에 자유롭게 동의하고, 동의하지 않고, 해체하고, 재구성하기를 초대한다. 다만 나는 당신이 어떤 경향을 선호하는지에 주의를 기울여 주기를 요청한다.

게슈탈트 치료는 진정한 통합적 접근으로서 현상학, 장 이론, 대화라는 게슈탈트의 세 가지 기둥으로 알려져 있는 풍부한 철학을 바탕으로 한다. 이 창조적 통합은 전체론, 실존주의, 신체 작업, 게슈탈트 심리학, 선불교 및 도교와 같은 동양 철학을 포함한다. 우리는 게슈탈트 치료의 이론과 실제가 창시자의 개인적인 여정과 다양한 심리치료사 및 철학자들과의 만남에서 비롯되었음을 보게 될 것이다. 게슈탈트 치료사인 나와의 여정에서 우리가 무엇을 발견할 수 있을지 함께 떠나 보자.

Dave Mann

참고사항

제2판은 COVID-19 팬데믹이 시작되기 전에 집필되었다. 100개의 핵심 포인트를 통해 이러한 세계적 위기가 우리로 하여금 세계를 어떻게 경험하게 하는지 이해할 수 있을 것이다. 또는 게슈탈트 용어로 말하자면, 현상학적 장 · 상황 내의 압도적인 전경이 세상과의 대화에 어떻게 영향을 미치는지 알 수 있다. 만약 팬데믹 기간에 제2판을 집필하였다면, 분명히 이 과정을 설명하기 위해 여러 가지 예를 제시하였을 것이다. 그러나 이 책에서 나는 과정 기반 치료와 관련된 이론을 설명하고 있으며, 논의된 이론은 재난뿐 아니라 평범한 일상 그리고 그 사이의 모든 것에 적용할 수 있다.

차례

Part 2 치료 여정의 시작: 준비와 초기 평가

Part 3 치료 여정: 게슈탈트 치료의 세 가지 기둥

Chapter 1. 내담자의 상황 또는 장을 탐색하기 ● 135

Chapter 2. 경험에 초점 맞추기: 게슈탈트 치료에서의 현상학 ● 183

Chapter 3. 대화: 관계를 통해 출현하는 것 ● 217

Part 4 되어 가기: 여정을 따라 나타나는 전환

Part 5 윤리와 가치: 모든 여정의 핵심 이정표

Part 6 평가하기: 목적지와 회고

Part 1

게슈탈트 치료 여정을 위한 지도

토대와 이론적 가정

01 게슈탈트 치료: 매우 간략한 역사

모든 인간이 배경에서 출현하는 것처럼 모든 치료법과 이론도 배경에서 비롯된다. 명백한 것에 주의를 기울이는 것이 게슈탈트 치료의 핵심 원리이기에, 나는 이 책의 시작을 이처럼 명백한 진술로 시작하는 것이 맞다고 생각한다.

게슈탈트 치료는 다양한 이론과 개념을 하나의 통합된 전체로 엮어 내는 것이다. 공동 창시자인 로라 펄스(Laura Perls), 프레데릭 펄스(Frederick Perls), 폴 굿맨(Paul Goodman)과 마찬가지로, 게슈탈트 치료 역시 『게슈탈트 치료: 인간 성격의 흥분과 성장(Gestalt Therapy: Excitement and Growth in the Human Personality)』(Perls, Hefferline, & Goodman, 1951; 이하 'PHG'로 표기)의 출간 이후 다채롭고 급진적이며 저항적인 역사를 이어 왔다. 게슈탈트 치료라는 창조적 통합은 세 명의 창시자가 걸어 온 삶의 여정과 수련 과정, 그리고 그들이 협력하여 게슈탈트를 하나의 치료법으로 처음 명명한 기념비적 텍스트를 공동 집필하기 이전에 맺은 관계들이 서로 연결되면서 형성되었다. 게슈탈트 치료의 세계관은 현상학과 장 이론으로 알려진 전체론적 틀을 바탕으로 게슈탈트 심리학에서 진화하였다.

펄스와 '게슈탈트'라는 단어가 유래한 곳인 독일에서 시작해 보자. 프레데릭 '프리츠' 펄스는 의학박사 학위를 취득한 후 1926년에 당시 철학, 예술, 심리학과 창조적인 지성주의의 중심지였던 프랑크푸르트(Frankfurt)로 이주하였다. 그리고 그곳에서 뇌손상 군인을 치료하면서 전체주의 심리학의 중요한 인물인 쿠르트 골드슈타인(Kurt Goldstein)을 보조하였다. 프리츠는 프랑크푸르트 대학교에서 골드슈타인의 제자였던 미래의 아내 로라 펄스를 만났다. 그녀는 실존주의 철학자 마틴 하이데거(Martin Heidegger), 게슈탈트 심리학자 막스 베르트하이머(Max Wertheimer), 실존주의 신학자 폴 틸리히(Paul Tillich), 마틴 부버(Martin Buber)와 함께 수학하였다. 로라와 프리츠는 둘 다 정신분석 훈련을 받았다. 프리츠의 분석가는 빌헬름 라이히(Wilhelm Reich)였는데, 그의 신체 갑옷(body amour)에 대한 작업은 이후 펄스의 임상적 사고를 형성하는 데 영향을 미쳤다. 철학자 지그문트 프리드랜더(Sigmund Friedlander)는 펄스가 **창조적 무관심** 개념을 발달시키는 데 영향을 주었고, **지금-여기**에서의 재경험과 의미 확립의 중요성을 강조한 분석가 오토 랭크(Otto Rank)도 영향을 미친 인물이다. 분석가 카렌 호나이(Karen Horney)는 보다 현재지향적이고 환경에 초점을 맞춘 치료적 접근을 한층 발전시켰다. 프리츠와 로라는 둘 다 환원주의에 반대하며 통합된 전체를 강조하는 게슈탈트 심리학 운동의 관점에 매료되었다. 이는 게슈탈트 치료를 통합적인 틀로 조직화하는 원리를 제공하였다(Yontef, 1993). 사회심리학자인 쿠르트 레빈(Kurt Lewin)은 게슈탈트 심리학자들과 함께 연구를 수행하였고, 이후 그의 **장 이론**에 대한 아이디어는 게슈탈트 치료에 통합되었다.

창의적 사상가들의 중심지였던 프랑크푸르트는 제3제국의 집권으로 산산조각이 났다. 로라와 프리츠는 네덜란드로 도피하여 그곳에서 잠시 머물다가 남아프리카로 거처를 옮겨 정신분석가로 활동하였다. 그들은 『전체론과 진화(Holism and Evolution)』의 저자이자 남아프리카의 총리인 얀 스뮈츠(Jan Smuts)를 만나게 되었는데, 스뮈츠는 자신의 저서에서 유기체를 자기 조절적이라고 간주하며, 현재는 과거와 미래를 모두 담고 있다고 보았다(Smuts, 1926).

펄스 부부는 고전 정신분석의 독단주의(dogmatism)를 용납할 수 없었고, 1947년에 정신분석에 반대하는 첫 번째 저서 『자아, 허기 그리고 공격성(Ego, Hunger and Aggression)』을 출간하였다. 이 책에는 '프로이트 이론과 방법의 개정'이라는 신랄한 부제가 표기되어 있다. 이 책은 F. S. 펄스의 이름으로 출판되었지만 로라 펄스가 상당한 기여를 한 것으로 알려져 있으며, 그들이 골드슈타인의 강연에서 만난 이후 그녀의 영향력은 빛을 발해 왔다.

제2차 세계대전 종전 후 펄스 부부는 뉴욕으로 이주하였고, 뉴욕은 그들이 프랑크푸르트에서 경험하였던 **시대 정신**으로 물들어 있었다. 그들은 뉴욕게슈탈트연구소(New York Institute for Gestalt Therapy)를 설립하고 다양한 방문객을 맞이했는데, 그중에서도 가장 중요한 인물은 폴 굿맨이었을 것이다. 프리츠와 로라는 굿맨의 혁명적인 사회적 · 정치적 신념, 광범위한 분야에 걸친 다작의 저술과 교육에 대해 이미 잘 알고 있었다. 그는 자신의 저작 중 하나에서 심리치료의 발달에 있어 지그문트 프로이트에게 진 빚에 대해 언급한 적이 있다. "그는 먼저 지옥의 꽃밭을, 그 후에는 천국의 거친 사막을 탐험했다. 끝나지 않은 여정. 그의 업적은 여전히 진행 중이며 앞으로도 계속 될 것이다"(Goodman, 1977: 6). 굿맨은『게슈탈트 치료: 인간 성격의 흥분과 성장』, 즉 PHG의 공동 저자가 되었다. 콜롬비아 대학교의 교수인 랄프 헤퍼라인(Ralph Hefferline)도 영입하였는데, 그는 자신의 제자를 참여시켜 실제적인 연습을 시도하고 그 경험에 대한 보고를 중심으로 책 내용에 기여하였다.

뉴욕연구소의 아이디어는 미국의 다른 이들에게도 관심을 받기 시작했다. 이후에는 클리블랜드연구소가 설립되었고, 뉴욕연구소 멤버들의 기여로 집중 훈련 프로그램이 개발되었다. 명망 있는 게슈탈트 치료사들인 조셉 징커(Joseph Zinker), 어빙(Erving)과 미리암 폴스터(Miriam Polster), 소냐(Sonia)와 에드윈 네비스(Edwin Nevis), 일레인 케프너(Elaine Kepner)가 프로그램을 제공하였고 이들은 이론적으로나 지리적으로 게슈탈트 치료를 더욱 확장시켰다.

프리츠는 훈련과 치료 그룹을 계속 이어 갔지만 점점 좌절감을 느끼게 되었다. 그는 캘리포니아 동부 해안에 위치한 에살렌연구소(Esalen Institute)에서 명성을 얻었지만, 불행히도 이 시기에 그의 일부 작업은 게슈탈트 치료가 기법에만 의존하며 이론이 부족하다는 등 게슈탈트 치료에 대한 오해와 단순화된 이해를 야기하였다. 많은 이가 프리츠가 하는 것을 보고 그저 똑같이 따라 하였다. 1960년대 중반에는 그 시기의 반문화 운동에 힘입어 게슈탈트의 인기가 폭발적으로 증가하였다. 성장 운동의 중심에는 에살렌과 프리츠가 있었고, 뉴욕에서는 로라 펄스, 폴 굿맨 등이 원래의 게슈탈트 치료 기본 원칙과 방법론에 충실한 임상 실제를 이어 갔다.

영국에서 게슈탈트가 성장하기 시작한 것은 1970년 프리츠가 사망할 무렵이었다. 초창기 영국에서의 훈련 대부분은 미국 스타일을 그대로 반영하였다. 1990년대에 훈련이 보다 공식화되기 전까지는 공식 지침 없이 지역별로 훈련이 이루어졌고, 주 강사가 선호하는 버전의 게슈탈트가 전달되었다. 1993년에 영국심리치료협의회(United Kingdom Council for Psychotherapy: UKCP)가 구성되었고, 많은 게슈탈트 교육 프로그램의 강의 요강이 영국심리치료협의회 등록 요건에 맞추어졌다. 연구소들은 대학과 협력 관계를 구축하고, 박사학위 수준에 이르기까지 다양한 자격을 부여하였다.

게슈탈트는 급진적이고 반체제적인 접근으로 시작하였고 점차적으로 수용되어 현재의 입지로 발전해 왔다. 그러나 약간의 불편함을 동반하고 있다. 게슈탈트 치료가 이제는 보다 이론적으로 엄격한 치료법으로 널리 받아들여지고 있다는 점에서 분명한 이점이 있다. 반면 희생된 부분은 이 접근의 모험적이고 장난기 넘치고 과감한 창의성의 상실인 듯 하다. 바로 이 창의성에서 천재성과 논란이 비롯되곤 하였다.

이 내용은 『개인심리치료 핸드북 6판(The Handbook of Individual Therapy–Sixth Edition)』(2014) 중 내가 저술한 장의 도입부에 소개된 바 있다.

02 그래서, 게슈탈트(gestalt)란 무엇인가

내가 초심 치료사일 때 "그래서, 게슈탈트(gestalt)가 대체 무엇인가요?"라고 묻는 여성을 마주한 적이 있다. 나는 정확한 답을 하기가 어려웠다. 그 이유는 게슈탈트 접근이 아직 익숙하지 않았기 때문이기도 하였지만, 더 큰 어려움은 '게슈탈트'라는 용어가 직접적인 영어 표현이 없는 독일어 명사라는 점이었다. 가장 근접한 영어 표현은 패턴, 형태, 모양, 전체 배열이다. 독일어에서 게슈탈트는 전체적인 모양, 전체성과 관련이 있다. 우리는 사물을 개별 구성 요소보다는 전체 형태로 지각한다. 게슈탈트 심리학은 우리가 의미 있는 전체로 패턴을 조직화한다는 것을 보여 준다(포인트 04를 참조). 가령 집을 볼 때 벽돌, 창문, 지붕 타일, 배수관 및 배수구와 같은 개별적인 부분의 집합이 아닌 전체로서의 집을 지각한다(Parlett, 2015). 전체로서 집을 지각하는 방식은 여러 가지 요인에 의해 형성된다. 몇 가지만 언급하자면 우리의 역사, 그 순간의 욕구, 문화적 배경 등이다. 따라서 게슈탈트에서는 두 개인의 역사가 동일할 수 없듯이 어떤 두 인식도 동일할 수 없으며, 비슷할 수는 있지만 완전히 같지는 않다고 본다. 이런 의미에서 나는 모든 게슈탈트 치료사가 치료실에서 동료 인간을 마주할 때 직면하는 난제로 이 책을 시작한다. 즉, 개개인의 독특함으로 인해 우리는 타인의 경험에 근접할 수 있을 뿐 결코 타인의 경험을 완전히 이해할 수 없다. 그럼에도 우리는 관계 속에서 만나고 이해되기를 갈망한다. 타인을 최대한 잘 이해하기 위해서는 그들이 자신과 환경과의 관계를 구성하는 방식, 세상에서 만나는 것들을 채색하는 패턴, 경험을 형성하고 조형하는 방식, 한 경험에서 다른 경험으로 이동하는 방식을 이해하는 것이 필요하다.

많은 사람이 다른 독일어 명사와 마찬가지로 '**게슈탈트**'를 대문자로 써야 한다고 생각한다. 그러나 게슈탈트 치료는 어제 영어권에 상륙한 것이 아니다. 1951년에 창시자들[1]이 그들의 주요 저작인 『게슈탈트 치료: 인간 성격의 흥분과 성장』을 출간한 이래로 계속 영어권에 있어 왔다. 게슈탈트 치료의 뿌리 중 하나인 게슈탈트 심리학은 이보다 앞선 50년 전부터 존재하였다. 블룸(Bloom), 스파뉴올로-롭(Spagnuolo-Lobb)과 스테임러(Staemmler)가 주장한 것처럼, "게슈탈트는 더 이상 새로운 방식의 고유명사가 아니다. 게슈탈트 치료는 이미 받아들여진 많은 접근법 중 하나이며 일반 명사이다. 게슈탈트 치료는 소문자로 쓰는 것이 적절하다"(2008: 7). 독일어 명사에 대한 논쟁과 관련하여, "게슈탈트는 프랑크프루터(frankfurter)나 사우어크라우트(sauerkraut)[2]만큼이나 영어 단어이다."(ibid.)라고 언급되고 있다. 따라서 이 책에서 게슈탈트는 정신분석, 정신역동치료, 인지행동치료와 마찬가지로 소문자[3]로 표기될 것이다.

게슈탈트 치료가 무엇인지를 몇 마디로 설명하는 것은 어려운 일이다. 나는 게슈탈트 치료를 관계적 치료라고 요약할 수 있으며, 이는 "게슈탈트의 기둥"(Yontef, 1999: 11)으로 설명되는 세 가지 핵심 철학을 종합하는 것이다. 세 가지는 다음과 같다.

- **장 이론**: 개인의 경험은 그들의 상황 또는 장 맥락에서 탐색된다(나는 상황과 장을 상호 교환적으로 사용할 것이다).
- **현상학**: 관찰자에 의해 해석된 것이 아닌 명백한 것 그리고/또는 드러난 것을 통한 이해를 추구한다.
- **대화**: 관계의 사이(between), 치료사와 내담자 사이에서 출현하는 것에 관심을 가지며, 특정한 형태의 접촉(언어적인 것만이 아닌)을 의미한다.

게슈탈트 치료사의 작업에서 이 철학들은 서로 얽혀서 교차하며, 관계적 관점

---

1 게슈탈트 치료의 창시자는 종종 프레데릭 프리츠 펄스로만 알려져 있다. 그러나 펄스의 아내인 로라는 게슈탈트 치료의 발달에 매우 중요한 역할을 하였다. 또 다른 공동 창시자는 폴 굿맨으로 주요 저서인 PHG(1951)의 공동 저자이다.

2 역자 주: 양배추를 발효시켜 만든 독일의 전통음식을 뜻한다.

3 '게슈탈트'를 대문자로 표기한 다른 사람들의 말을 인용하는 경우에는 예외이다.

은 각각의 중심에 위치한다. 따라서 나는 게슈탈트를 진정한 통합적 심리치료라고 본다. 세 가지 '기둥' 중 어느 하나라도 실천되지 않으면 게슈탈트 치료가 이루어지지 않는다. 게슈탈트 치료는 체험적 치료로, 실험은 이 접근의 핵심적인 역할을 한다. 개인 · 환경 장을 상호 의존적으로 보는 게슈탈트의 전체론적인 관점은 서구 문화에 만연한 마음-몸의 분리에 적극적으로 반대한다. 이와 더불어 자기를 개인에게 속한 것이 아니라 만남의 과정에서 형성되는 것으로 받아들이는 자기에 대한 급진적 관점은 사실상 모든 다른 심리치료와 구별되는 특징이다.

게슈탈트 치료에서 우리는 개인이 세상에 어떻게 접근하는지, 상황에 어떻게 반응하는지, 과거와 현재의 상황 및 미래에 대한 기대가 어떻게 개인(우리)의 지금-여기에서의 접근 과정에 영향을 미치는지를 탐구한다. 우리는 이 작업을 내담자와의 관계 안에서, 내담자의 상황의 한 부분으로서 적극적으로 참여하면서, 우리 사이에서 어떤 역동이 일어나는지에 세심한 주의를 기울이면서 수행한다. 우리는 우리 앞에 있는 사람의 현재, 과거 그리고 미래의 가능성, 모든 것을 포함한 전체성을 받아들임으로써 알아차림을 증진시키고자 한다. 게슈탈트 치료는 흥미롭고 활기차고 에너지 넘치는 치료이다. 이 책의 다음 장들에서는 게슈탈트의 풍부한 역사적 배경을 바탕으로, 게슈탈트 치료라는 전체를 형성하는 데 기여하는 모든 측면에 대한 나의 견해를 계속해서 제공할 것이다.

03 그리고, 게슈탈트(a gestalt)란 무엇인가

게슈탈트 치료의 창시자들은 경험의 진정한 특성, 질(qaulity)을 강조하기 위해 **유기체적** 욕구(need)를 언급하였다(PHG, 1951). 게슈탈트(a gestalt)는 욕구에 대한 전체 경험을 나타내며, 그 경험은 어떤 욕구냐에 따라 다양한 시간에 걸쳐 지속될 수 있다. 예를 들어, 허기를 채우려는 욕구는 몇 분 만에 충족될 수도 있고, 미식가의 경우에는 더 오래 지속될 수도 있다. 반면에 성취감을 주는 경력에 대한 '허기'를 충족시키고 싶은 욕구는 수 년에 걸쳐 이어질 수도 있다. 우리는 관계적 존재로서 이러한 전체 경험들은 항상 환경과의 관계 속에서 형성된다. 항상 "유기체와 환경 간의 상호의존성"이 존재한다(Perls, 1947: 34). 식사하는 사람과 음식은 서로 상호작용하며, 서로를 변화시킨다. 최근 몇 년 동안 신경과학 연구가 증명해 온 것처럼 한 사람이 다른 사람과 접촉할 때도 변화가 일어난다(Siegel, 1999; Gallese, 2001; Schore, 2003; Ferrari & Rizzolatti, 2015). 욕구가 충족되면 게슈탈트가 완결되고 새로운 욕구가 떠오를 수 있는 공간이 만들어짐에 따라 개인은 자유롭게 새로운 욕구로 이동한다.

게슈탈트가 하나의 경험의 단위를 나타내는 것이긴 하지만, 게슈탈트 이론이 우리가 경험의 한 단위에서 다른 단위로 스타카토식의 짧고 단절된 이동을 하면서 살아간다고 말한다는 인상을 주지 않기를 바란다. 욕구, 충동, 반응과 바람, 다시 말해, 게슈탈트들은 서로 복잡하게 얽혀 있다. 예를 들어, 나는 이 문장을 타이핑하는 동안 코가 간지러워지자 코를 긁어 욕구를 충족시키고, 그다음에는 따뜻한 음료(카페인이 함유된)를 마시고 싶은 욕구를 충족하기 위해 커피를 가져온다. 나는 키보드 위 손가락의 감각으로 다시 돌아가기 전에, 커피를 마시면서 이 책의 이 부분이 끝나면 다음에 무엇이 이어질지 생각하면서 미래를 상상한다. 당신은 이 설명을 통해 각각의 게슈탈트가 행위나 상상을 통해 현재 시점에서 진행되고 경험된다는 것을 알게 되었을 것이다. 개인의 과거, 기대, 직면한 상황에서 작용하는 영향들, 문화적 배경은 모두 개인이 하나의 게슈탈트를 형성하고 다른 게슈탈트로 이동하는 방식을 조형한다. 게슈탈트는 게슈탈트 치료의 선조인 게슈탈트 심리학자들에 의해 연구된 원리들에 따라 조직된다. 이는 **게슈탈트 지각 원리**(Wertheimer, 1925; Kohler, 1938)로 알려져 있으며 다음 포인트에서 논의될 것이다.

떠오르는 욕구가 완결을 향해 나아가는 이 과정은 여러 단계로 설명된다. 창시자들은 이 과정을 전 접촉, 접촉, 최종 접촉, 후 접촉(PHG, 1951)의 네 단계를 거치는 것으로 개념화하였고, 수년에 걸쳐 정교화되고 수정되어 왔다. 이후 많은 단계별 지도가 개발되었으며 경험의 완결(게슈탈트)을 설명하기 위해 그림으로 표현되었다. 징커(Zinker, 1977), 네비스(Nevis, 1987), 클락슨(Clarkson, 1989, 2013)이 고안한 것들이 대표적인 예인데, 일반적으로 **게슈탈트 주기 또는 경험 주기**로 알려져 있다. 이러한 지도들은 포인트 15에서 더 자세히 논의될 것이다.

04 게슈탈트 심리학의 지각 원리

게슈탈트 치료는 하룻밤 사이에 등장한 것이 아니다. 게슈탈트 치료는 20세기 초 지각에 대한 연구로 시작된 게슈탈트 심리학과 여러 다른 철학의 통합이다. 독일 출신의 막스 베르트하이머(Max Wertheimer), 볼프강 쾰러(Wolfgang Köhler), 쿠르트 코프카(Kurt Koffka)를 포함한 게슈탈트 심리학자들은 우리가 지각하는 방식에서 공통적인 패턴을 연구하였다. 그들의 초기 연구는 시각적 지각 조직화에 중점을 두었고 다음과 같은 '지각 원리'를 발달시켰다.

- **폐쇄성의 원리**: 우리는 일정한 형태를 완성하기 위해 빠진 부분을 채워서 대상을 이해한다. [그림 4-1]과 [그림 4-2]에서 빈틈을 채워서 원과 말 위에 탄 기수의 상을 완성한다.
- **연속성의 원리**: 우리는 사물을 연속적인 것으로 인식한다. 이것은 실제로 명백하게 드러나지 않을 수도 있지만, [그림 4-1]과 [그림 4-2]를 지각하는 또 다른 요소이다.
- **유사성의 원리**: 유사한 요소나 패턴을 함께 묶어서 지각한다. 유사성은 형태, 색, 모양일 수 있다. [그림 4-3]에서 우리는 행보다는 열로 이미지를 그룹화하여 지각하는 경향이 있다.
- **근접성의 원리**: 근접성을 기준으로 요소들을 묶는다. 그 결과, 우리는 [그림 4-4]에서 네 개의 행이 아닌 네 개의 열로 보는 경향이 있다.
- **대칭의 원리**: 우리는 거리에 관계없이 대칭적 이미지를 함께 속한 것으로 인식한다. 우리는 균형을 추구하면서 중심점을 기준으로 형성된 것을 사물로 인식하는 경향이 있다.

이러한 '원리들'은 우리가 세상에 대한 경험을 패턴화하고, 질서를 부여하며, 형태화하는 방식에 작용할 것이다. 본질적으로 우리는 완결, 질서, 단순함을 추구한다.

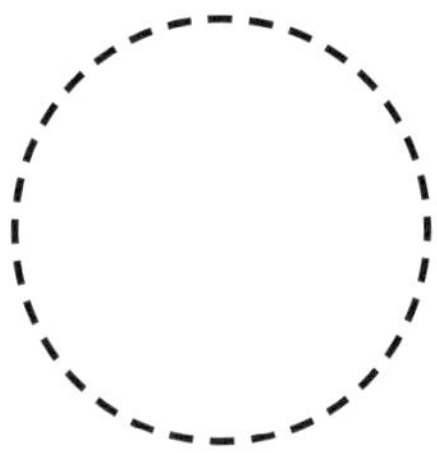

[그림 4-1] 폐쇄성의 원리/연속성의 원리

[그림 4-2] 폐쇄성의 원리/연속성의 원리

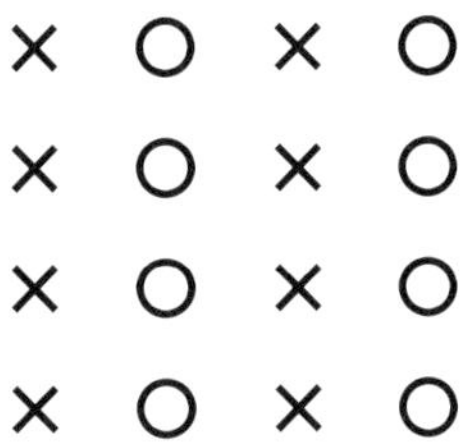

[그림 4-3] 유사성의 원리

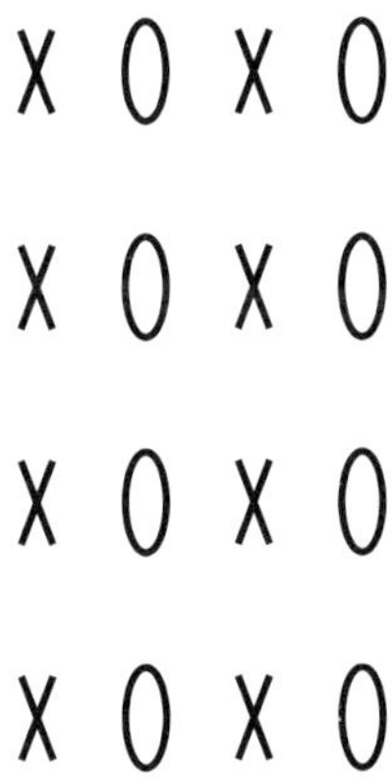

[그림 4-4] 근접성의 원리

[그림 4-1]에서부터 [그림 4-4]의 예는 모두 시각적인 것이지만, 이러한 원리들은 다양한 경험의 형태에도 적용될 수 있다. 예를 들어, 멜로디가 중간에 끊기는 경우, 당신은 그것을 완결 지으려는 경향이 있을 것이다. 다음에 당신이 꾸었던 꿈을 이야기할 때, 꿈을 약간 수정하여 좀 더 이치에 맞게 설명하려는지 알아차려 보라.

05 전경과 배경

게슈탈트 치료와 그 창시자들은 게슈탈트 치료 이론의 핵심인 전경과 배경의 원리(Wertheimer, 1925; Koffka, 1935)를 발달시키는 데 있어 게슈탈트 심리학자들에게 큰 빚을 지고 있다.

그렇다면 전경과 배경의 개념은 무엇인가? 본질적으로 **전경**은 특정 순간 그 시점에 당신에게 부각되는 것이다. 당신이 이 책을 읽고 있는 순간, 이 페이지의 글자가 전경일 수 있고, 기억, 냄새, 몸의 긴장에 대한 알아차림이 전경일 수도 있다. 당신의 배경은 어린 시절의 양육 경험, 몸에 배어 있는 문화적 신념, 교육, 점심에 먹은 것 등 지금까지 당신이 경험한 모든 것과 미래에 대한 상상까지 포함한다. 전경이 출현하도록 하고 그 전경에 의미를 부여하는 것이 바로 당신의 배경이다. 예를 들어, 당신이 비일관적인 지지를 받았던 양육 배경을 가지고 있다면 새로운 사교 모임에 합류하는 것과 같은 도전적인 상황에서 주로 불안이 유발될 수 있다. 반면, 당신이 충분한 지지를 받았고 이러한 지지를 내면화해 왔다면 새로운 사람들을 만나는 것에 대해 불안보다는 흥분을 경험할 것이다.

당신 경험의 배경으로부터 계속해서 새로운 전경이 떠오르면서 전경과 배경은 끊임없이 변화한다. 영화관에서 영화를 보고 있는 당신을 떠올려 보라. 당신이 스크린에서 바라보고 있는 이미지는 전경이고, 그 이미지를 둘러싼 모든 것은 배경이다. 예를 들어, 스크린에서 눈에 덜 띄는 이미지, 스크린 그 자체, 영화관, 옆에 앉은 관람객, 전날 있었던 일들, 영화관 밖에서의 당신의 삶, 관계들, 당신이 살아온 전체 역사, 문화적 배경, 이 모든 것은 당신 경험의 배경을 형성하며 이 배경으로부터 당신은 스크린 위의 이미지에서 전경을 만들어 낸다. 당신의 배경은 당신이 어떻게 전경을 형성하는지에 중요한 영향을 미친다. 영화가 전개되면서 스크린 속 커플이 서로 껴안고 키스를 한다고 해 보자. 이 장면을 보면서, 영화에 대한 흥미는 가라앉고 과거의 관계 배경에서 비롯된 새로운 전경인 슬픔이 떠오를 수 있다. 또는 요즘엔 무분별한 성적 표현이 너무 많다는 생각이 들거나, 부모님의 고지식한 태도에서 비롯된 민망함과 같은 반응이 일어날 수도 있다. 그때 당신 옆에 앉은 사람이 팝콘을 바삭거리며 먹기 시작하면 짜증스러움 혹은 음식에 대한 갈망이라는 새로운 전경이 출현할 수도 있다. 또는 당신의 관심이 재빨리 스크린으로 다시 이동하면서 옆 사람은 특별한 전경이 되지 않고 곧 배경으로 사라져 당신 배경의 한 부분이 될 수도 있다.

다음의 도식화된 예들은 전경과 배경 개념을 잘 보여 준다. 그러나 게슈탈트에서 전경과 배경은 시각적인 것뿐만이 아니라 경험의 과정을 설명하는 데 사용된다는 것을 명심하기 바란다. 이 개념은 종종 루빈의 컵으로 알려져 있는 꽃병과 두 명의 얼굴에 대한 그림([그림 5-1] 참조)으로 설명된다. [그림 5-1]과 [그림 5-2] 그리고 [그림 5-3]은 전경과 배경의 관계를 보여 준다. 한 이미지는 다른 이미지 없이는 존재할 수 없으며 세 가지 예시 모두에서 한 순간에 하나의 이미지만 전경이 될 수 있고 다른 것들은 배경을 형성한다. 전경은 배경 없이 형성될 수 없고, 하나 이상의 전경이 동시에 존재할 수는 없다.

게슈탈트 치료사는 **전경 형성**의 과정, 특히 개인이 어떤 전경을 선택하고 어떻게 선택하는지에 관심을 갖는다. 즉, 이 사람은 지금 이 순간(그리고 그다음 순간, 또 그 다음 순간)에 세상을 어떻게 이해하는가? 분화되지 않은 경험의 배경에서 초점화된 욕구과 관심이 표면에 떠오르면서 전경이 출현한다. 건강한 전경 형성 과정에서는 이러한 욕구와 관심이 에너지를 자극하면서 명확하고 선명하게 출현한다. 이는 변화하는 상황에 반응하여 업데이트되는 유동적인 과정이다. 전경 형성 과정이 경직되거나 습관화되어 지금-여기보다 과거 경험과 관련되면, 새로운 것에 대한 알아차림은 줄어들거나 차단된다. 그 결과, 새로운 경험을 통합하지 못한다.

우리 환경과의 관계 속에서 개략적으로 설명한 바와 같이, 내적 경험이나 외부 자극에서 비롯되는 여러 경쟁적인 욕구는 일어났다가 사라진다. 당신이 이 책을 읽는 동안 출현했던 각각의 전경을 잠깐 되돌아보라.

급성 불안과 같은 상태에서는 전경 형성이 빠르게 이루어지고, 전경과 배경이 충분히 구별되지 않는다. 경험의 동화는 일어나지 않는다. 주의는 빠르게 흩어지고 흐릿한 전경이 이어지며 불완전한 게슈탈트가 혼재하는 현상이 발생한다. 환경과의 접촉이 줄어들면서 호흡이 얕고 빨라지며, 부정적인 생각과 투사된 환상이 질주하고, 전체적인 신체 시스템의 속도가 빨라진다. 명확하게 구분되는 전경을 형성하지 못하면 주로 내부적인 극(pole)에 반응하여 고립감을 증가시킨다. 반대로 건강한 과정에서는 그 순간의 현저한 욕구가 전경으로 출현하여 배경과 뚜렷하게 구분될 것이다. 이를 좋은 형태라고 한다. 우리는 이 차이를 손상된 안테나로 TV를 시청하는 것과 고화질로 시청하는 것의 차이라고 생각할 수 있다.

게슈탈트 치료사가 하는 일의 대부분은 분화되지 않은 배경으로부터 출현하는 전경을 선명하게 하는 것이지만, 그렇게 할 때는 내담자의 배경 구조에 주의를 기울여야 한다. 아무리 건물이 미관상 아름답다고 해도 견고한 기반이 없이는 취약한 것과 마찬가지로, 지지가 부족한 관계적 배경 위에 세상과 관계를 맺는 너무 새로운 방식이 구축되면 곧 균열이 일어날 수 있다.

[그림 5-1]
루빈의 컵

[그림 5-2]
기둥과 사람

[그림 5-3]
노파와 젊은 여인

06 알아차림과 알아차림 연속

게슈탈트 치료는 문제를 고치거나 수리하거나 해결하는 것을 목표로 하지 않는다. 게슈탈트의 목표는 알아차림과 알아차림 연속을 따라 자유롭게 흐르는 것이다. 즉, 우리의 존재와 **지금 이 순간**에 접촉하면서 주어진 상황에 적절하게 접촉의 수준을 조절하는 것이다.

알아차림은 특정 상황과 관련있고 그 상황에 둘러싸여 있으므로 환경과 별개로 개인 내부에서 일어나는 것이 아니라 개인과 환경의 관계 속에서 발생하는 것이다.

> 알아차림은 상황에 대한 우리의 감각이며 사회적 장에 대한 '감각'으로, 우리의 느낌 배경(felt ground)이다(Spagnuolo-Lobb, 2008). 알아차림은 전체적인 '상호주관적' 경험의 기반으로 서로에 대한 감각이다. 이는 우리 의식의 주변부에 있다(Bloom, 2014: 188).

게슈탈트 치료에서 우리는 전경과 배경 경험 사이의 흐름을 방해하는 장애물들을 해제하여 이 '주변부'의 확장을 촉진하고자 한다.

우리 모두는 아마도 특정 문제에 고착되어 문제해결 능력에 대한 알아차림이 흐려진 경험이 있을 것이다. 이러한 장애의 극단적인 예는 불안 발작을 경험하고 있는 사람에게서 확인할 수 있다. 그들의 전경은 직장에서의 문제, 신체적인 질병, 혹은 불안 그 자체와 같이 장에서 불안을 유발하는 한 가지 측면에 고착되어 있다. 이러한 측면은 그들의 생각을 지배하며, 모든 것을 삼키는 강력한 전경으로 자라나, 상황에 성공적으로 창조적 적응을 할 수 있었던 과거 배경을 알아차리지

못하게 한다.[4]

전경과 배경의 흐름은 상류나 하류에서 막힐 수 있다. 강박적 특성이 있는 사람은 자신의 과거 경험 속에서 제시되는 여러 선택지나 미래에 대한 상상 때문에 결정을 내리지 못하고 마비될 수 있다. 그 결과, 지금-여기에서 명료한 전경을 형성할 수 없게 된다. 이와 유사하게 일상의 평범한 분주함, 다양한 요구, 그리고 여자는, 아이는, 남자는 세상에서 어떠해야 한다는 수많은 메시지 속에서 길을 잃기 쉽다. 결과적으로 우리의 바람과 열망에 대한 알아차림은 산더미 같은 '당위' 아래 파묻힐 수 있다.

> 게슈탈트 치료의 목표는 알아차림 연속이다. 자유롭게 진행되는 게슈탈트 형성에서는 개인, 관계, 집단 또는 사회의 가장 큰 관심과 흥미가 게슈탈트가 되어 전경에 나타나며 충분히 경험되고 다루어질 수 있다. 그리고 이후에는 그것이 배경으로 녹아들어 자유롭게 다음 게슈탈트를 위해 전경에서 물러날 수 있다(Perls, 1973: 2).

알아차림 연속의 한 극에는 환경과 완전하고 생생한 접촉을 경험하는 고도의 조율된 감각이나 직관이 있다. 매 순간의 경험에는 밝음(brightness)과 자발성이 있다. 알아차림 연속의 반대 극에는 높은 알아차림이 필요하지 않은 활동들이 존재한다. 예를 들어, 고유수용감각을 통해 근육을 적절한 긴장 상태로 조절하거나 수면 중에 몸을 유지하는 경우가 해당된다. 이 양극 사이에는 어느 정도의 알아차림이 필요한 활동들이 있다. 슈퍼마켓에서 우유를 살 때는 고도의 알아차림 상태일 필요는 없다!

상황을 고려하지 않고 특정 수준의 알아차림에 가치를 부여하지 않는 것이 중요하다. 게슈탈트의 목표가 내담자의 알아차림 연속을 확장하는 것이지만, 항상 고조된 알아차림 상태에 있는 것은 비현실적이고 바람직하지도 않다. 절정 경험을 위해서는 평범한 경험이 필요하다. 알아차림은 생생하거나, 약하거나, 자동적이

---

4 게슈탈트에서는 불안을 충분한 지지를 받지 못한 흥분으로 본다.

거나, 자발적이거나, 경직되거나, 제한적이거나, 차단되거나, 방해받을 수 있으며 모든 것은 상황에 따라 유용하거나 해로울 수 있다. 어머니는 아기를 돌보는 순간 자신을 잊어버릴 수 있다. 그러나 자녀가 성인이 되었는데도 자신의 욕구에 대한 알아차림을 계속 차단하는 경우에는 문제가 될 수 있다. 이것은 게슈탈트 치료에서 **고정된 게슈탈트**라고 하는 것의 한 예로서, 시대에 뒤떨어진 낡은 방식을 말한다. 앞의 예에서 우리는 알아차림을 촉진함으로써 그녀의 관계 방식을 업데이트할 수 있는 기회를 제공한다.

게슈탈트 치료를 효과적으로 실천하기 위해서는 알아차림의 초점을 1인 프로세스 너머에 두어야 하며, 내담자와 치료사 **사이**에 일어나는 것을 포함하는 관계적 매트릭스 안에서 알아차림이 어떻게 출현하고, 억제되며, 부정되는지를 보아야 한다(Yontef, 2002). 우리가 내담자의 알아차림 연속에만 집중한다면 관계적 극은 무시하는 것이다. 치료사로서 우리의 과업은 내담자가 어떻게 세상으로부터 영향을 받는지에 대한 알아차림을 증진할 뿐 아니라 어떻게 그의 세상이 그, **그리고** 그의 세상의 한 부분인 치료사인 나와 그 **사이**에서의 과정에 의해 영향을 받는지에 대한 알아차림을 촉진하는 것이다. 이러한 촉진은 숙련된 치료사의 세심한 자기 개방을 통해 이루어질 수 있다.

알아차림에 대해 논의할 때 게슈탈트 문헌들에는 인지적인 알아차림보다 상대적으로 감각 및 신체 경험에 대한 알아차림을 강조하는 경향이 뚜렷하다(Fodor, 1998). 이것은 게슈탈트 태동 당시의 정신분석에 대한 반동의 잔재일 수 있다. 나는 인지적이든 감각적이든 영적이든 언어적이든 알아차림은 알아차림이고, 알아차림이 온전히 체화되려면 모든 경험 방식의 통합이 필요하다고 본다. 우리 모두는 각자의 '알아차림 강점'과 더불어 더 발전시켜야 할 알아차림의 영역을 가지고 있을 것이다. 우리는 내담자가 있는 그 자리에서 내담자를 만나야 하며, 그들이 어떻게 자신의 세상과 접촉하는지를 탐색하는 데 관심과 흥미를 가지는 동시에 그들이 우리에게 어떻게 영향을 미치는지를 알아차려야 한다.

이제 메를로 퐁티(Merleau-Ponty, 1962: 116)의 다음 실습에 참여해 보기 바란다. 이 실습은 다양한 수준의 알아차림을 보여 준다.

체험적 실습[5]

일어나서 손을 탁자 위에 올리고, 한 걸음 뒤로 물러서서 손에 몸을 기대어 보세요. 몇 분 동안 자신이 느끼는 긴장이나 압박이 어디에 있는지 알아차려 보세요. 몸을 손에 기대고 있을 때, 아마도 손에만 긴장이 집중되어 있을 가능성이 큽니다. 하지만 실제로는 몸 전체가 혜성의 꼬리처럼 손 뒤로 따라오고 있습니다. 어깨나 등, 허벅지의 위치를 알아차리지 못하는 것은 아니지만, 이 부위들은 손에 집중된 알아차림에 휩싸여 삼켜지는 것입니다.

5 역자 주: 이 체험적 실습의 목적은 몸의 특정 부분에 집중하면서 다른 부분들의 알아차림이 어떻게 변화하는지 관찰하는 것이다. 손에 집중함으로써 어깨, 등, 허벅지 등의 다른 신체 부위에 대한 알아차림이 어떻게 달라지는지 비교해 보라. 손에 대한 알아차림이 강해질수록 다른 신체 부위에 대한 알아차림이 상대적으로 줄어들거나 '묻힐' 수 있다.

07 접촉

접촉은 인간이 끊임없이 참여하고 있는 지속적인 의미 형성 과정으로, 타인과의 경험을 인식하고 형성하고 구성하는 방식이다. 접촉을 맺고 끊는 방식은 우리의 삶에 영향을 주며, 우리가 세상에서 어떻게 존재하는지를 알려 준다. 우리가 만드는 접촉의 질은 무미건조하고 생기 없는 것에서부터 생생하고 활기찬 것에 이르기까지 다양하며, 양극 사이의 모든 색조를 가질 수 있다. 우리는 항상 어느 수준에선가 환경과 접촉하고 있을 것이다. 접촉은 환경과의 관계에서 일어나는 운동 및 감각 과정으로, 알아차림 안에 있을 수도 있고 알아차림 밖에서 혹은 부분적인 알아차림과 함께 일어날 수도 있다. 우리와 환경 둘 다 항상 지속적인 변화 상태에 있음에도 불구하고, 우리가 하는 대부분의 접촉은 그것이 얼마나 평범한지에만 주목한다. 하지만 우리가 새로운 경험에 열려 있고 충분한 호기심을 갖는다면 평범함 속에서 놀라운 것이 나타날 수 있다. 만약 이것이 의심스럽다면, '평범한' 과일을 가지고 다음의 마음챙김 체험적 실습을 해 보기를 권한다.

체험적 실습

오렌지나 다른 과일 하나를 가지고 와 보세요. 이제 10분 동안 당신의 감각을 이용해서 이 과일을 천천히 그리고 자세히 탐색하되, 과일 껍질은 벗기지 마세요. 냄새를 맡고, 눈으로 자세히 살펴 보세요. 소리를 들어 볼 수도 있을 것입니다. 이 실습을 하는 동안 떠오르는 생각, 비평이나 평가가 있다면, 그저 그것들이 지나가도록 두세요. 과일을 10분 동안 탐색한 후 10분 더 탐색하는데, 이번에는 껍질을 벗길 수도 있습니다. 추가적인 10분의 실습을 마친 후, 처음 이 실습을 시작했을 때와 비교하여 지금 이 과일과 어느 정도의 접촉을 하고 있는지 살펴 보세요.

게슈탈트 치료사들은 알아차리지 못하는 것을 알아차리게 하고자 하며, 이는 접촉 과정에 초점화된 주의를 기울임으로써 달성된다. "게슈탈트 치료는 알아차림과 접촉이라는 핵심적인 이론적 개념을 중심으로 구성된다"(PHG, 1951: 8).

알아차림과 접촉은 환경과 우리 **사이에서** 이루어진다. 서구 문화에서는 우리가 환경에 영향을 미친다고 생각하는 경향이 있지만 이것은 일방통행이 아니다. 게슈탈트 치료는 관계적 입장을 취하는데, 즉 환경은 우리에게 응답할 뿐 아니라 대화를 시작한다. 의자는 앉으라고 초대하고, 식사는 우리의 다양한 감각에 '말을 걸며', 석양은 마치 동료 인간이 우리와 소통하는 것처럼 우리를 자기에게 끌어당긴다. 우리는 관계적 세상에서 살아간다.

> 우리는 유기체가 환경과 접촉한다고 말하지만, 접촉이야말로 가장 근본적인 최초의 현실이다(PHG, 1951: 3).

전경과 배경을 논의할 때 언급한 바와 같이, 우리는 한 순간에 기억, 행동, 신체감각, 감정 등 환경 내의 한 요소와만 접촉할 수 있다. 그 결과, 다른 요소들이 우리에게 쉽게 접근할 수 있음에도 불구하고 (우리의 배경으로부터) 그것들은 그 순간에 우리의 알아차림에서 벗어나 있으며 이는 주어진 상황에는 전적으로 적합한 것일 수 있다. 예를 들어, 전기톱을 사용할 때 휴가에 대해 생각하는 것은 좋은 생각이 아니다!

우리는 게슈탈트에서 **접촉 기능** 또는 **자기 기능**이라고 하는 것을 통해 환경과 접촉한다. 이 기능은 오감각과 함께 우리가 주어진 환경에서 어떻게 자세를 유지하고 호흡하고 움직이는지를 포함한다. 우리가 접촉 연속(contact continuum)을 따라 어떻게 유동적으로 움직이는지를 체험할 수 있도록 다음과 같은 실습을 제안한다. 이번에는 손에 초점을 맞추어 보기 바란다. 가능하다면 물건과 사람 둘 다에게 시도해 보는 것이 이상적이다.

체험적 실습

당신의 한 손에 초점을 맞추어 보세요. 지금까지 당신은 이 손에 대해 특별히 알아차리지 못했을 수도 있어요. 만일 실습을 혼자서 하고 있다면 천천히 이 손을 다른 사물(예를 들면, 책상)과 접촉하게 하세요. 다른 사람과 함께 하고 있다면 천천히 그들과 접촉하세요. 이 사물/사람을 만지는 행동은 당신에게 책상 또는 그 사람에 대한 실재감을 줄 것이고, 마찬가지로 당신의 손에 느낌과 존재감을 줄 것입니다. '타인과 나에게 실체를 부여하는 동시에 우리의 차이를 드러내는 것이 접촉의 기능입니다. 같은 기능이 분리하기도 하고 연결하기도 합니다.'
잠시 당신의 손에 일어난 감각의 변화를 알아차리고, 적절한 때가 되면 천천히 마음챙김을 하면서 상대방과의 접촉을 끊어 보세요. 다시 한번 손에서의 감각의 차이와 여러분이 경험할 수 있는 다른 반응을 주의 깊게 관찰해 보세요(Robine, 2011: 291에서 각색되었음).

이 실습을 다른 사람과 함께 진행했다면, 역할을 바꾸어 서로의 경험을 비교해 보기 바란다.

좋은 접촉을 할 수 있는 능력은 우리가 배경이나 맥락으로부터 명확하고 분명한 전경을 형성할 수 있게 해 준다. 이것은 자기를 타인에게, 감정을 인지와 행동에, 우리의 초기 발달의 영향을 지금-여기의 접촉에 연결할 수 있게 해 준다. 그러나 게슈탈트 치료사들은 접촉의 양을 끊임없이 증가시키려는 것이 아니라, 각 상황에 따라 접촉 연속을 유연하게 이동할 수 있는 능력을 증가시키는 것에 관심이 있다.

08 지금-여기

프리츠 펄스는 종종 "규칙적이고 엄격한(pedantic) 실습"(1979: 14)으로 회기를 시작하곤 하였다. 그는 내담자에게 '지금 나는 의자에 앉아 있어요.' '지금 나는 무슨 말을 해야 할지 모르겠어요.' '지금-여기서 나는 긴장이 돼요.' '지금-여기서 나는 아내와 언쟁했던 것을 생각하고 있어요.'라는 식으로 모든 문장을 '지금' 혹은 '지금-여기'로 시작하도록 요청하였다. 그는 내담자들이 현재의 경험에서 벗어나 쉽게 과거나 미래로 빠져드는 것을 관찰하였다. 펄스는 과거는 "미해결 상황을 담고 있는 한에서만 의미가 있다."(ibid.)라고 믿었으며, 마찬가지로 미래에 대한 생각으로 가는 것은 현재 상황에 대한 회피로 보았다.

이러한 과정을 보여 주기 위해서 펄스와 유사한 '규칙적인 실습'에 당신을 초대하는 것을 양해해 주기 바란다. 이 실습은 다양한 경험 양식을 통해 우리의 현재 경험의 끊임없이 변화하는 특성을 보여 줄 것이다. 파트너와 함께 연습하는 것이 가장 이상적이지만 그것이 불가능하다면 혼자서 실습을 완료할 수도 있다.

체험적 실습

파트너와 마주 보고 눈 맞춤을 유지하세요. 환경으로부터 지지를 잘 받고 있는지, 편안하게 앉아 있는지, 호흡이 규칙적이고 이완된 상태인지 확인하세요. 파트너와 번갈아 가면서 다음의 세 문장을 몇 번씩 말해 보세요. 나는 ~를 봅니다. 나는 ~를 느껴요. 나는 ~를 상상해요. 예를 들어, '나는 당신의 푸른 눈을 봅니다. 나는 슬프고, 나는 당신이 당황하고 있다고 상상합니다.'라고 말할 수 있습니다. 그런 다음 파트너도 같은 방식으로 경험을 공유합니다. 당신이 말할 것을 연습하고 싶은 유혹을 느끼는지, 그래서 지금-여기 경험에서 멀어지고 있는지 주목하세요. 각 문장의 정확성에 주의를 기울이세요. 예를 들어, '나는 ~를 봅니다.'라고 말할 때 당신이 정말 볼 수 있는 것을 나누고 있는지, '나는 ~를 느껴요.'라고 말할 때 느낌이나 감각 상태를 말하고 있는 것인지 확인하세요.

게슈탈트의 '지금-여기'에 대한 초점은 프로이트의 고고학적 접근에 대한 펄스의 비판에서 비롯되었다. 펄스는 "지금 외의 다른 현실은 없다."(1947: 208)라고 주장하였고, 거의 모든 사람이 과거에 집중하고 있던 시기에 게슈탈트 치료의 공동 창시자들과 협력하여 지금-여기에 대한 탁월한 설명을 발달시켰다.

게슈탈트 치료에서 일어날 수 있는 임상적 실수는 지금-여기를 다른 시간대와 분리시켜 작업하는 것이다(Yontef, 2007). 이러한 분리된 접근은 건강한 것이 아니라 정신병에 가깝다. 스토어(Stöehr, 1994)가 언급한 것처럼 현재 순간은 고립된 것이 아니라, 과거와 미래, 지향과 방향성을 포함하고 있다. 폴 굿맨은 '지금-여기'를 '지금, 여기, 다음'으로 수정하였다. 우리는 차이를 마주할 때만 지금-여기에 대해 인식할 수 있다. 어떤 사건을 이해하기 위해서는 현재의 전경을 형성하는 과거 배경이 필요하다. 추운 날 문을 열고 밖으로 나가는 상황을 예로 들어 보겠다. 지금-여기서의 나의 경험은 공기의 냉기를 느끼는 것이지만, 이것은 문을 열기 전에 경험하였던 따뜻함과 과거 삶에서의 따뜻함에 대한 경험이 없이는 의미가 없을 것이다. 물고기는 자신이 젖어 있다는 것을 모른다!

경험은 과거에 뿌리를 두고 있다. 그러나 경험은 우리가 현재에 존재하는 방식과 미래에 대한 희망 및 두려움도 형성한다. 따라서 우리는 내담자가 **왜** 특정한 방식으로 상황을 인식하는지 이해하려고 하기보다는, 즉각적인 경험에 초점을 맞춤으로써 지금-여기에서 자신의 상황을 **어떻게** 그리고 **무엇**을 인식하는지에 집중한다. 우리는 현재 순간에 자신의 경험 배경으로부터 어떻게 전경을 선택하고 형성하는지를 더 잘 알아차리게 됨으로써 성장이 이루어질 수 있다고 믿는다. 지금-여기서의 내담자와의 접촉의 질이 향상됨에 따라 낡은 존재 방식을 갱신하고 현재 환경과 보다 즉각적으로 접촉할 수 있는 기회도 증가한다. 내담자의 현재 행동은 과거의 창조적 적응이 이제는 적절하지 않게 되어 더 넓어진 내담자의 장에서 문제를 일으키는 것일 수 있다. 치료실에서 어디에 앉을지 결정하기 어려워하는 내담자는 자신의 세계에서도 '어디에 있을지' 결정하는 데 어려움을 겪고 있을지 모른다. 혹은 치료 중에 관찰을 받는다는 불안감을 느낄 수도 있는데, 이는 과거 경험을 반영할 수 있다. 이런 의미에서 게슈탈트 치료는 내담자의 일상생활의 축소판이라고 볼 수 있으며, 그 축소판의 일부는 치료사의 지금-여기에서의 반응이 될 것이다. 우리는 "특정 시간에 존재하는 심리적 장은 그 개인의 미래와 과거에 대한 관점을 포함한다."(1952: 53)라는 장 이론가 쿠르트 레빈의 철학을 믿는다. 개인적으로 나는 이론을 실제에 적용할 때 항상 어느 정도의 불확실성을 유지하는 것을 좋아한다. 따라서 레빈의 주장을 '포함할 수 있다'로 변경해 받아들이고자 한다.

게슈탈트 치료의 과제 중 하나는 즉각적인 알아차림에 초점을 맞추는 것이고, 과거 시제로 '~에 대해 이야기'하거나 미래를 상상함으로써 직접적인 관계를 회피하는 미묘한 방식에 주목하는 것이다. 나는 여기서 내담자에 대해서만 이야기하는 것이 아니다! 치료사도 자신의 전체 인격을 치료에 가져와야 하며, 치료적 관계를 위해서 겸손함과 취약함, 직접적인 지금-여기의 언어를 가지고 현재에서 내담자를 만날 준비가 충분히 되어 있어야 한다. 이때 내담자가 치료사에게 미치는 영향을 개방하기로 선택할 수도 있지만, 지금-여기의 관계가 무분별한 자기 개방을 정당화하는 변명이 될 수는 없다. 모든 자기 개방은 치료적 관계를 위한 것이어야 한다.

09 창조적 적응

당신이 화창한 일요일에 하이킹을 한다고 상상해 보라. 완만한 경사로를 천천히 올라가는 동안 주변의 향기와 풍경에 주의가 집중된다. 그런데 좁은 산등성이를 지나가면서 지형이 점점 가파르고 위태로워진다. 바람이 불기 시작하고 구름이 모여들면서 폭풍우가 몰아치는 날씨로 변한다. 당신은 집중력을 높이고 보폭을 좁히면서 이런 변화하는 조건에 적응한다. 이제 당신의 관심은 더 이상 향기나 풍경에 있는 것이 아니라, 앞으로 나아가는 길을 조심스럽게 감지하고 돌풍을 예상하며 균형을 유지하기 위해 바람 속으로 몸을 기울이는 데에 있다. 상황이 너무 위험하다고 판단하고 돌아가기로 결심할 수도 있다. 당신은 지속적으로 상황을 검토하고 재평가한다.

이와 같이 상황이 변함에 따라 환경 조건에 맞추어 적응이 이루어진다. 우리가 항상 산을 오르는 것은 아니지만, 삶을 살아가면서 변화무쌍한 환경에 맞추어 끊임없이 적응한다. 게슈탈트에서는 이러한 창의적인 조정을 **창조적 적응**이라고 부른다. 이 용어는 우리가 새로운 상황에 대응하여 새로운 존재 방식을 창조하는 움직임의 적극성을 나타낸다. 창조적 적응 과정은 굿맨에 의해 발달되었으며, 개체를 고립된 상태로 보는 것이 아니라 상황과 개체의 관계를 중요하게 다룬다. 모든 창조적 적응은 과거 상황이 어땠는지에 대한 것보다는 현재의 상황과 접촉하는 것을 필요로 한다. 우리는 시대에 뒤떨어진 반응으로 변화된 상황에 대응하는 것이 아니라 새로운 정보를 받아들이고 새로운 게슈탈트를 형성한다. "모든 접촉은 인간과 환경 간의 창조적 적응이다"(PHG, 1951: 230).

인간은 삶의 무수히 많은 상황에 적응하는 놀라운 능력을 가지고 있다. 우리는 유아기부터 노년기에 이르는 발달 단계를 거치면서 우리가 '던져진' 상황에 대한 최선의 해결책을 찾는다(Heidegger, 1962). 우리는 창조적이 되는 법을 배우는 것이 아니다. 우리의 창조성은 주어진 것이다. 우리가 창조성을 어떻게 사용하는지는 환경과의 관계에 달려 있다. 어떤 격려가 있는지, 어떤 실험이 허용되는지, 어떤 제약이 가해지는지에 따라 달라진다. 변화하는 상황에 유연하고 건강하게 창조적으로 적응하는 능력은 본질적으로 우리의 과거와 현재 환경이 얼마나 지지적이었는지에 달려 있다. 다른 치료 접근들은 증상, 장애 또는 상태를 설명한다. 게슈탈트에서도 이러한 용어들을 사용할 수는 있지만, 우리는 증상, 장애를 지지가 부족했던 과거나 현재 장에 대한 창조적 적응으로 본다. 우리는 항상 환경과의 관계 속에 있다.

우리가 직면하는 모든 상황은 우리의 욕구와 환경적 자원 사이에서 최적의 균형을 찾을 수 있는 가능성을 제공한다. 우리는 상황을 어떻게 정의하느냐에 따라 상황에 적응한다(Thomas & Znaniecki, 1999). 새로운 경험을 접하였을 때 우리의 반응을 갱신하고 수정할 수 있는 능력이 증가함에 따라 성장이 이루어진다. 성장은 환경적 조건에 의해 촉진되어야 한다. 수선화는 해발 10,000피트에서는 자라지 않는다![6] 마찬가지로 아동은 자극과 애정에 굶주린 환경에서는 잘 자랄 수 없다. 그런 환경에서 아동은 부족한 것을 보완하기 위해 창조적으로 적응한다. 예를 들어, 안아 주는 어른이 없는 아동은 자기 자신을 안아 주면서 스스로를 위안하고, 자극이 부족한 아동은 환상 세계로 도피할 수 있다. 아동은 그들의 환경에 대해 **유기체적인 자기 조절을 한다**. 창조적 적응을 통한 이러한 자기 조절 과정은 그 당시에는 아동에게 최선의 선택이었을 수 있지만, 다른 존재 방식이 가능한 지지적인 관계에 진입하고 성인이 되었을 때는 제한적일 수 있다. 새로운 창조적 적응은 낡은 창조적 적응의 해체를 요구한다.

과거에 유용했던 내담자의 창조적 적응이 현재 상황에 대한 유연성을 잃고 경직된 존재 방식이 될 때 문제가 발생한다. 이러한 적응은 구시대적이고 습관적이 되며 이를 **고정된 게슈탈트**라고 한다. 내담자는 현재 상황을 충분히 동화하지 못했을

6 역자 주: 수선화는 봄을 상징하는 꽃으로, 따뜻한 기후와 적당한 고도에서 자라는 식물이다. 10,000피트는 약 3,048미터로 고산지대에 해당하는데, 이는 수선화가 자라기 어려운 고도를 강조하는 표현이다. 적절한 환경이나 조건이 갖춰지지 않으면 성장하거나 발전할 수 없다는 의미로 이해할 수 있다.

수 있다.

창조적 적응 과정은 단순한 심리적 조작이 아니다. 창조적 적응의 역사는 우리 몸에 고스란히 새겨져 있고 내담자의 역사적 요소들은 세상과의 상호작용에서 드러나게 된다. 이는 내담자들이 치료실에 들어오는 첫 순간부터 명확할 것이다. 심리적으로 숨 막히는 양육으로 인해 환경적 지지에 지나치게 의존하는 내담자는 눈을 크게 뜨고 치료사의 말 한 마디 한 마디에 매달릴 수 있다. 반대로 지나치게 자립적인 내담자는 갑옷을 입은 것 같이 보일 수 있고 충분히 호흡하지 않으며 근육은 긴장되어 자기 지지적인 자세를 유지할 수도 있다. 또한 우리는 치료실에서 치료사와 내담자, 두 사람의 창조적 적응의 역사가 만나고 있다는 것을 간과하지 말아야 한다.

창조적 적응 방식은 화가의 붓질이나 시인의 연(連)만큼이나 다양하지만, 예술과 시에서 패턴과 스타일이 나타나듯 창조적 적응에서도 고유한 패턴과 스타일이 드러난다. 게슈탈트의 창시자들은 환경에 창조적으로 적응하기 위해 사용되는 다양한 과정을 발견했다. 초기에는 이러한 과정들을 저항이라고 명명하였다(PHG, 1951). 그러나 이후 현대 게슈탈트 치료사들에 의해 수정되었으며, 이에 대해서는 포인트 16~25에서 논의할 것이다.

10 자기와 자기 되어 가기

많은 심리치료 학파는 자기(self)를 특정한 위치에 고정하려고 한다. 어떤 학파는 진정한 자기(authentic self), 핵심 자기(core self), 거짓 자기(false self)를 언급하고, 지난 세기에 인본주의 심리학은 자기실현을 목표로 삼았다(Miller, 2011a: 16). 이러한 생각들은 개인주의적이며, 자기가 우리 내부 어딘가에 위치해 있다는 것을 암시한다. 게슈탈트 치료는 근본적으로 다른 관점을 취한다. 게슈탈트에서는 환경과의 접촉 과정에서 자기가 **공동 창조된다**(co-created)고 본다. 이때 환경은 사람, 사람들, 활동 또는 사물일 수 있다. 우리는 **접촉 경계**, 즉 '나'가 끝나고 '타자'가 시작되는 지점에서 감각을 통해 세상과 접촉한다. 게슈탈트 관점에서 자기는 나와 타자 **사이**에서 형성된다. 자기는 지속적이고 끊임없이 변화하는 역동적인 과정 속에서 현재와 접촉하면서 세상에 다가가는 행위를 통해 출현한다. 게슈탈트의 자기에 대한 관점은 존재의 과정이다. "자기는 흐르는 강물과 같아서, 지나가지만 항상 존재한다"(Vasquez-Bandin, 2016: 21).

이러한 역동적인 과정을 더 정확하게 설명하기 위해 게슈탈트에서는 **자기 되어 가기**(selfing)라는 용어를 사용한다. 명사보다 동사를 사용하는 것은 환경과의 관계에서 끊임없이 변화하는 자기의 능동적인 과정을 반영한다. 우리는 항상 특정한 순간의 특정한 상황에 대응하여 우리의 역사에 기반을 둔 지속적인 **창조적 적응**의 흐름을 통해 자기가 되어 간다. 우리의 반응은 우리가 만나는 상황에 따라 항상 변한다. 우리가 이 가정을 받아들인다면 고정된 진단법이나 분류법은 무의미해진다. 나는 '자기애적' 내담자와의 작업을 다룬 학위 논문(DSM[7] 진단이 필요했던)을 마무리하면서 '이 작업을 하는 동안 자기애성 환자 같은 것은 존재하지 않는다

7 당시에는 『정신질환의 진단 및 통계 편람 제4판(Diagnostic and Statistical Manual of Mental Disorders, 4th Edition)』(1994)을 사용하였다.

는 것을 배웠다'는 대담하다고 느껴질 수도 있는 주장을 하였다. 나의 내담자의 과거력은 대상화되었던 예시들로 가득 차 있었다. 우리는 명사의 사용이 어떻게 개인을 시간과 공간에 고정시킬 수 있는지에 민감해야 한다. 그렇게 하는 것은 게슈탈트 철학과 맞지 않다. 따라서 우리가 지속적으로 자기가 되어 가고 있다면, 자기애성 환자 같은 것은 존재할 수가 없다. 특정 시간과 상황에서 자기애적으로 행동하는 사람이 있을 뿐이며, 여기에는 치료사도 포함된다.

자기는 관계 밖에서는 존재할 수 없으므로, 우리가 항상 환경과 관계를 맺고 있다는 것은 다행한 일이다! 자기는 접촉에서 드러나거나 나타나는 것이 아니다. 드러나거나 나타난다는 것은 이미 존재하는 기존의 자기가 있다는 것을 암시한다. "대신, 자기는 접촉이다. 자기는 접촉을 통해서 창조된다"(Robine, 2016: 213-14). 따라서 존재에 대해 말하기보다 공존(co-existence)에 대해 말하는 것이 더 정확할 수 있다. 왜냐하면 우리는 모두 자기감(sense of self)을 얻기 위해 타인과의 관계에 의존하고 있기 때문이다. 서로 다른 다양한 관계적 상황이 있는 것만큼이나 존재 방식도 다양하다.

예를 들어, 나에게는 직업적으로뿐 아니라 사회적으로도 만나는 친구이자 동료가 있는데, 우리의 관계는 두 상황에서 뚜렷한 차이가 있다. 우리는 본질적으로 같은 사람들이지만 상황은 우리에게 근본적으로 다른 영향을 미치며 우리는 상황에 따라 스스로를 다르게 표출한다. 어떤 두 상황도 동일하지 않기 때문에 우리의 관계는 끊임없이 변화하고 있다. 또한 나는 '관계'라는 용어를 명확히 하고 싶다. 우리는 보통 '관계'라고 할 때 사람을 떠올리지만 관계를 좀 더 넓게 생각해 보면 사물, 흥미, 행동, 그리고 시간이 지남에 따라 변화하는 관계를 포함할 수 있다.

나는 사이클링광이고 '자전거 타는 것을 좋아해.'라고 말하는 것은 대부분의 경우 정확하다. 하지만 폭우를 만났을 때는 사이클링을 덜 즐기거나 전혀 즐기지 않는다. 충분한 수분을 섭취하지 않거나 부상을 입으면 힘들게 느껴지기도 한다. 또한 나는 내담자, 아내, 깎아야 할 잔디 등 다양한 것을 생각하면서 사이클링을 할 수도 있다. 그런 순간에는 사이클링보다는 남편, 심리치료사, 잔디 깎는 사람으로서 더 많이 접촉하고 있을 수 있다. 폴 굿맨(PHG, 1951)의 말을 빌자면, 만약 내가 자전거에서 떨어져서 엉덩이에 부상을 입는다면, 나의 자기는 고통스러운 엉덩이에 존재한다.

게슈탈트 내에서는 자기에 대한 다양한 관점과 혼란이 있어 왔다. 어빙과 미리엄 폴스터(1973)는 '나 경계'를 포함하는 자기 개념을 논의하였는데, 이는 과정으로서의 자기에서 벗어나 보다 개인주의적 자기관으로 이동한 것으로 보인다. 이러한 관점은 어빙 폴스터의 저서 『자기의 다양성(A Population of Selves)』(1995)에서 더 자세히 다루어졌다. 프리츠 펄스도 때때로 게슈탈트의 과정으로서의 자기(self-as-process) 이론에서 벗어나 개인주의적인 자기 관점을 취하였고, 그의 다섯 층 모델(Perls, 1992a)과 '게슈탈트 기도문'(ibid.)이 그 예이다.

이러한 관점들은 PHG(1951)에서 폴 굿맨에 의해 시작된 게슈탈트의 보다 일반적인 믿음, 즉 자기는 "현재의 실제적이고 일시적인 순간과 접촉하는 과정"(Wolfert, 2000: 77)에서 형성된다는 생각에 잘 부합하지 않는다. 그리스 철학자 헤라클레이토스(Heraclitus)는 "같은 강물에 두 번 발을 담글 수 없다."라고 하며, "오직 변화만이 지속된다."라고 말하였다. 게슈탈트 치료사가 할 수 있는 가장 중요한 조력 중 하나는 내담자의 상황과 맞지 않고 중단되거나 차단된 자기 기능의 건강한 자발성을 회복하도록 협력하는 것이다.

자기에 대한 과정 모델을 적절한 단어로 설명하기는 어렵지만, 뮬미스터(Meulmeester)는 자기의 시간적 차원을 다음과 같이 요약하였다. "우리는 바다의 파도일 뿐이며, 우리가 끊임없이 변화하는 바다에서 파도를 붙잡고 분리시키려는 순간, 바다의 본질을 놓치고 만다"(2017: 67).

11 자기의 구조: 이드, 에고, 성격 기능

우리가 살펴본 것처럼, 게슈탈트 이론에서 자기감은 지속적으로 출현하는 과정이고, 매 순간 상황과의 관계 속에서 변화한다. 우리는 자기가 되어가는(selfing) 과정을 통해 환경에 대한 인식을 조직화하고 그 인식을 기반으로 의미를 만들어 낸다. 게슈탈트에서 조직화 과정 또는 자기 기능은 다음의 세 가지 자기 구조를 포함한다. 즉, 이드, 에고, 성격이다(PHG, 1951).

이드 기능

이드(id)는 "가능성으로 녹아드는 배경"(PHG, 1951: 378)으로 설명된다. 그렇다면 이것이 일상적인 활동과 어떤 관련이 있을까? 당신이 이 책에 초점을 맞추는 동안, 다른 가능한 전경들은 당신의 시각적 장 너머에 있고 희미한 전경들이 시각 장 주변을 맴돌고 있다. 이 모든 것은 잠재적인 전경이다. 이런 이미지들이 선명해지고 잠재적 관심이 전경이 되기 위해서는 이 책에서 물러나 그것들을 향해 움직여야 한다. 마찬가지로, 과정으로서의 자기는 수많은 다양한 경험을 선명하게 할 기회를 제공하는 잠재적 전경의 집합이다. 그러나 그것들은 에고와 성격 기능을 통해 선택되고 선명해질 때까지는 잠재성으로만 남아 있다. 따라서 내성(introspection)을 통해서는 이드 기능을 인식하기 어렵다. 이드 기능은 행동을 통해 나타난다. 그리고 이완 상태나 접촉 경험의 시작과 끝에서 가장 흔하게 나타난다. 이드 기능은 접촉을 촉발하며, 이는 우리가 어떤 방에 들어갔을 때 느끼는 상황에 대한 감각, 또는 누군가 그곳에 있다는 것을 알기 전부터 느끼는 사람과의 공명 같은 것이다(Francesetti, 2012).

에고 기능

이드 기능이 잠재적 전경의 집합이라면, 에고(ego) 기능은 가능성을 배제하고 식별한다. 에고는 선택하고 거부하는 기능을 한다. 가장 두드러진 대상에 집중하기 위해서 관심 가는 다른 대안적 전경들을 제한시키고 해당 전경을 선명하게 하는 동시에 다른 잠재적 전경은 희미하게 한다. 이렇게 희미해진 전경들은 배경으로 물러나 미래의 전경을 위한 가능성으로 존재한다. 게슈탈트 이론에서는 한 순간에 하나의 전경만이 우리의 배경 경험에서 부각될 수 있다는 것을 상기할 필요가 있다.

에고는 의도적이고, 경계가 선명하며, 스스로를 상황과 분리된 것으로 의식한다. 이러한 특성으로 인해 내성하는 동안은 에고가 중심이다. 우리는 다른 누군가 혹은 어떤 것과 직접적인 접촉을 하지 않는 고립된 순간에도 스스로를 인식할 수 있다. 당신이 이 책을 읽으면서 당신 자신을 의식할 수 있는 것은 바로 에고 기능을 통해서이다. 그러나 에고 기능은 "현재 순간의 자기/타인 과정을 허용하긴 하지만, 자기 연속성의 감각을 제공하지는 않는다"(Philippson, 2009: 66).

게슈탈트 치료에서 에고 기능의 의도성과 지속적인 선택 과정은 핵심적인 역할을 한다. 에고 기능을 통해 우리는 자신이 누구인지에 대한 감각을 얻지만, 이러한 자기감은 현재 상황이 아닌 과거 상황과 관련될 수도 있다.

이 책을 읽는 어떤 사람의 예를 들어 이 과정을 설명해 보겠다. 이 '누군가'는 자라면서 책을 한 권도 가진 적이 없고 책을 읽으라는 격려를 받지도 않았다. 이 사람은 성장기에 자주 어리석다는 말을 들었고 이러한 메시지는 교사들과 친구들에 의해 강화되었다. 그는 학교를 중퇴하고 과거에 들었던 메시지를 믿으며 별 볼 일 없는 직업을 가졌다. 그는 어떤 위기를 겪은 후 치료에 찾아왔고 치료사는 그의 숨겨진 지성을 알아보았다. 치료사는 치료에 대한 입문서를 읽어 보라고 제안하였고 그는 이 책을 발견하였다. 그는 우연히 이 페이지를 펼쳤다가 제목을 보고는 자신은 이해할 수 없을 것이라고 믿으며 책을 덮었다. 과거의 오래된 메시지와 관련하여 형성된 그의 자기 개념이 어떠한 갱신도 있을 수 없도록 방해하고 있었다.

에고 기능과의 작업은 이러한 미해결 과제를 다루는 데 중요하다. 빈 의자를 포함한 수많은 고전적인 게슈탈트 실험은 알아차림을 증진함으로써 지금-여기에서 이러한 갈등을 해소하고자 하는 목적으로 개발되었다.

성격 기능

성격(personality) 기능은 세상에서 우리가 누구인지에 대한 태도와 신념의 틀을 형성하며, 자율적이고 책임감이 있으며 인식하는 기능이다. 과정 중인 자기가 전경으로 드러나고, 이는 우리가 세상에 반응하는 방식에 동화된다. 이것은 지금 여기, 이 사회적 · 역사적 맥락과 문화, 가족 안에서의 나이다. 마찬가지로, 이것은 우리가 이 사회 집단, 이 공동체, 이 세상 안에서 누구인지를 나타낸다. 성격 기능을 구축하는 과정은 시간에 걸쳐 점진적으로 이루어지고 다른 기능보다 더 고착되지만, 여전히 계속 변화한다. 다만, 우리가 '병리'라고 부르는 것에서는 변화가 제한될 수 있다.

당신은 자신이 누구인지에 대한 태도와 믿음을 갱신할 기회를 가졌지만, '누군가'는 고착된 신념으로 인해 책(그리고 기회)을 덮고 자신이 똑똑하지 않다는 믿음을 유지하기로 선택한다. 성격 기능은 책임을 지지하는 구조로 여겨지며, 바로 이 구조가 행동의 방향을 결정한다.

나는 자기의 구조들을 각각 설명하였지만, 건강한 관계에서는 이러한 기능들 사이에 매끄러운 유동성이 있다. 시디악(Chidiac)이 제시한 유용한 비유가 있는데, 나는 이를 약간 변형하여 사용해 왔다. 그녀는 바다를 구성하는 다양한 요소가 전체적으로 크고 작은 유동성을 가지고 있다고 설명한다.

흥미로울 수도 있는 내용을 덧붙이자면, '에고' '이드'와 같은 프로이트의 용어들이 게슈탈트에 도입될 때 영국인 정신분석가 존 스트래치(John Strachey)가 독일어를 번역하였는데, 그는 이 용어들을 라틴어화함으로써 더 과학적으로 들리게 하고자 하였다는 것이다. 알려진 바에 따르면 프로이트 본인은 직설적인 언어를 선호하였다고 한다(Kermode, 1983).

〈표 11-1〉 자기의 구조: 에고, 이드, 성격의 개념

파도로서의 에고 (Wave as Ego)	• 수면 위에 드러나 있고 보이는 부분 • 우리가 말하고 행동하는 것: 결과적인 행동
심층으로서의 이드 (Sea Depth as Id)	• 눈에 잘 띄지 않고, 해류와 유수의 영향을 받음
해저으로서의 성격 (Sea Bed as Personality)	• 침전물이지만 시간이 지남에 따라 서서히 변함 • 문화와 서사

12 전체론

로라와 프리츠 펄스는 뉴욕에 도착하였을 때 이미 게슈탈트의 태동을 구체화할 많은 위대한 사상가와의 만남에 영향을 받은 상태였다. 영향력 있는 인물 중에는 전체주의 심리학자인 쿠르트 골드슈타인과 『전체론과 진화론(Holism and Evolution)』의 저자인 남아프리카 총리 얀 스뮈츠가 있었다(Mann, 2014). 펄스 부부는 이미 게슈탈트 심리학자들의 연구에 익숙하였다. 이러한 영향들은 게슈탈트 치료의 세계관에 전체론적 구조를 형성하였다. 게슈탈트 치료는 '전체가 부분을 결정한다'는 전체론적 통찰에 기초한다. 이는 '전체는 단지 부분의 합이다'라는 이전의 가정과 대비된다(PHG, 1951: 19). 이러한 신념은 서구 사회에 만연해 있던 데카르트의 몸-마음 분리에 정면으로 배치된다.

전체론은 몸과 마음을 분리하지 않고, 내부와 외부 경험을 별개로 취급하거나 인간을 환경과 분리된 존재로 보지 않는다. 전체론(holism)은 때로는 wholism이라고 표기되기도 하는데, 단어에서 알 수 있듯이 세상을 완전히 상호 연결된 전체로 본다. 전체론의 철학은 게슈탈트와 잘 통합되는데, 둘 다 전체를 고정된 실체가 아니라 항상 변화하는 상태로 보며 지속적으로 발전하고 진화하는 것으로 간주한다. "우주의 진화는 이러한 전체를 형성하는 활동이 점진적으로 발전해 나가는 과정의 기록일 뿐이다"(Smuts, 1926: 326).

게슈탈트 접근이 전체론을 통합하면서 잘 알려진 격언은 전체는 부분의 합과는 다르며 그보다 크다는 것이다. 종종 오해를 받는 이 문구는 완전한 유기체로서의 인간의 합일성(unity), 그리고 인간과 전체 환경의 합일성을 의미한다. 따라서 게슈탈트 치료는 다른 접근법들과 달리 심리적 사건을 개별적으로 다루지 않으며 개인과 그들의 상황을 분리된 것으로 취급하지 않는다. 게슈탈트와 같은 진정한 전체론적 접근 방식은 관련된 어떤 차원도 배제하지 않는다. 아무리 처음에는 사소하게 보이더라도 말이다.

전체는 부분의 합보다 크다는 문구를 생각해 보자. 가족과 친구들, 과거와 현재를 생각해 보고 이러한 관계들을 지지라는 관점에서 바라보라. 어떤 관계는 지지적일 수 있고 어떤 관계는 아닐 수도 있으며, 모든 관계는 상황에 따라 다양할 것이다. 우리는 수학적 계산으로 이러한 관계들을 개별적으로 평가하고, 지지의 수준에 따라 더하거나 빼며, '지지 등급'을 매길 수 있다. 만일 우리가 그렇게 한다면 이러한 관계의 상호 연결이 만들어 내는 직물을 놓칠 것이고, 그것들은 서로 동떨어진 실들로 남을 것이다. 우리는 한발 물러서서 이 실들이 어떻게 상호 연결되어 있고, 어떤 다양한 태피스트리(tapestry)를 직조하는지를 살펴보아야 한다. 그렇게 함으로써 우리의 지지망 내에서 형성된 복잡하고 유동적인 패턴의 일부를 감상하기 시작할 수 있고, 어떻게 우리가 지지받고 있는지를 이해할 수 있다.

또한 **전체는 부분의 합보다 크다**는 사실이 진실을 담고 있기는 하지만, 그것이 전체의 기능에 대한 모든 이야기를 설명해 주지는 않는다. 구조와 질서, 또는 구조와 질서에 대한 인식이 필요하다. 앞의 예에서, 우리는 누가 어떤 종류의 지지를 제공할 수 있는지를 평가할 수 있다. 더 구체적인 예를 들자면, 벽은 기초, 벽돌, 시멘트로 구성되어 있다. 벽돌 한 더미, 시멘트 한 더미, 도랑은 그것들의 합보다 큰 것을 구성하지만 벽으로서의 기능을 하지는 않는다.[8]

게슈탈트 치료사들은 몸과 마음의 소매틱(somatic) 통합, 개인의 상황 및 상황에 미치는 모든 영향을 포함하는 전체론적인 관점을 취한다. 우리는 전체론적 관점에서 관찰 가능한 표현들에 주목한다. 즉, 내담자가 어떻게 움직이고 어떤 몸짓을 하는지, 목소리와 호흡을 어떻게 사용하는지, 공간을 어떻게 채우고 자리를 잡는지, 그리고 어떻게 세상에 자신을 위치시키는지에 주의를 기울이는데, 치료실은 이 모든 것들을 보여 주는 축소판이다.

게슈탈트의 창시자들은 몸과 마음 사이에 만들어진 인위적인 분리를 해소하기 위해 전체론적인 접근 방식을 채택하고, 개인과 상황 간의 잘못된 이분법적인 분

8 역자 주: 단순히 부분들이 모여서 더 큰 것을 이룬다는 사실만으로는 충분하지 않다는 것을 설명하고 있다. 벽돌, 시멘트 등의 부분들이 모여서 더 큰 것을 구성한다고 해도, 그 자체로는 벽의 기능을 하지 못한다. 그것들이 어떻게 상호작용하고 조직되어 있는지가 중요하다.

리를 통합하려고 노력하였다. 프리츠 펄스는 이것을 다음과 같이 요약하였다.

> 사람을 작은 부분과 조각으로 나누고, 이 부분과 조각을 더 작게 분석하고 쪼개는 것은 아무 쓸모가 없다. 우리가 게슈탈트 치료에서 하고자 하는 것은 흩어지고 소외된 자기의 모든 부분들을 통합하여 그 사람이 다시 온전한 전체가 되도록 돕는 것이다(Perls, 1973: 181).

체험적 실습

'전체론적인 몸 중심 심리치료'라는 구절을 읽으면서 당신에게 떠오르는 즉각적인 반응에 주목해 보세요. 이제 다음의 질문을 스스로에게 던져 보세요. 나는 몸과 마음을 분리하는가? 나는 영적인 부분을 포함하고 있는가? 나는 몸을 상황의 연장으로 보는가?

13 개인주의와 장 패러다임

당신은 평생 동안 환경으로부터 받아들인 태도와 신념의 복잡한 매트릭스인 특정 렌즈를 통해 세상을 인식한다. 당신이 세상을 해석하는 방식은 진공 상태 속에서가 아니라 특정한 세계관의 배경으로부터 형성되며, 눈앞에서 지각되는 장면 뒤에는 복잡한 이야기가 있다. 우리가 세상을 인식하기 위해 딛고 있는 배경, 우리가 세상을 보고 감각하는 렌즈는 우리의 몸이 어떻게 세상에 다가가거나 다가가지 않는지, 그리고 세상이 어떻게 우리에게 다가오는지를 결정한다. 서양인들은 개인주의라는 문화적 배경 위에 서 있고, 그것이 세계관을 형성할 뿐만 아니라 문화적 맹점도 결정한다. 예를 들어, 개인주의적 패러다임에서는 접촉 과정을 일방통행으로 보면서, 세상이 우리에게 다가오는 정도를 충분히 고려하지 않을 수 있다. 게슈탈트의 장 관점에서 우리는 결코 우리가 전승받은 가정들과 완전히 분리될 수 없다. "우리는 문화적 전통이나 그 이면의 가정들을 단지 '가지고 있는' 것이 아니다. 오히려 우리는 이러한 것들 속에 **살며** 그것들도 우리 속에 살아 있다"(Wheeler, 2000: 16).

문화적으로 우리는 분리와 분열을 특징으로 하는 세상에서 살아가고 있다.

폴 굿맨(PHG, 1951)은 그가 '가짜 이분법'이라고 부른 개념에 대해 여자와 남자가, 몸과 마음이, 자연과 인간이, 과학과 예술이, 개인의 영혼이나 자기가 더 큰 집단적 혹은 영적 전체로부터 분리되는 것이라고 말한다. 게슈탈트 세계관은 "유기체와 환경은 분리된 것이 아니고 유기체와 환경의 상호작용이 심리적 상황을 구성한다."(PHG, 1951: xxvii)라는 장 패러다임에 근거한다. 환경과 개인(유기체)은 동일한 전체의 상호 의존적인 부분이다. 장 관점에서는 개인의 행동(행동, 생각, 소망, 노력, 가치 평가 등)을 그것이 발생한 상황과 분리된 방식(예: 개인의 **개별적** 정신병리)으로 설명하는 것이 아니라 개인/환경 상황의 함수로 본다. 내담자는 자신을

'우울한' 또는 '불안한' 사람으로 볼 수 있지만, 게슈탈트에서는 내담자를 전체 역동적 상황의 일부로 여기고 내담자를 포함한 상황이 우울하거나 불안한 특성을 가지고 있을 수 있으며, 그것은 항상 유동적인 상태라고 본다.

게슈탈트 치료는 관계적 치료로서, 모든 활동적인 노력은 자기 조직적(self-organising)일 뿐 아니라 관계적이라는 것을 기억하는 것이 중요하다. 이는 다른 사람이 우리의 반응을 어떻게 경험하는지를 보도록 안내해 준다. 이렇게 하지 않으면 우리는 관계적 심리학에서 멀어져 개인주의적 심리학으로 빠지게 된다(Lichtenberg, 2012).

우리가 게슈탈트에서 '전체'라고 말할 때, 단순히 부분들의 선형적인 합을 의미하는 것이 아니다. 전체는 모든 부분 간의 특정한 상호작용 및 관계 패턴으로 조직화된다. 우리가 이 관계의 장에서 어떤 한 부분을 제거하면 부분과 전체 장이 모두 바뀔 것이다. 과정의 역동을 완전히 파악하려면, 모든 장 조건의 영향을 이해하거나 최소한 우리가 할 수 있는 한 개방적이 되어야 한다. 게슈탈트 치료에서 내담자와 작업할 때 이는 현재 나타나는 '증상'을 넘어 더 넓은 범위의 가능한 영향들을 고려한다는 것을 의미한다. 개인의 상황에 있는 모든 것은 얼핏 볼 때는 평범하거나 관련이 없어 보이더라도 그 개인의 상황에 지대한 영향을 미칠 잠재력을 지니고 있다(Parlett, 1991).

우리가 개인주의적 패러다임을 취한다면, 개인의 질병, 장애, 심리적인 문제는 상황과 별개로 개인에게 적용되는 문제로 간주될 것이다. 결과적으로, 개인주의적 문화에서는 변화를 만들고자 할 때 습관적으로 자기 지지에 대해서만 생각하게 된다(Wheeler & Axelsson, 2015). 그러한 예 중 하나는 개인의 회복 탄력성을 구축하려는 단극적인(unipolar) 목표를 가진 치료법을 지향하는 경향이다. '그건 당신 문제다.'라는 말은 이러한 세계관을 뒷받침한다. 장 패러다임의 관점은 근본적으로 다르다. 개인은 그의 상황으로부터 고통받고 있는 것이다. 뿐만 아니라 그의 상황도 고통받고 있다.

14 접촉 경계

우리가 살펴본 것과 같이, 자기는 환경과의 관계 속에서 형성되며 이 상호작용은 우리가 환경과의 접촉을 맺고 끊는 접촉 경계에서 일어난다.

접촉 경계의 예는 피부와 감각에서 볼 수 있다. 그러나 이러한 정의로만 제한한다면 직관, 감지(sensing), 영적 접촉과 같이 쉽게 정의하기 어려운 접촉 방식은 고려하지 않게 될 것이다. 또한 접촉 과정이 항상 우리에 의해 시작된다는 인상을 줄 위험도 있다. 그러나 **게슈탈트 형성** 과정, 세상을 이해하는 과정은 전체 상황, 즉 개인과 환경 모두에서 비롯된다(PHG, 195). 우리는 접촉 경계에서 만나고 물러나는 과정에서 환경에 창조적으로 적응하며 이 과정을 통해 자기가 형성된다.

> 물론 자기는 스스로를 창조하지 않는다. 자기는 우리 각자가 접촉 경계에서 경험하게 되는 모든 편견, 가정, 물리적 한계, 기량(prowess) 및 개인적인 삶의 경험과 함께 유기체/환경의 경계에서 공동 출현한다(Bloom, 2015: 12).

'경계'라는 용어는 부정확한 이미지를 불러일으킬 수 있다. 왜냐하면 나는 고정된 지점을 말하는 것이 아니라, (건강한 상태에서) 우리가 상황을 만나고 상황이 우리를 만나는 유동적이고 계속 변화하는 장소를 말하는 것이기 때문이다. 포인트 15에 나오는 것과 같은 일부 도식적 표현은 내적 경험과 외적 경험 사이에 고정된 경계선이 있다는 인상을 줄 수 있다. 이것이 지도의 성질이다. 나는 래트너(Latner, 1985)가 접촉 경계의 유동성에 대한 좋은 예를 제시하였다고 생각하는데, 그는 접촉 경계를 사물이 아닌 사건으로 묘사하고, 우리와 환경의 만남을 바다와 모래가 만나는 해안선에 비유하였다. "우리는 해안선이 모래에 속하였다거나 바다에 속하였다고 말하지 않는다. 해안선은 모래와 바다의 만남에 의해 생겨난다"(Latner, 1985).

타인과의 관계에서 어떻게 스스로를 구성할 수 있는지, 당신의 접촉 경계가 **현재 이 순간** 얼마나 투과적이거나 비투과적일 수 있는지를 알아보기 위해서, 다음의 체험적 실습을 해 보기를 바란다.

체험적 실습

눈을 감고 천천히 숨을 쉬면서 근육을 이완시키세요. 이제, 당신이 잘 알고 있는 네 사람을 떠올려 보세요. 그들이 각각 익숙한 환경에 있는 모습을 상상해 봅니다. 예를 들면, 집에 계신 당신의 어머니, 사무실의 매니저, 친구와 커피를 마시는 상황이 있습니다. 이제, 이 익숙한 상황 속에서 각 사람과의 관계 속에서 당신 자신이 어떤지 주목해 보세요. 잠시 시간을 가지며 이 장면들을 충분히 느껴 보세요. 이어서 이 장면들이 안정적으로 자리 잡았다고 느껴지면, '패를 섞듯이' 상황을 바꿔 보겠습니다. 예를 들어, 당신의 매니저를 어머니 집에, 친구를 사무실에 두세요. 이제 이 새로운 상황에서 당신이 어떻게 관계를 맺고 있는지 주의를 기울여 보세요. 어떤 신체 반응을 알아차리나요? 호흡이나 근육의 긴장에 어떤 변화가 있나요? 어떤 생각이 떠오르나요? 당신의 처음 반응은 어떠했나요? 접촉 경계에서 자기가 되어 가는(selfing) 과정을 통해 그 반응에 변화가 있었나요?

건강한 기능을 위해 우리의 접촉 경계는 자양분과 친밀감을 허용할 수 있을 만큼 충분히 투과적이어야 하고, 자율성을 유지하고 환경의 독소에 저항할 수 있을 만큼 충분히 비투과적이어야 한다. 따라서 건강한 기능은 접촉 경계가 고립된 상태에서 단독으로 얼마나 투과적인지 비투과적인지에 의해서가 아니라, 현재 상황에 따라 투과-비투과의 연속선상을 이동할 수 있는 능력에 의해 규정된다. 이 연속성의 한쪽 끝에는 게슈탈트에서 **융합**이라고 부르는 완전한 결합이 있고, 다른 쪽 끝에는 어떤 것도 허용하지 않도록 자신을 무장하는 고립이 있다. 이들은 연속체의 극단적 예시일 수 있지만, 개방성이나 동의하는 경향은 보다 투과적인 접촉 경계를 말해 주는 반면, 방어 및 대립은 경직성을 시사할 수 있다. 어떤 존재 방식도 본질적으로 건강하거나 건강하지 않은 것이 아니다. 자신과 타인 사이의 접촉의 밀물과 썰물은 항상 관계 사이에서 공동 창조된다. 이는 의미가 형성되는 곳이며, 우리의 전경이 출현한 배경과 관련하여 깊이와 명료성을 얻을 수 있는 곳이다. 그곳을 우리는 접촉 경계라고 부른다.

15 게슈탈트 경험 주기

게슈탈트 치료가 창시되기 전에 프리츠 펄스는 자신의 저서 『자아, 허기 그리고 공격성』에서 "유기체와 환경의 상호 의존성 주기"라는 개념을 제안하면서 게슈탈트 접근의 토대를 마련하기 시작하였다(Perls, 1947: 44). 이 개념은 유기체가 환경과 접촉하는 과정을 여섯 단계로 나누어 설명한 경험의 지도이다. 펄스의 개념에 기반하여 PHG(1951)는 경험의 단위(unit)를 형성하는 과정에서 환경과 접촉하는 네 단계를 설명하였고, 이 경험 단위를 게슈탈트라고 하였다. 일련의 과정은 접촉 경험 동안 전경과 배경의 역동이 어떻게 변하는지를 보여 준다. 이 과정을 설명하기 위해 음식에 대한 욕구에 반응하는 개인의 예를 들어 보겠다.

- **전-접촉**(fore-contact): 배고픔의 감각에 대한 반응으로 흥분 또는 에너지가 나타난다. 이런 감각은 배경으로 남아 있는 다른 신체적 · 환경적 요인들과 구분된다.
- **접촉**(contact): 흥분 후에 개인은 환경과 접촉하며 음식을 찾기 위해 에너지를 동원한다. 이제 원하는 음식이 전경이 되고, 초기의 감각들은 배경으로 물러난다. 전경이 된 욕구를 충족하기 위해 개인은 다른 선택들을 제외시킨다. 이것은 애정이나 신체 접촉에 대한 욕구와 같이 다른 경쟁적인 욕구를 배제하는 것을 의미할 수 있다. 그런 후에 출현하는 욕구는 더 세분화된다. 예를 들어, 개인은 달콤한 것과 짭짤한 것 중에서 어떤 것을 먹을지 선택하며, 그 결과 전경을 더욱 선명하게 만들게 된다.
- **최종 접촉**(final contact): 음식과의 접촉은 그것을 깨물고 맛을 음미할 때 선명한 전경이 된다. 이때 환경과 몸의 나머지 부분은 배경으로 물러난다. 잠시 동안 음식 맛의 선명한 전경이 그 개인에게 존재하는 유일한 게슈탈트가 된다.

• **후-접촉**(post-contact): 개인은 식사에 대한 만족을 느끼고 음식을 소화시킨다. 음식을 너무 빨리 먹고 체하지 않는 한, 소화하는 과정은 배경에서 계속된다. 주의를 끌었던 최근의 전경은 이제 배경으로 물러나고 새로운 게슈탈트가 출현할 공간이 생긴다.

현상의 순환적인 특성을 충분히 이해하려면 각각의 게슈탈트 사이의 공백을 인식하고 경험해야 한다. 앞에서 이 공백은 후-접촉 단계에서 나타나는 공간일 것이다. 역설적으로, 우리가 이 공백의 공허함을 허용할 때 충만함이 나타날 수 있다. 이러한 이유로 이 공간은 **충만한 공백**(fertile void)으로 알려져 있다.

펄스(1947)와 PHG(1951)가 접촉 주기에 대해 처음 설명한 이후, 게슈탈트의 단계를 설명하는 다양한 단계적 지도와 도식이 만들어졌다. 널리 알려진 중요한 두 가지는 알아차림-흥분-접촉 주기(Zinker, 1977: 97)와 게슈탈트 형성과 파괴 주기(Clarkson, 2013: 35)이다.

다음의 〈표 15-1〉에서 나는 매우 다른 두 가지 경험의 예를 제시하고 앞에서 설명한 게슈탈트 주기의 단계에 따라 그것들은 설명하였다. 하나는 갈증 해소의 욕구이고, 다른 하나는 애도 과정에 대한 개념화이다.

〈표 15-1〉, [그림 15-1], [그림 15-2]의 예들은 경험 주기가 신체적 욕구(갈증) 또는 심리적 과정(사별)을 다룬다는 인상을 줄 수 있다. 그러나 게슈탈트 관점에서 신체적인 것과 심리적인 것은 분리될 수 없다. 목이 마를 때 심리적인 영향도 있는 것이고, 슬픔을 느낄 때 거기에는 신체적 반응도 있는 것이다. 미완결된 주기 안에 완결된 주기가 있을 수도 있는데, 이것은 인생의 더 긴 게슈탈트 주기에서 가장 명백하게 나타난다. 예를 들어, 슬픔을 겪는 과정에서도 그 과정 속에서 특정한 문제나 어려움이 해결될 수 있다. 나의 아버지가 돌아가신 후, 어머니는 아버지의 옷을 정리하는 과정에서 하나의 게슈탈트 주기를 완결하였다. 이는 52년간의 결혼 생활 끝에 시작된 상실의 과정이라는 더 큰 게슈탈트 주기 안에 포함된 것이며, 이 과정에는 이와 같은 수많은 슬픔의 과제(게슈탈트 주기)가 존재할 것이다.

〈표 15-1〉 게슈탈트 경험 순환

	갈증	사별
감각	입이나 목구멍의 건조함이 나타난다.	무감각과 충격 반응
알아차림	감각이 해석되고 물에 대한 욕구를 알아차린다.	상실의 크기와 그에 따른 정서 반응이 점점 분명해지기 시작한다.
에너지 동원	출현하는 욕구를 충족하기 위해 움직인다. 예를 들어, 수도꼭지를 향해 움직이기 위해 에너지를 동원하기 시작한다.	상실에 대한 반응으로 감정과 접촉하기 시작한다(예: 슬픔/눈물).
행동	수도꼭지 쪽으로 이동하고, 수도꼭지를 틀고, 컵을 채우고, 입으로 가져간다.	감정을 표현하려고 한다. 예를 들어, 눈은 따끔거리기 시작하고 호흡이 깊어지며 입술이 떨린다.
최종 접촉	컵의 물을 마신다.	감정이 충분히 표현된다. 상실의 아픔을 느끼며 운다.
만족	갈증이 해소된다.	유기체는 표현된 감정의 힘을 느끼며 이에 관련된 반응을 경험한다(예: 안도감, 절망감).
철수	행동에서 물러나고 욕구가 충족된다.	유기체는 감정에서 물러난다.
공백	다른 욕구가 출현할 공간을 남겨 둔다.	애도 과정에서 다음 욕구가 나타날 수 있는 공간이 남겨진다.

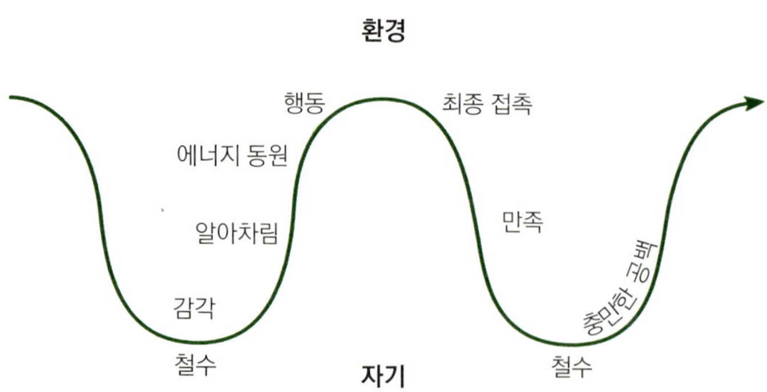

[그림 15-1] 징커(Zinker)의 알아차림-흥분-접촉 주기

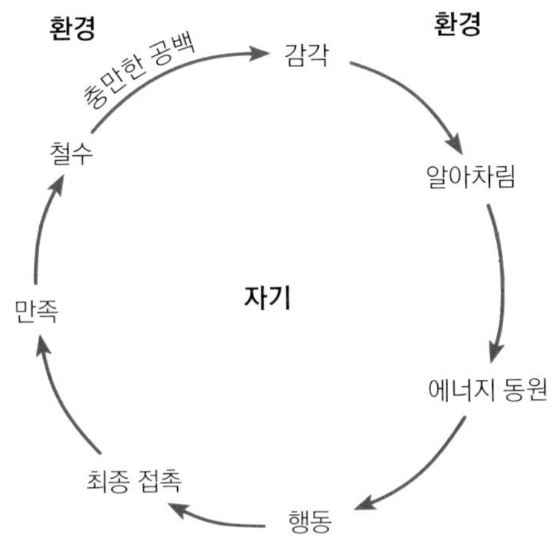

[그림 15-2] 클락슨(Clarkson)의 게슈탈트 형성과 파괴 주기

게슈탈트 주기 모델들에 대한 비판은 이러한 지도를 사용하는 것이 개인주의적 관점을 영속시키고 강화하며, 개인이 속한 전체 상황의 영향을 적절하게 다루지 못한다는 점이다. 이 모델들은 개인의 욕구나 동기로부터 시작되며, 먼저 주체가 있고 그 후에 환경이 따르며 둘 사이의 상호작용이 있음을 암시한다. 이렇게 함으로써 "그들은 개인이 상황보다 우위에 있다는 것을 시사한다"(Wollants, 2012: 93). 휠러(Wheeler, 2003: 165)는 주기 모델이 "종종 인간 행동을 추동하는 역동을 찾을 수 있는 유일하게 중요한 장소는 기본적으로 개인 '내부'라고 암시하는 것처럼 보인다."라고 하였다.

게슈탈트 치료에서 어떤 지도나 구성 개념을 사용할 때 우리는 그것들을 가볍게 취해야 한다. 그것들은 경험을 은유적으로 개념화하는 유용한 방법일 수 있지만 지도일 뿐이며 지도는 영토가 아니다.[9] 상황에 가해지는 모든 영향을 어떤 구성 개념으로도 완전히 전달할 수 없다.

9 역자 주: '지도는 영토가 아니다'라는 표현은 알프레드 코지브스키(Alfred Korzybski)가 제안한 것으로 알려져 있습니다. 이는 현실과 인식의 차이를 강조하기 위한 것으로, 언어, 상징, 모델과 같은 도구들이 현실 자체를 완전히 대변할 수 없다는 철학적 개념을 담고 있다. 현실을 이해하는 과정에서 지도의 유용성을 인정하되, 그것이 현실의 전부는 아님을 항상 기억하는 태도가 중요하다.

이 포인트를 마무리하면서 나는 당신에게 문화적 배경이 게슈탈트 주기의 순환에 어떻게 영향을 미칠 수 있는지 생각해 볼 것을 권하고 싶다. 영국에서 백인 남성으로 태어나 직업 윤리가 강한 '노동자 계급'의 가톨릭 가정에서 자란 나는, 다음 과업으로 빨리 넘어가야 한다는 문화적 압력을 경험한다. 결과적으로, 나는 만족과 철수 단계를 서둘러 마치려 하고 공백을 남겨 두기 어려워한다. 내 경험상 이것은 내 문화권 사람들의 일반적인 패턴이다.

16 접촉에 대한 저항, 차단, 조절

건강한 관계에서의 창조적 적응을 설명할 때 언급한 대로, 우리는 환경적이든 대인관계적이든 항상 변화하는 상황에 적응하고 있다. 펄스(1947)와 PHG(1951)는 환경과의 접촉을 줄이거나 조절하는 다양한 방법들을 구분하였고, 폴스터와 폴스터(1973), 징커(1977), 클락슨(1989/2013), 조이스와 실스(Joyce & Sills, 2018)는 그것들을 확장하였다. 원래 펄스와 PHG는 접촉 경계에서 일어나는 이러한 과정들을 저항이라고 설명했는데, 이후에 저항, 조절, 수정, 중단, 방해 등 다양한 용어가 사용되었다. 이는 게슈탈트를 처음 접하는 사람들에게 혼란을 줄 수 있다. 본질적으로 이것들은 특정 시점의 상황과 관련하여 그 상황을 다루기 위한 최선의 방법으로 형성되었던 창조적 적응이다. 이러한 용어가 부정적인 의미를 내포할 수 있지만 일방적으로 긍정적이지도 부정적이지도 않으며 항상 개인의 현재 상황의 맥락에서 바라볼 필요가 있다. 또한 이러한 과정 중 어떤 것도 서로 관련 없이 독립적으로 작동하지 않으며 모두 상호 연관되어 있음을 유념해야 한다. 우리가 환경과의 접촉을 조절하는 한 가지 방식은 다른 모든 조절 방식에 영향을 미칠 것이고, 환경은 우리에게 적응할 것이다. 예를 들어, 만약 내가 적대적인 태도로 사람들에게 접근한다면, 이는 사람들이 나를 대하는 방식에 영향을 줄 것이다.

대부분의 게슈탈트 치료사들은 우리가 환경과의 접촉 수준을 조절하기 위해 사용하는 일곱 가지 상호 관련된 과정을 설명한다. 이러한 조절 과정은 환경을 인식하는 방식과 관련되며 종종 알아차림 없이 발생하지만, 의식적으로 수행될 수도 있다. 나는 여기서 '조절'이라는 단어를 사용하여 환경과의 접촉을 다양한 조절 수준으로 설명하고자 한다. 접촉은 흑과 백의 이분법적 과정이 아니며 많은 회색 지대가 있다. 따라서 접촉의 각 조절 방식에 대한 개요를 제시한 후, 그것을 내가 생각하는 양극 개념과 연관 지어 설명하고 그 사이의 중간 지점도 함께 다루겠다.

나는 다음 5개의 포인트에서 게슈탈트의 창시자들이 오랫동안 논의하였던 접촉 조절을 설명할 것이다. 나는 접촉 조절 방식을 우리가 환경과의 접촉을 조절하는 핵심적인 창조적 적응 스타일로 보고 있으며, **내사**를 두 개의 형태로 구분하였다. 과도하게 단순화된 것이긴 하지만 이어지는 포인트에 대한 소개를 위해 다음의 인용문을 제시한다.

> 당신은 외부에 속한 것을 내부에 있다고 경험할 수 있다. 이것이 내사이다. 또는 당신에게 속한 것을 외부에서 경험한다. 이것은 투사이다. 또는 당신과 환경 간에 경계가 없다고 경험할 수도 있다. 이것은 융합이다. 또는 유동적인 변화가 없는 고정된 경계를 경험할 수도 있다. 이것이 반전이다(From & Muller, 1977: 83).

앞에서 언급한 접촉 조절을 중심적인 창조적 적응으로 설명했지만 포인트 22, 23, 24에서 제시하는 다른 세 가지 접촉 조절의 중요성을 축소시키고 싶지는 않다. 모든 조절은 삶의 질을 향상시키는 능력뿐 아니라 성장을 제한하는 해롭고 경직된 존재 방식이 될 가능성도 가지고 있다. 모든 것은 상황에 달려 있다. 앞으로 보게 되겠지만, 각각의 접촉 조절 방식은 '비접촉-접촉' 연속체의 한 위치를 나타내며, 각 접촉 조절은 다양한 정도와 기간에 따라 사용될 수 있다는 것을 염두에 두어야 한다.

17 내사 과정

내사 과정은 환경에서 오는 메시지를 통째로 삼키는 것이라고 간단히 설명할 수 있으며, 치아 공격성 발달에 대한 프리츠 펄스의 관심에서 시작되었다(Mackewn & Clarkson, 2012). 펄스는 유아는 치아가 자라기 시작하면서 선택의 폭이 넓어진다고 여겼다. 씹는 것이 가능해지면서 몸에 들어오는 것을 삼키기 전에 그것을 씹어 보거나 거부할 수 있다. 그러나 이 분화 능력이 증가하려면 환경이 이를 지지해야 한다. 만일 양육자가 음식을 억지로 먹인다면 이러한 선택 과정이 방해받을 수 있으며, 유아는 제공되는 것을 가리지 않고 받아들이는 법을 배우게 될 수 있다. 물론 이러한 과정은 신체적인 영양 섭취에만 국한되지 않는다. 우리에게 주어지는 정보나 메시지를 얼마나 '곱씹어 보는지'는 우리가 세상 속에서 살아가는 방식에 반영된다.

내사에서 개인은 환경으로부터 오는 태도, 특성, 또는 존재 방식을 의심 없이 받아들여 당위, 의무 및 절대 조항에 대한 내면화된 규칙을 만들게 된다. 이러한 규칙들은 사람들이 실제 했던 말(예: '진정한 소년은 울지 않는다.' '착한 소녀는 화를 내지 않는다.')에서 비롯되었을 수도 있고, **배경 내사**(ground introject)의 경우처럼 삼투현상과 유사한 과정을 통해 형성될 수도 있다(포인트 18 참조). 내사된 내용에 반응하는 사람은 일반적으로 알아차리지 못한 채 내사된 규칙을 따라야 한다는 강한 압박을 느끼고, 만일 그것을 따르지 않으면 불안해한다. 게슈탈트 치료사로서의 작업 중 일부는 치료적 관계 속에서 기반을 구축하여, 이제는 낡은 것일 수 있는 그들이 지켜 온 믿음에 도전하고 의문을 제기할 수 있도록 관계적으로 지지적인 환경을 조성하는 것이다. 우리는 이러한 내사 과정이 원래는 안전과 수용을 보장하기 위한 발달적 전략이었고 당시 환경에 창조적으로 적응하는 최선의 방법이었다는 것을 잊지 말아야 한다. 이런 맥락에서 내담자의 창조적인 천재성이 우리

앞에 있다. 이는 제한적인 방식으로 사용될 수도 있지만 개인의 창조적 잠재력을 보여 주는 에너지이다.

게슈탈트 및 다른 치료들에서 내사는 대체로 경멸적인 용어로 쓰였지만, 내사 그 자체는 부정적이지도 긍정적이지도 않다(Polster, 1993). 내사는 학습 과정의 일부이다. 우리는 배운 것을 재고할 필요가 있을 수 있지만, 우선은 배움을 받아들여야 한다. 이는 처음에는 통째로 삼키고 이후에 동화하는 것을 의미할 수 있다. 길을 건널 때 양쪽을 모두 살펴야 한다는 것을 처음 배울 때는 그 메시지의 내사 여부는 별로 중요하지 않다! 구조가 필요한 아동에게 내사는 지지적인 반응이며, 이는 아동이 경험을 조직화하는 압도적인 과업을 성취하는 데 도움을 준다(McConville, 2013). 내사는 중요한 사회적 규칙들을 내면화하고 다양한 사회적 체계 내에서 기능할 수 있도록 해 준다. 끊임없이 내사하는 것만큼이나 과도하게 거부하는 것도 문제가 될 수 있다.

체험적 실습

당신의 삶을 돌아보며 다음의 영역들에 대한 당신의 신념을 '나' 진술문으로 만들어 보세요. 절대적인 문장으로 만들 수 있는지 보세요. 예를 들어, '나는 반드시 ~ 해야 한다' '한다' '하지 않는다' 등과 같은 문장으로 만들 수 있는지 보세요. 다음 주제들과 관련해서 당신이 어떤 메시지를 받았었는지 생각해 보세요.

- 정직
- 당신의 몸
- 섹스
- 종교
- 세상 속에서 어떻게 있어야 하는가

이제, 가능하면 다른 사람과 함께, 이런 신념 중 얼마나 많은 것이 여전히 당신에게 적합한지, 그리고 겉보기에는 '부정적인' 신념들이 어떤 상황에서 여전히 유용할 수 있는지 생각해 보세요.

내사 과정은 종종 고정관념에 대한 반응으로서 알아차림 없이 일어난다. 광고나 마케팅은 전체 산업이 내사에 기반을 두고 있다고 볼 수 있다. 소년에게는 파란색, 소녀에게는 분홍색, 남성은 강해야 하고, 여성은 수동적이어야 하며, 남성은 맥주를 마셔야 하고, 여성은 화장을 해야 하고, 남녀 모두 완벽한 몸매를 가져야 한다. 이 단락을 다시 읽고 보니, 사회적 내사가 내 글에서도 작용하고 있다는 것을 깨닫는다. 알아차리지 못한 채 나는 앞의 예에서 남성을 여성보다 먼저 언급하였다. 지금은 '완벽해야 한다'는 내사를 따라 수정하고 싶은 충동에 저항하고 있다!

18 배경 내사

어떤 내사는 좀 더 쉽게 도전할 수 있는 반면, 자신의 삶을 살아가는 방식, 자신의 가치, 세상에서 자신이 어떻게 존재해야 하는지에 대한 근본적인 신념으로 자리 잡은 내사도 있다. 전경으로서의 내사와 배경이 되는 내사를 구분하는 것이 유용할 수 있다. 일관된 주제를 전달하는 명시적인 성격의 내사, 즉 대부분의 부모의 가르침은 '전경으로서의 내사'의 예이다. 부모는 자녀에게 원하는 것은 무엇이든 될 수 있다며 꿈을 좇으라고 말할 수도 있고, 그런 꿈은 '다른 사람들의 몫'이라는 제한적인 메시지를 전달할 수도 있다. 둘 다 전경 내사 과정의 예시이다.

배경 내사(ground introjects)[10]는 환경으로부터 스며든 의미를 말하며 우리가 걷는 땅, 숨 쉬는 공기 속에 존재한다. 이들은 암묵적인 존재 방식으로, 가장 넓은 의미에서 문화적이며 인지적 · 언어적 수준을 넘어 우리의 세계 경험을 형성한다. 이러한 내사는 문자 그대로 우리의 몸을 환경에 맞게 조형한다. 예를 들어, 예측할 수 없는 폭력이 난무하는 환경에서 자란 아이는 성인이 되었을 때 고개를 약간 숙이거나 경계하는 눈빛을 보일 수 있다. 내사 과정은 말로 표현하기 어려운 감각적 경험으로 인해 우리를 수치심 반응에 묶어 놓을 수도 있다. 배경 내사의 부정적인 가능성을 과대평가하기가 쉽지만, 전경 내사와 마찬가지로 배경 내사는 기회와 가치를 전달할 수도 있다.

많은 문제는 자신이 이 세상에서 어떻게 존재해야 하는지에 대한 신념 체계에 뿌리를 두고 있다. 이러한 신념 체계는 한 번도 의심받지 않고, 그 결과 규정된 존재 방식에 따라 계속 살아가며, 이것은 다시 다음 세대를 위한 지침이 된다. 내사

10 일부 게슈탈트 치료사는 프로이트 학파의 용어인 '핵심 신념'을 사용하여 배경 내사를 지칭한다(예: Joyce & Sills, 2018). 나는 맥컨빌(McConville, 2013)이 정의한 '배경 내사'라는 용어가 게슈탈트 이론과 더 잘 어울린다고 생각한다.

는 전체 조절 체계를 지지할 수도 있고, 그와 반대로 내사된 믿음을 보호하기 위해 전체 조절 체계가 구축될 수도 있다. 습관적으로 내사하는 사람들은 주체성이 부족하여, 종종 그들이 어떻게 '되어야 하고' 무엇을 '해야만' 하는지에 주의를 기울인다. 다음에 전경 내사와 배경 내사의 신념 체계가 어떻게 서로를 지원할 수 있는지에 대한 예를 제시하였다.

사례

수잔은 상담 중에 습관적으로 나를 돌보려고 하고, 그녀가 감정에 접촉할 때 내가 괜찮은지 수차례 확인하곤 하였다. 그녀는 내가 그녀에게 원할 거라고 상상하는 모습을 취하려고 하였다. 우리는 그녀의 행동이 오래된 전경 내사인 '너 자신이 되지 말고 내가 필요로 하는 사람이 되라.'에 대한 반응이라는 것을 발견하였다. 이 믿음의 배후에는 초기 아동기에 시작된 강력한 배경 내사가 있었고, 이 내사는 그녀가 사랑받을 만하지 않다고 믿게 하였다. 그녀는 원치 않는 임신으로 태어난 원치 않는 아이였다. 그녀의 엄마는 그녀에게 낙태를 하고 싶었다고 말하였다. 따라서 수잔은 어느 정도의 사랑과 인정을 얻기 위해서는 순응해야 한다고 생각하였고 그렇게 함으로써 부스러기라도 얻을 수 있었다. 이러한 믿음에 따라 살기 위해 수잔은 자신의 일부를 분리시키고 소외시키는 창조적 적응을 하였다. 결과적으로, 그녀는 있는 그대로의 진정한 자신으로 사랑받은 적이 한 번도 없었다. '화내지 마' '문제 일으키지 마'와 같은 전경 내사에 도전하면서 그녀는 질문이 허용되고 변화가 가능하다는 것을 깨달았다. 시간이 지남에 따라 그녀의 배경 내사가 바뀌기 시작하였는데, 첫 번째 징후는 내가 그녀를 거부하거나 버릴까 봐 두려워하지 않고 나와 논쟁을 하기 시작하였다는 것이다.

내사 작업을 할 때 견고한 치료적 관계 형성의 중요성은 아무리 강조해도 지나치지 않다. 내 생각에 이런 기반 없이는 전경 내사와 배경 내사 어떤 것에도 도전할 수 없다. 이러한 메시지들은 수년에 걸쳐 스며들고 지속되는 것으로, 몇 회기만에 뱉어 낼 수는 없다. 인간은 자신의 핵심 신념에 도전하는 정보나 사건을 받아들이지 못한다는 프로이트의 발견은 게슈탈트의 내사 작업과 잘 연결되어 있다. 우리는 핵심 신념과 관련하여 어떤 정보를 동화하고, 어떤 정보를 왜곡하거나 잊거나 거부할지를 창조적으로 선택하는 능력이 있다. 견고한 관계 기반이 구축되기 전에 이런 믿음(배경 내사)에 너무 빨리 도전하면, 이러한 믿음은 철저히 방어될 가능성이 높다.

19 반전

반전에서 접촉 경계는 근육 무장(armouring) 과정을 통해 더욱 경직된다. 마치 갑옷을 입은 것처럼 개인은 환경으로부터 자신을 보호하고, 몸이 환경과 접촉하는 것을 억제한다. 이러한 무장 과정은 환경으로부터 보호해 주지만 충동은 표현되지 않고 개인 내부로 향하며, 현재 환경과의 접촉은 거부된다.

반전의 한 형태는 **충동을 자기 자신에게 돌리는 것**이다. 이는 많은 에너지를 요구하는 과정으로, 실존주의 소설가 프란츠 카프카(Franz Kafka)의 단편 소설 『어느 개의 연구(Forschungen eines Hundes)』(2005)에서 "자신의 꼬리로 자신을 채찍질하는 것, …… 노력 없이도 달성할 수 있었던 것을 달성하게 된다."라고 표현된 바 있다.[11] 개인은 행하는 측면과 행해지는 측면으로 자신을 분리한다. 이렇게 함으로써 자신으로 환경을 대체한다. 이러한 분리는 사용하는 언어에서 나타나며 얕은 호흡, 근육 무장, 경직된 움직임, 창백함과 같이 환경과의 접촉을 줄이는 방식으로 몸에서도 관찰된다. 나는 타인에게 학대를 받은 경험이 있다고 말하는 내담자를 많이 만나 왔는데, 그들에게 분노를 느끼는지 물어보면 종종 "나는 나 자신에게 화가 나요."라고 답한다. 이 경우 '나'라는 행위자의 화가 '나 자신'에게 향함으로써 반전 분열이 뚜렷이 나타난다. 극단적인 반전은 자해를 초래할 수도 있지만(프리츠 펄스는 자살을 반전 살인이라고 설명하였다), 긍정적인 방식으로 자기 동기를 촉진할 수도 있다. 예를 들어, 체육관에 가도록 스스로를 밀어붙이거나 자신을 격려하기 위해 긍정적인 혼잣말을 한다.

두 번째 종류의 반전은 **환경으로부터 필요한 것을 스스로에게 제공하는 것**으로, 때때

11 역자 주: 이 문장은 불필요하게 자기 자신을 괴롭히는 행위를 상징적으로 나타낸다. 불필요한 고통을 자초하면서도 만족스러운 답을 얻지 못하거나 결국 얻는 것은 노력 없이도 얻을 수 있는 결과와 같을 수 있음을 드러낸다.

로 **역반전**(proflection)이라고도 불린다. 스스로 몸을 흔들어 잠들거나 스스로를 달래는 행위에서 볼 수 있으며, 자위도 이러한 과정의 예로 볼 수 있다. 환경에서 부족하거나 접근할 수 없는 것을 스스로 제공하는 이 과정은 결핍에 대한 건강한 대체일 수 있으며, 만약 알아차리게 된다면 자신에게 무엇이 필요하였는지에 대한 정보를 제공할 수 있다. 그러나 이런 행동이 습관적인 방식으로 굳어져서 갱신되지 못하면, 이러한 고정된 게슈탈트가 성격 문제의 기반이 될 수 있다. 특히 친밀감과 관련하여 문제가 되는데, 갑옷을 입은 상태에서 친밀한 관계를 형성하기는 어렵다!

우리가 환경에서 크고 분명한 움직임을 할 때, 반전 과정을 통해 스스로를 깎아내리고 처벌할 위험이 가장 커진다(PHG, 1951).[12] 이러한 자기 처벌 과정은 특히 암묵적인 **배경 내사**에 의해 뒷받침될 때 굴욕감, 죄책감 또는 수치심을 초래할 수 있다. 정서적이거나 지적인 표현에 대해 반복적으로 부정적인 반응을 경험하면 우리는 자신을 충분히 표현하지 않게 된다. 내사된 메시지의 메아리가 반전 행동을 지원하기 때문에 치료실에서도, 신체적 · 지적 표현이 억제된다. 근육에 에너지가 동원되지만 앞으로 나아가는 근육과 행동에 대항하는 근육 사이의 긴장이 균형을 유지하면서 정지 상태를 이룬다. 반전은 에너지를 필요로 한다. 지속적으로 긴장이 유지되면 근육들이 서로 밀고 당기는 과정에서 만성적인 통증과 관절 문제가 발생할 수 있다. 이는 턱의 긴장과 같이 미묘한 방식으로 나타나기도 한다. 치료사는 이러한 긴장이 회기 중에 나타날 때 주의를 기울여야 한다. 습관적인 반전 패턴을 발달시킨 사람들은 공간의 사용을 제한하고 움직임이 자유롭지 않은 경향이 있다.

다음은 한 여성 내담자와의 대화 예시이다. 반전 과정이 내사에 의해 지원되는 것을 보여 주고자 한다. 내담자의 남편은 최근 다른 여자에게로 떠났고 내담자는 이로 인해 치료를 받게 되었다.

내담자: (자신의 관계에 대해 이야기하며) 그는 나를 사랑한 적이 없다고 말했어

12 역자 주: 우리가 환경 속에서 과감한 행동이나 도전을 할 때, 실패하거나 비판받을 두려움 때문에 자신을 깎아내리거나 처벌하는 경향이 강해진다는 의미이다.

요……. (가슴이 붉어지고, 손을 꽉 쥐기 시작한다) 그리고 나는 한 번도 좋은 엄마가 아니었다고 했어요. (이제 손톱이 손을 파고든다)

치료사: 지금 무엇을 알아차리고 있나요? (접촉을 증가시키고 편향에 대응하기 위해 현재로 초점을 맞춘다)

내담자: (목소리가 커진다) 더 좋은 엄마가 되지 못했던 나 자신에게 화가 나요. (내담자의 반전 분열이 그녀의 언어에서 드러난다)

치료사: 익숙하게 들리네요. 당신이 자신에게 화를 내지 않는다면 누구에게 화를 낼까요? (반전된 감정의 표현을 촉진하고자 한다)

내담자: 어떤 이유에서인지 엄마가 떠올라요……. 하지만 난 엄마에게 화를 낼 수 없어요. 엄마는 최선을 다했으니까요. (내담자의 반전 과정을 지지하는 내사가 언어화된다)

앞의 예에서 우리는 내사된 믿음이 어떻게 분노를 자신에게 돌리는 반전 행동으로 이어지는지를 볼 수 있다. 이러한 자기 비난의 예에서 반전 행동은 종종 내사된 믿음에 의해 지지된다. 그러나 반전에 실패하면 사회적 규범이나 제약의 부재로 인해 반사회적 행동, 무질서, 쾌락주의, 자기애적 광기가 초래될 수도 있다. 충동을 억제할 능력이 없다면 우리 사회는 붕괴될 것이다.

반전은 개인뿐 아니라 커플, 다양한 형태의 집단, 공동체, 그리고 국가 간의 관계에서도 분명히 그 자리를 차지하고 있다. 우리는 치료사와 내담자 사이의 1:1 관계에서 모든 접촉은 공동 창조된다는 것을 인식하고, 치료사로서 내가 어떻게 내담자의 반전 과정에 기여하고 있는지를 고려해야 한다. 반전 과정은 개인 내부가 아니라 치료사도 일부인 상황 안에서 발생하기 때문이다.

건강하지 않고 상황에 맞지 않는 반전에 대한 치료사의 과제는 대화적 관계에서 내담자의 흥미로운 흥분 능력을 이끌어 내는 것이다. 이를 통해 내면으로 향하는 반전된 에너지가 외부 세계와 상호작용하며, 자신의 세계에 적극적으로 나아갈 수 있게 된다.

20 투사

영화관에 있는 당신의 모습을 상상해 보라. 당신이 스크린에서 보고 있는 이미지는 그 스크린에서 생성된 것이 아니라 뒤에 있는 영사기의 필름에서 투영된 것이다. 본질적으로 이것은 투사의 심리적 과정을 설명하는 것으로 태도, 특성을 자신이 소유하지 않고 다른 사람(개인, 집단, 국가, 사물)에게 부과한다. 앞선 포인트에서 나는 내담자가 자신을 분리시키는 과정에서 나타나는 특징을 설명하였다. 투사에서도 분리가 일어나지만 이번에는 분리시킨 부분을 환경의 '스크린'으로 던져 버린다. 간단히 말해서, 투사란 내 안에 있는 것을 다른 사람들에게서 보는 것이다.

체험적 실습

이 실습은 누군가와 함께 하는 것이 더 효과적이지만, 혼자서도 할 수 있습니다. 종이 한 장을 가지고 와서 맨 위에 당신이 정말 존경하는 특성을 가진 가상 또는 실제 인물의 이름을 적어 주세요. 이제 여러분이 존경하는 특성을 나열해 보세요. 파트너(또는 거울)를 향해 최대한 눈 맞춤을 유지하고 호흡에 주의를 기울이면서 이제 당신이 적은 목록을 소리 내어 공유합니다. 이때 '나는 ~이다'라는 직접적인 표현을 사용하여 그 특성들을 자신의 것으로 소유해 보세요. 그 특성이 자신에게 얼마나 적합한지 경험해 보면서 천천히, 꾸준히 말하고 서두르려는 유혹에 주의하세요. 파트너가 당신에게 이런 특성이 있는지 여부에 대해 피드백을 제공할 수도 있습니다.

투사는 개인의 어떤 측면이 자기 개념과 맞지 않을 때 발생한다. 치료사를 매우 뛰어난 사람으로 보면서 자신의 탁월함은 부인하는 내담자가 예가 될 수 있다. 또는 증오, 공포, 악과 같은 자신이 소외시킨 그림자의 특성을 특정 집단에 돌리기도 하는데, 이는 편견과 인종차별을 초래할 수 있다.

때로 투사 개념을 논의할 때 혼란이 생길 수 있는데, 이는 '투사'가 다음과 같이 사용되기도 하기 때문이다.

- 존재하지 않는 것을 상상하는 능력, 가능한 미래를 예측하고 창조적이 되는 능력. 예술가는 자신의 비전을 캔버스에 투사하고, 시인은 자신의 비전을 산문에 투사한다.
- 과거 인물이 치료사에게 투사되는 과정. 예를 들어, 어머니나 아버지가 치료사에게 투사되는 경우이다. 이러한 형태의 투사를 일반적으로 전이라고 한다.

치료 회기 안에서 내담자는 자신의 욕구나 필요를 치료사에게 투사한 다음, 그 투사에 반응할 수 있다. 예를 들어, 내담자는 사랑받고 보살핌을 받고 싶은 욕구가 있지만 내사로 인해 자신은 그럴 자격이 없다고 생각한다. 내담자는 자신의 욕구를 치료사에게 투사하고 치료사를 돌봄으로써 자신을 돌본다.

더 나아가기 전에, 영화관과 스크린에 투영된 이미지로 돌아가 보겠다. 이미지는 뒤에 있는 영사기의 필름에 존재하지만(당신의 눈에 보이는 형태는 아니지만), 스크린 위에도 다른 형태로 존재한다. 이를 스크린에서 볼 수 있게 하려면 전체 **장 조건**이 필요하다. 스크린 자체가 필요하고, 빛을 반사하려면 매끄럽고 흰색의 스크린이어야 한다. 영화관은 어두워야 한다. 이미지의 선명도는 주제에 대한 당신의 관심 수준에 따라 달라질 것이다. 내가 말하고자 하는 것은 내담자가 단지 무언가를 치료사에게 던져 버리는 것이 아니라, 그 순간 그 상황에 작용하고 있는 다양한 요인들이 있다는 것이다. 다른 **창조적 적응**과 마찬가지로 우리는 투사를 **공동 창조**되는 현상으로 보아야 한다. 이 조절은 다른 조절과 분리되어 단독으로 발생하는 것이 아니고, 모든 조절은 기능적으로 관련되어 있음을 인식해야 한다.

투사의 관점으로 치료적 역동을 바라볼 때 발생할 수 있는 문제는 치료사가 현실에 대한 최종 발언권을 갖는다는 점에서 진실의 위계가 생길 수 있다는 것이다(Jacobs, 2017). 내담자의 투사하는 태도에 대해 어떤 반응을 할 수 있을까? 만일 내담자가 동의하지 않으면 부인하고 있는 것인가?! "투사 개념과 관련된 가장 큰 임상적 문제는 종종 대화를 중단시킨다는 것이다"(Jacobs, 2012: 65). 또 다른 문제는 '투사'라는 용어가 너무 광범위하게 사용되어서 하나의 구체적인 과정을 충분히 설명하지 못한다는 것이다.

투사는 자신의 몸과의 관계에서도 나타날 수 있는데 몸과 거리를 두는 것을 특징으로 한다. 이는 몸을 주체의 일부로 여기지 않고 경험의 대상인 것처럼 표현하는 언어에서 명백히 드러난다(Kepner, 1987). 예를 들어, 신체 경험을 묘사해 달라고 요청하면 그들은 '어깨가 긴장되어 있다' 또는 '근육이 아프다'와 같이 반응한다. 여기서 분리와 투사는 명확하다. 그러나 '내 어깨가 긴장되어 있다' '내 근육이 아프다'와 같이 소유권을 시사하는 반응은 좀 더 미묘한 투사일 수 있다. '나의'라는 표현은 신체 경험과 자기 간의 동일시를 의미하는 것처럼 보이지만, 반드시 그렇지는 않다. 이것은 자기가 가진 것(내 차, 내 가방)이라는 의미에서 소유를 뜻하고, 소유자와 소유물의 구분이 유지된다. 이는 문화적 관습이기 때문에 잘 인식되지 않을 수 있으며, 많은 치료사도 이렇게 말한다! 우리는 "누구의 어깨가 긴장되어 있고, 누가 어깨를 긴장시키고 있나요?" 또는 간단하게 "누가 긴장되어 있나요?"라고 질문할 수 있다. 몸의 경험에 대한 투사를 다루는 치료 작업은 '긴장되어 있다'에서 '내가 긴장시키고 있다'로, '내 근육이 아프다'에서 '나는 아프다'로 이동하는 것이다. 이 외에도 전체 전경을 위해서는 자기와 신체 과정 간의 연결뿐 아니라 환경과의 연결도 필요하다. 예를 들면, '나는 긴장하고 있다……. 왜냐하면 너에 대해 경계하기 때문이다' 또는 '나는 아프다……. 왜냐하면 소외감을 느끼기 때문이다'와 같다.

PHG는 편견의 형태로 나타나는 투사에 대해 언급하였다. 펄스는 클럽 위원회 회의에서 새로운 후보가 선출되고 있는 상황을 회고한다. 이 클럽에서는 후보의 이름이 호명될 때 그 후보에 대해 반대 의사를 표명하고 싶은 사람은 이유를 말해야 하였다. 특정 후보를 싫어하고 그가 클럽에 가입하는 것을 원하지 않는다고 한 이유의 목록은 사실상 그 회원 자신의 최악의 단점들을 나열한 목록이었다! 이러한 과정은 온갖 형태의 편견에서 나타난다.

21 융합

지리학에서 'confluence'는 합류라고 하는데, 두 개의 강이 하나로 합쳐지는 지점을 말한다. 게슈탈트에서는 '융합'이라고 하며 비슷한 의미를 갖는다. 즉, 접촉경계가 병합되거나 해체되어서 다른 것과의 구별이 없어지는 것이다. 이러한 구별의 결여는 사랑을 나누면서 합일되는 순간, 합창을 하는 무리 속에서 자기가 없어지는 느낌, 창조적인 작품을 완성할 때 주변 환경과 하나가 되거나 영적으로 하나가 되는 느낌과 같이 아름답고 삶을 풍요롭게 하는 경험이 될 수 있다. 치료사는 내담자를 이해하고 공감하며 포함을 실천하기 위해 융합의 순간으로 들어갔다 나왔다 할 수 있는 능력이 필요하다. 융합 경험의 멋진 예는 우리가 사랑에 빠질 때이다. 우리는 자신으로부터 다른 사람에게로 '빠져든다.' 나는 '긍정적' 융합의 훌륭한 예를 하나 더 말하려고 하는데, 이를 증언하기에는 내 자격이 많은 여성에 비해 부족하지만 그것은 신생아와의 유대 과정에서 나타나는 융합이다.

서구 사회에서는 대다수의 사람이 융합을 공포스러워하는 문화에서 살고 있다. 그러나 공동체적 문화권에서는 융합을 근본적으로 다른 방식으로 본다. 개인주의적 배경을 가지고 있는 서양인은 합류하기보다는 분리한다. 그 결과, 일반적으로 융합은 게슈탈트 문헌에서 다소 부정적인 평가를 받아 왔다고 생각한다. 융합이 긍정적이지도 부정적이지도 않다는 개념적 입장에도 불구하고, 이를 뒷받침하는 내용은 실제로 드물다. 그러나 융합적 존재 방식이 건강하지 않을 수 있다는 것을 부정하는 것은 아니다.

융합하는 사람은 차이를 부인하면서 다른 사람에게 의지한다. 만약 상대방이 그 관계를 떠나면 그들은 붕괴된다. 두 파트너가 '융합 계약'을 체결한다면 그들의 태도, 생각, 감정은 차이가 없고 마치 한 사람인 것처럼 행동할 수 있다(Clarkson, 2013). 그들은 비슷한 방식으로 옷을 입고 심지어 비슷해 보일 수도 있다. 융합은 융합 체계를 위협할 수 있는 모든 갈등에 대해 '우리'라는 전형적인 말로 맞선다. 융합 체계는 커플에게만 한정되지 않고 개인, 집단, 조직 간의 어떤 관계에서도 발생할 수 있다. 융합이 존재하는 곳에서는 상대적으로 가벼운 도전조차도 융합 관계에 있는 사람들을 위협할 수 있다. 마찰이 전혀 없기 때문에 에너지가 낮고 생생한 접촉이 부족하다. '흐름에 순응하는' 융합적인 사람은 자신이 진정으로 원하는 곳에 도달하지 못할 수 있지만, 그곳에 도달하기 위한 에너지도 거의 소모하지 않는다.

관계에서 역기능적 친밀감을 추구하는 사람은 자신의 자원을 발견하고 싶어 하지 않는다. 융합의 반대 극인 고립을 추구하는 사람은 건강한 의존을 꺼린다. 변화하는 상황에 따라 이 양극성 사이에서 유연하게 흐르는 능력을 가진 사람은 건강하게 살 수 있는 능력을 보여 준다. 이 관점은 프리츠 펄스(1992a, 1992b)가 인간 성장을 아동기의 환경 지지에서 성인의 자기 지지로 진화하는 것이라고 정의하였던 것과는 대조적이다.

치료 과정에서 융합을 깨는 것은 어려울 수 있다. 치료사는 에너지가 낮은 장이 나타날 때 자신의 반응을 잘 알아차려야 한다. 그렇지 않으면 치료사도 융합에 빠질 수 있다! 차이를 관찰하고 언급하기, 에너지 수준을 모니터링하기, 보이는 것을 그대로 말하기, 자발적으로 작업하도록 자기 자신을 허용하는 것은 모두 접촉 수준을 증가시키는 방법들이고 융합에 대한 해독제 역할을 할 것이다. 또한 이러한 존재 방식이 어떻게 발달되었는지에 대한 이야기를 듣고, 어떤 과정이 이런 접촉 스타일을 지원하는지에 대한 윤곽을 그려 보는 것이 매우 도움이 된다. 치료실의 문을 열고 들어오는 대부분의 내담자들은 변화를 원하지만, 궁극적으로 그들에게 필요한 것은 이해받는 것이다.

22 편향

편향 과정은 직접적인 접촉을 회피하거나 외면하는 것을 말한다. 언어 중심의 서구 문화에서는 편향 과정을 언어적인 측면에서 먼저 관찰할 가능성이 있다. '나' 진술보다는 '우리'를 사용하는 것, 일반화된 언어, 정형화된 언어, 현재가 더 중요한 상황에서 과거에 대해 이야기하는 것, 방금 한 말을 묵살하거나 웃어넘기고 정서적 반응을 희석시킴으로써 그 말의 영향을 반감시키는 것(예: 실제로는 지금 매우 격분하고 있는데 '짜증이 났어요.'라고 하는 것) 등이다. 그러나 게슈탈트에서는 데카르트식 마음/몸 분리(혹은 언어/비언어) 개념에 동의하지 않는다. 편향적 언어는 다른 사람과의 충분한 접촉을 피하기 위해서 편향적 신체 반응과 함께 나타난다. 얕은 호흡, 시선을 피하는 행동, 산만한 동작, 어깨를 으쓱하는 것은 몇 가지 예에 불과하다.

체험적 실습

2인 1조로 서로 마주 보고 눈을 마주치면서 호흡을 규칙적으로 유지하세요. 파트너 A는 파트너 B에게 진심으로 칭찬을 해 주세요. 파트너 B는 언어적 · 비언어적으로 이 칭찬을 거절하려는 충동이 일어나는지 알아차려 보세요. 몸이 약간 긴장되나요? 호흡이 얕아지나요? 파트너를 바라보는 것이 힘들거나 당황스러운가요? '네, 하지만……'과 같은 말을 하고 싶어지나요? 번갈아 가면서 다섯 번 칭찬을 주고받은 후 서로의 반응을 나누어 보세요. 타인의 칭찬을 받아들이는 것에 저항하는 방식에 주의를 기울여 보세요. 약간의 근육 긴장, 말이 빨라지는 것, 실습에 충분히 참여하기보다는 실습에 '대하여 말하려고' 하는 것 등 물론 '단지 실습일 뿐이야.'라고 하면서 둘이 함께 이 경험 전체를 편향시킬 수도 있겠지요.

어빙과 미리엄 폴스터(1973)는 처음으로 편향을 접촉을 중단시키는 반전의 하위 과정으로 보았다. 편향에서는 접촉 경계가 강화되어 자기 인식을 보호하는 역할을 하는데, 이 자기 인식은 과거의 고정된 게슈탈트일 수 있다. 나는 폴스터의 견해를 높이 평가하지만, 일반화를 하거나 '우리'라는 말을 사용하는 경우와 같이 접촉 경계가 부드러워지면서 편향이 나타날 수도 있다고 생각한다. 이러한 예에서 편향은 융합에서 보이는 합류의 하위 과정이라고 할 수 있다. 또한 접촉을 조절하기 위해 다양한 방법들이 상호 관련될 수 있음을 보여 준다.

당신이 앞의 실습에서 발견한 것처럼 많은 사람이 칭찬을 받을 때 편향을 한다. 사랑, 돌봄, 또는 건설적인 비판의 표현은 흡수되기보다는 튕겨져 나갈 수 있고, 우리는 매우 창의적이고 미묘한 방식으로 직접적인 접촉을 회피할 수 있다. 예를 들어, 치료사가 내담자의 성취를 인정하는 경우에, 내담자는 '당신 없이는 해낼 수 없었을 거예요.'라고 재빨리 답변할 수 있다. 특히 서양 문화에서 흔히 볼 수 있는 미묘한 편향은 '내 팔/다리/손가락이 아프다.' 또는 '내 배가 아프다.'처럼 우리 신체의 일부를 분리해서 따로 언급하는 것이다. 우리가 편향을 하지 않는다면, '나는 아프다.'라고 말할 것이고 이 말이 더 강렬한 영향을 줄 수 있다. 치료사로서 내담자 말의 내용은 듣지만 그 속의 감정이나 뉘앙스를 느끼지 못할 때 그것은 편향이 진행되고 있다는 신호일 수 있음을 인지해야 한다.

23 둔감화

둔감화는 이름에서 알 수 있듯이 특정 상황에서 감각 수준이 감소되는 마취 과정이다. 둔감화는 가벼운 정도에서 심각한 정도까지 나타날 수 있으며, 지속 기간은 짧을 수도 있고 길 수도 있다. 둔감화는 사별 직후 애도 과정의 초기 단계에서 자주 나타나는데, 사람들은 깊은 상실감에 멍하고 무감각해진다. 교통사고와 같은 응급 상황에서는 공포를 느끼지 않을 수도 있는데, 이러한 생리적 반응과 감정의 둔화는 그 상황에 필요한 행동을 하는 데 도움이 된다. 모든 접촉 조절과 마찬가지로, 이 창조적 적응에는 다양한 정도가 있으며, 이것이 건강한지의 여부는 장과의 관계에서만 평가될 수 있다. 연속선상의 건강한 극에서 운동선수는 경기를 마치기 위해 통증을 둔감화할 수 있고, 등산객은 물집이 생겼을 때의 반응을 둔감화할 수 있다. 그러나 이 과정이 환경과 조화가 되지 않거나 습관적으로 사용될 때 **고정된 게슈탈트**가 문제가 된다.

걱정스러운 둔감화의 예는 신체적 또는 성적 학대에서 살아남기 위해 이 창조적 적응을 사용하는 사람에게서 볼 수 있다. 둔감화는 그 당시에는 상황을 다룰 수 있는 최선의 방법이었을 수 있다. 지속적이고 심한 둔감화는 극단적인 트라우마에 대한 반응이거나 돌봄과 보살핌, 일관된 양육 환경이 부재한 경우에 나타날 수 있다. 테일러(Taylor)는 둔감화를 '특정 신체적 자극에 대해 주의를 차단하는 것'이라고 설명하였고, 이를 해리, 즉 '현재 현실과의 단절'에 비해 연속선상에서 덜 문제가 되는 쪽에 있는 것으로 보았다. 해리는 오감 중 하나 이상에서 지각적 변화를 가져온다. 나는 둔감화를 연속선상의 덜 심각한 쪽에 있다기보다는 해리 과정의 일부로 본다. 왜냐하면 내가 경험한 바로는 둔감화는 지속적이며 지각에 심각한 영향을 미치는 수준으로 나타나기 때문이다.

강박적 섭식, 성 중독, 약물 남용 및 도박 중독 등 모든 중독 행동에는 어느 정도의 둔감화가 나타난다. 중독 행동이 있으면 순환 주기의 초기 단계(감각, 알아차림, 에너지 동원)를 급하게 통과하거나 사실상 건너뛰게 된다. 빠르게 전개되는 삶 속에서 우리는 종종 약간의 둔감화를 할 수 있는데, 압박감 때문에 충분히 경험하고 감각할 시간을 허용하지 않기 때문이다. 우리는 작업 마감이나 다른 긴급한 요구들 때문에 식사를 거르고 배고픔을 알아차리지 못할 수 있다.

체험적 실습

다음 번 식사는 평소보다 더 오래 해 보세요. 음식의 냄새와 질감에 주의를 기울이고 음식과 음료의 맛을 입 안에서 좀 더 오래 음미해 보세요. 음식을 체내로 섭취할 때 그 질감을 느껴 보세요. 당신의 감각에 주의를 기울이면서 음식을 천천히 즐기도록 허용해 보세요.

24 자의식/자기 감찰

자의식은 타인과 관계를 맺기보다는 자신을 바깥에서 관찰하는 과정이다. (I-ism으로 번역되는) '자의식'이라는 단어는 부정적 의미를 내포하므로, 나는 현대 저자들이 이 용어를 '자기 감찰(self-monitoring)'로 대체한 것을 환영한다(Joyce & Sills 2018; Chidiac 2017). 자기 감찰은 비판적인 성격이 덜 하면서도 이 특정한 조절 방식이 주로 인지적으로 이루어진다는 것을 암묵적으로 설명한다. 이러한 이유로 나는 이 시점부터 자기 감찰이라는 용어를 사용할 것이다.

자기 감찰은 자신의 능력을 평가할 필요가 있을 때 유용한 과정이 될 수 있다. 예를 들면, 치료사로서 새로운 기술을 배우거나 운전을 배울 때 자기 평가와 성찰 능력은 건강하고 유용한 기능을 한다. 그러나 많은 사람이 자기 감찰을 할 때 지나치게 자기 비판적인 과정에 빠져들고 이러한 과정은 수치심과 죄책감을 유지하거나 악화시킬 수 있다.

편향을 반전의 하위 과정으로 볼 수 있는 것처럼 자기 감찰도 마찬가지이다.

만약 어떤 사람이 자신을 질책하거나 비판하거나 칭찬한다면, 거기에는 비판자/칭찬자인 '행하는 자기'와 '받는 자기'가 있다는 점에서 내적 분리가 있음을 의미한다. 당신은 자기 감찰과 반전의 차이점이 무엇인지 궁금할 수 있다. 앞서 언급한 바와 같이, 한 가지 차이점은 자기 감찰이 주로 인지적인 과정으로서 내부의 해설자와 해설되는 대상이 있다는 것이다. 반전에서는 충동이 접촉 경계에서 시작했다가 자기 자신에게 되돌아오는 반면, 자기 감찰에서는 내담자의 내적 대화가 훨씬 더 자기 내부적이며 눈에 잘 띄지 않을 수 있다.

모든 접촉 조절과 마찬가지로, 행동의 유용성은 개인이 그 순간에 처해 있는 상황과 관련해서만 평가될 수 있다. 통제는 자발성을 차단한다. 타인과의 관계에서 병리적으로 자기 감찰을 하는 사람은 내적 해석이 긍정적이든 부정적이든 상관없이 타인과 관계를 맺는 것처럼 보이지만 실제로는 타인과 관계를 맺고 있지 않다. 이 과정은 대인관계에서만 일어나는 것이 아니다. 예를 들어, 명상을 하는 동안에도 명상하는 경험을 하기보다는 명상하는 자신을 관찰할 수 있다. 치료사/내담자 관계에서는 이러한 과정을 파악하기 위해 면밀히 관찰을 해야 하며, 이 과정이 지속되거나 접촉이 단절되는 패턴이 있다면 거리감이 느껴질 수 있다. 자기 감찰의 순간에는 내담자가 창밖을 응시하거나 멍한 표정을 짓고 있는 것 같이 접촉이 단절되는 특징이 나타난다. 치료사가 내담자의 신체 감각에 대한 알아차림을 높이려고 노력한다면 자기 감찰 과정이 중단될 가능성이 있다. 자기 감찰 과정이 지속될 때는 내사가 뒷받침하고 있을 수 있다.

25 접촉의 연속성

게슈탈트 치료에서 알아차림과 접촉을 강조하는 것은 저항(접촉 조절)을 평가 절하한다는 오해를 야기할 수 있다. 접촉과 저항은 동일한 연속체의 일부이며 상황에 따라 둘 다 지지가 될 수 있다. 우리는 항상 접촉을 하지만 창조적 적응 능력을 통해 환경과의 접촉 수준을 조절한다. 해롭고 외상적인 환경과 전적으로 생생한 접촉을 하는 것은 건강하지 않으며, 심장 개복 수술을 하는 외과 의사는 환자와의 접촉 수준을 낮추고 감정적 관여를 최소화할 때 최고의 수행을 할 수 있을 것이다!

저항은 종종 실제적인 혹은 지각된 위협이나 지지의 부족으로부터 자신을 보호하기 위한 방법이며, 치료사는 이러한 욕구를 존중해야 한다. 모든 저항의 이면에는 항상 이야기가 있고, 그 이야기 안에서 저항 또는 창조적 적응은 개인에게 유용한 기능을 제공하기 위해 발달해 온 것이다. 알아차림을 증진하는 과정의 일부는 내담자가 자신의 이야기를 말하고 그 이야기를 이해하는 것이다. 내 경험에 따르면 내담자의 저항을 수용하는 것은 종종 그것을 용해시키는 효과가 있다. 일부 내담자의 경우에는 일관성을 가지고 그들을 만나는 치료사와 함께 동일한 저항을 반복적으로 경험할 필요가 있다. 저항을 구축해야 하는 경우도 있는데, 예를 들면 어느 정도 조심해야 할 필요가 있는 환경에서 너무 쉽게 개방하는 사람들이다. 어느 정도의 편집증은 건강할 수 있다. 우리와의 접촉을 포함한 내담자의 전체 상황에서 저항을 바라보지 못한다면, 내담자와 우리 자신을 전체 관계성의 장에서 분리된 단절된 섬으로 볼 위험이 있다. 현대 게슈탈트에서는 자기 알아차림이 접촉 경계 뒤가 아니라 접촉 경계 사이에서 발달한다고 본다.

우리는 저항을 파괴할 수 없다. 어떤 경우에도 저항은 악하지 않다. 저항은 우리 성격의 소중한 에너지로서 단지 잘못 적용되었을 때만 해로울 뿐이다(Perls, 1947: 153).

펄스가 언급한 '잘못 적용되었을 때'란 과거에는 유용했던 창조적 적응이 시대착오적이 되는 경우를 말한다. 저항이 건강한지 건강하지 않은지를 결정하는 것은 저항 스타일 그 자체라기보다는 현재 상황이다. 게슈탈트에서 우리는 저항을 '조력자'로 볼 필요가 있다(Perls, 1947: 153).

게슈탈트 심리학자인 쿠르트 코프카는 저항의 가치에 대한 좋은 예를 제시하였다(Miller, 2003). 그는 당시 어느 팀보다도 월등히 뛰어났고 세계선수권 대회에서 메달을 휩쓸 것으로 기대되었던 독일 역도 팀의 이야기를 들려주었다. 세계선수권 대회에 오르기까지 그들은 다른 경쟁자들보다 훨씬 많은 중량을 들어 올렸다. 세계선수권 대회는 스위스의 새로운 체육관에서 열렸는데, 그 팀은 처참하게 실패하였다. 한 게슈탈트 심리학자가 이 상황을 조사해 본 결과, 역도 팀은 선수권 대회 이전에 항상 반대편 벽에 집중하면서 이를 '고정점'으로 삼아 힘을 발휘할 수 있었다는 것이 밝혀졌다. 그러나 새로운 경기장에서는 눈부신 빛 때문에 반대편 벽이 잘 보이지 않았고 그들은 저항으로 활용할 아무것도 갖지 못했다.

다음의 모델은 맥퀸(Mackewn, 1997)의 작업을 기반으로 한 것으로 다양한 반응 범위를 발달시킬 필요성을 보여 준다. 다음 연속선상의 어느 위치가 건강하거나 건강하지 않은지, 안전하거나 안전하지 않은지는 해당 시점에서의 전체 상황이 좌우한다. 각 연속선의 좌우에 있는 용어는 해당 차원의 양극성을 나타내며, 중앙에 있는 용어는 중간 지점을 나타낸다.

둔감화 ———— 감수성(sensitivity) ———— 알러지 반응/과민성

편향 ———— 머무르기(staying with) ———— 매료됨/도취됨(being mesmerised)

내사 ———— 질문하기, 동화하기 ———— 수용 거부

반전 ———— 표현 ———— 제어되지 않은 표현/폭발

투사 ———— 소유하기 ———— 모든 것을 절대적으로 소유/문자 그대로 받아들임

융합 ――――――――――――― 구별하기 ―――――――――――――――――― 고립

자기 감찰 ――――――――――― 자발성 ―――――――― 모든 장의 제약 조건의 결여

이러한 모델에서 건강한 기능은 개인의 상황에 맞게 연속체를 유연하게 이동할 수 있는 능력이라고 정의된다. 알아차림을 가지고 이 연속체를 따라 이동하는 능력이 커질수록 우리와 세상과의 관계는 더욱 건강해진다. 게슈탈트 치료에서는 저항이 미래에 대한 열쇠를 쥐고 있다는 가설을 가지고 접촉–저항 연속체를 확인하고 작업한다. 만일 개인이 환경에서 외적 지지를 받을 수 없고 충분한 자기 지지도 가지고 있지 않다고 생각하면 그 결과 **교착상태**에 빠지게 된다. 교착상태란 충동과 저항 사이에서 에너지가 분산되어, 에너지가 넘치지만 꽉 막혀 꼼짝 못하는 것이다.

서구의 개인주의 문화 토대에서 어떤 접촉 조절은 다른 조절보다 더 받아들여지기 어렵다. 특히, 접촉 경계를 부드럽게 하는 방향의 조절에는 더 큰 **저항**을 보일 수 있으며, 이는 연속선의 그 끝 쪽으로 이동하는 것을 어렵게 할 수 있다. 어빙 폴스터가 언급하였듯이, "게슈탈트 치료 이론은 일반적으로 내사와 융합의 건강성과 비건강성에 대해서 중립적임에도 불구하고, 이들은 거의 항상 부정적인 용어로 언급되어 왔다"(1993: 42).

26 창조적 무관심

창조적 무관심이라는 용어는 관심 부족을 뜻하는 것으로 오해될 수 있는데, 더 정확하게는 치료사가 특정한 결과를 위해 애쓰지 않는 과정을 설명한다. **창조적 무관심**이라는 용어의 기원을 추적해 보면 번역 과정에서 그 의미 중 일부가 손실된 것을 알 수 있다. 펄스(1947)와 PHG(1951)는 살라모 프리들렌더(Salomo Friedlaender, 1918)의 저서인 『창조적 무관심(Schöpferische Indifferenz)』에서 이 개념을 발전시켰다. 이 책은 번역된 적이 없지만 영어에서 부정적인 함의를 가진 '무관심'보다는 '창조적 미분화(creative undifferentiation)'로 표현하는 것이 더 적절하다(Wheeler, 1991: 47).

게슈탈트 치료에서는 중립성을 유지하려고 하고, 알아차림 증진 외에는 다른 목표를 지향하지 않는다. 창조적 무관심 상태를 유지하는 가운데, 내담자와 치료사 사이에 실제 일어나고 있는 것에 세심하게 접근하면서 내담자가 시도하고 있는 것에 집중된 관심을 갖는다(Francis & Parlett, 2016). 이렇게 함으로써 치료사는 환경에 반응하면서 **자기를 조절**하는 내담자의 능력을 신뢰한다. 의미 있는 통찰은 치료사에 의해서가 아니라 관계 속에서 출현한다는 믿음을 가지고 지금-여기에서 작업한다. 성장이 일어날 수 있는 조건을 만들기 위해서 우리는 내담자와의 접촉에서 펼쳐지는 매 순간에 반응적이어야 한다. 본질적으로 치료사는 치료사, 내담자, 그리고 내담자의 장 사이에서 출현하는 과정을 신뢰한다.

창조적 무관심은 게슈탈트 접근을 실천하는 데 있어 필수적인 태도이다. 이러한 치료적 자세를 유지한다는 것은 치료사가 관계의 사이(between)에 항복한다는 의미이고, 이렇게 함으로써 내담자와 치료사 사이의 관계가 동등해진다. 이는 가만히 앉아서 최상의 결과를 바란다는 뜻이 아니다. 창조적으로 무관심하다는 것은 전체 상황에 대한 제한적인 관점에서 얻을 수 있는 한 가지 특정한 결과에 집착하는 것이 아니라, 내담자가 나아지기 위한 방법이라고 상상하는 것들에 괄호치기를 하고 어떤 방향으로든 자유롭게 갈 수 있도록 하는 것을 의미한다.

프리츠 펄스는 프리들렌더의 창조적 무관심 개념에 크게 영향을 받았다. 이는 선불교와 동양 철학에 대한 펄스의 관심과 잘 들어맞는데, 치료사와 내담자 둘 다 미지의 실존적 불확실성에 직면한다는 것을 포함하기 때문이다. 이것은 집착하지 않는 자리이며, 충만할 것이라는 보장 없이 **충만한 공백**(fertile void)으로 들어가는 것이다. 경험 이전에 존재하는 것은 모든 인간 만남에 선행하는 분화되지 않은 가능성의 풍경이다. 특정한 방법을 찾으라는 압박으로 가득 찬 세상에서 이러한 입장을 취하는 것의 어려움은 결코 과소평가되어서는 안 된다. 특히, 우리 대부분이 결과 지향적이고 가능한 한 빠른 해결을 추구하는 문화적 기반 위에 있다는 것을 고려할 때, 압박감은 내담자뿐 아니라 치료사에게도 매우 깊은 영향을 미친다.

프람바흐(Frambach, 2003)는 프리들렌더의 창조적 무관심을 양극성과 관련하여 논의하였다. 그는 창조적 무관심의 능력을 발달시키는 것은 한 극을 다른 극보다 선호하는 인간 경향성을 상쇄한다고 하면서 질서와 혼돈의 양극성의 예를 제시하였다. 질서를 이해하기 위해서는 혼돈도 이해해야 하는데, 하나가 다른 하나를 정의하기 때문이다. 우리가 혼돈을 위협적인 것으로 여긴다면, 질서를 추구하고 혼돈에 접근하는 것을 피하면서 긴장이 생길 것이다. 연속체의 중간 지점에 서서 어떤 방향으로든 자유롭게 이동할 수 있으려면 질서와 혼돈을 적대적인 개념이 아니라 동일한 연속체의 부분으로 보아야 한다. "양극의 통합은 바로 그 중간 지점, 무관심이다"(Frambach, 2003: 118). 혼돈 이론(chaos theory)과 복잡계 과학(complexity science)은 이를 뒷받침한다. 가혹함과 온화함, 선과 악, 기쁨과 절망 등 모든 상반된 것들에도 동일한 원리가 적용된다. 창조적 무관심은 양극성을 흡수하는 효과가 있기 때문에 내담자에게 익숙한 것보다는 공백에서부터 자신의 상황을 새롭고 확장된 방식으로 '알아가는' 기회를 제공한다. 공백에 들어가기 위해서는 치료사와 내담자 모두에게 용기가 필요하고 이는 **하는**(doing) 것 대신 **존재하는**(being) 것의 위험을 감수하는 것이다.

27 미해결 과제: 자이가르닉 효과

1920년대 베를린의 분주한 레스토랑에서 훔볼트 대학교의 교수와 학생들이 복잡한 주문을 하고 있었고 놀랍게도 웨이터는 메모장 없이 모든 주문 내용을 기억하였다. 주문한 음식이 정확히 전달되었고 활기찬 대화 속에서 행복하게 음식을 먹고 계산을 마쳤다. 일행은 레스토랑을 나왔지만 한 학생이 스카프를 두고 온 것을 깨닫고 되돌아갔다. 그녀가 주문을 받았던 웨이터에게 다가가 잃어버린 스카프에 대해 묻자, 웨이터는 "어느 테이블에 앉아 있었나요?"라고 대답하였다. 처음에는 웨이터가 농담을 하는 줄 알았던 학생은 그가 정말로 일행이 어디 앉아 있었는지 전혀 기억하지 못하고 심지어 그녀를 알아보지도 못하는 것에 당황하였다. "우리 주문의 모든 사소한 것까지 기억하였었는데 어떻게 우리가 어디에 앉아 있었는지 모를 수가 있지요?" 그녀는 혼란스러워하며 말하였다. 웨이터는 "마지막 음식이 나올 때까지는 모든 주문을 기억합니다. 모든 서빙이 끝나고 나면 잊어버려요."라고 대답하였다.

이 학생은 블루마 자이가르닉(Bluma Zeigarnik)이라는 리투아니아 태생의 게슈탈트 심리학자로, 주로 러시아에서 경력을 쌓으며 불완전한 일이 개인에게 미치는 영향을 연구하였다. 그녀는 게슈탈트의 **미해결 과제** 개념을 정립하였으며, 그녀의 광범위한 연구를 기리기 위해 **자이가르닉 효과**(Zeigarnik effect)라고 명명하기도 한다(Zeigarnik, 1927, 1938). 자이가르닉을 참조하였다고 하지는 않았지만, 프리츠 펄스는 우리의 삶이 기본적으로 무수히 많은 미해결 상황의 연속이라고 주장하였다(Perls, 1992a). 하나의 과업이나 상황이 완결되면 즉시 다른 일이 발생한다. 이러한 불완전한 게슈탈트들은 쌓여 가는 집안일과 같이 비교적 사소한 것에서부터 지속적인 애도 과정과 같은 중요한 삶의 사건에 이르기까지 다양하다. 현실에서 어떤 미해결 과제는 완결하는 것이 불가능하거나 부적절할 수도 있다. 그러나 게속해서 어떤 해결책을 찾지 못한다면 미해결 상황들로 인해 혼란스러워질 수 있고 이는 심리적 불편감이나 신체 질환으로 나타날 수 있다. 완결을 회피하는 패턴은 고정된 게슈탈트 형성으로 이어지며, 이 과정에서 알아차림이 차단되고, 만족이 저하되며, 철수를 하지 못하고, 충동은 반전되며, 자신에게 심리적 공간을 허용하지 못한다. 특히 문화적으로 지지될 때 이러한 과정은 습관화될 수 있다.

자이가르닉의 연구는 미해결 과제가 긴장을 야기하고, 이 긴장이 완결을 향한 동기를 부여하는 경향이 있으며, 미완결된 과제는 완결된 과제보다 심리적 공간을 더 많이 차지한다는 사실을 밝혀냈다(Zeigarnik, 1927, 1938). 베를린 레스토랑에서의 식사 후, 그녀는 웨이터 행동에 대한 대규모 표본 연구를 진행하였다. 웨이터들이 아직 끝나지 않은 주문은 기억하고, 주문이 완료되고 결제가 되자마자 잊어버리는 패턴이 반복적으로 나타났다. 그러나 자이가르닉이 미해결 과제의 영향을 깊이 체감하게 된 것은 그녀의 개인적 삶에서였다. 다음의 이어지는 내용은 엘레나 마주르(Elena Mazur, 1996)가 수행한 연구를 참고하였으며, 이에 대해 감사를 표한다.

자이가르닉은 그녀의 삶에서 몇 가지 트라우마와 미해결 상황으로 인해 고통을 받았는데, 그중 한 가지 중대한 트라우마는 신경증을 촉발시켰다. 1931년에 자이가르닉의 남편은 독일 스파이 혐의를 받고 체포되었고, 그녀와 두 자녀만 남게 되었다. 그녀는 그 후 다시는 남편을 보지 못하였고, 그는 실종된 채 사망하였을 거라고 추정되었다. 자이가르닉은 남편과 그의 체포에 연관된 기억으로 둘러싸여 있는 모스크바 외곽의 시골집에서 사는 것이 점점 더 힘들어졌다. 그래서 심해지는 고통을 피하기 위해 모스크바 시내로 이사를 하였으나 괴로움과 불안은 개선되기는커녕 커져만 갔다. 그녀는 남편을 연상시키는 장소에 가는 것을 피하였고 이러한 불안으로 인한 회피는 광장공포증으로 발전할 정도로 심해졌다. 그녀의 세상은 계속해서 축소되었고, 결국 전에 남편과 살았던 시골집으로 다시 돌아가기로 결심하였다. 집으로 돌아간 후 그녀는 남편에 대한 정서적 기억을 간직한 모스크바 주변 장소들을 방문하기 시작하였다. 그녀가 자신을 이러한 상황에 더 많이 노출시킬수록 증상은 완화되었다. 그녀는 용감하고 창의적으로 완결을 달성하고 미완료된 것을 마무리할 수 있는 방법을 발견하였다.

체험적 실습

잠시 당신의 미해결 과제가 무엇인지 생각해 보세요. 중대한 것이 아니어도 됩니다. 당신이 완료하기를 피하고 있는 것은 무엇인가요? 당신의 심리적 '잡동사니'가 무엇인가요? '봄맞이 대청소'를 위해 당신은 무엇을 해야 할까요?

게슈탈트 심리학자들은 경험 자체가 불완전할 때조차도 경험에서 의미 있는 전체를 만들려는 인간 경향성을 연구하였다. 우리는 자연스럽게 완결을 추구한다(Zeigarnik, 1938; Wertheimer, 1959; Koffka, 1935).

자이가르닉 효과는 광고 산업에서도 활용되는데, 광고에서 사용되는 귀에 쏙 들어오는 노래, 즉 CM송은 시청자들이 끝까지 듣도록 유도할 수 있다(Heimbach & Jacoby, 1972). 또한 연구자들은 광고 끝 무렵에 광고를 중단하면 기억에 더 잘 남는다는 것을 발견하였다. 자이가르닉의 연구에 따르면, 참가자들은 중단된 과제를 기억할 가능성이 더 높다. 따라서 당신이 이 책(혹은 다른 책)의 내용을 기억하고자 한다면, 내용을 알아 가되 중간에 접촉을 중단한 후에 다시 접하기를 권한다. 앉은 자리에서 처음부터 끝까지 책을 읽는다면 내용을 기억하기 어려울 수 있다. 이 책에서 제안하는 실습은 접촉을 중단하는 과정을 도울 수 있으며 이는 당신이 내용을 기억하는 데 도움이 될 수 있다.

28 변화의 역설 이론

변화의 역설 이론은 "변화는 자신이 아닌 다른 사람이 되려고 할 때가 아니라 있는 그대로의 자기 자신이 될 때 일어난다."(Beisser, 1970: 70)라고 말한다. 또한 "자신이 어떤 존재인지를 먼저 온전히 경험해야만 자신이 될 수 있는 모든 다른 가능성을 인식할 수 있다."(ibid.)라고 주장한다. 게슈탈트 치료사들은 내담자가 버리고 싶어 하는 자신의 측면까지도 포용하면서 인격 전체를 완전히 수용하기 전까지 근본적 변화가 일어날 수 없다고 믿는다.

변화의 역설 이론의 깊이는 이 이론의 창시자의 삶을 생각할 때 더욱 배가된다. 나는 린 제이콥스(Lynne Jacobs)가 개인적 소통 과정에서 그의 인생사를 명확히 조명해 준 것과 자신의 개인적인 경험을 공유하며 보여 준 태도에 깊이 감사한다.

아놀드 바이서(Arnold Beisser)는 지적이고 운동 능력이 뛰어나며 매력적인 남성이었다. 그는 전국 순위권의 미국 테니스 선수였고 많은 자질을 갖추고 있음에도 불구하고 자신을 만족스러워하지 않았다. 그는 32세 때 소아마비로 인해 목 아래가 마비되었다. 활동적이고 혈기 왕성한 청년이었던 그가 스스로 할 수 있는 유일한 것은 먹고 숨 쉬는 것뿐이었고, 마비 후 처음 3년 동안은 그나마도 철제 호흡 보조장치를 통해서만 할 수 있었다. 우울한 시기를 지나 바이서는 자신의 새로운 삶을 수용하게 되었고 개인적 삶의 여정에서 **변화의 역설 이론**을 발전시켰다. 그는 마비를 겪은 후에도 다른 사람들에게 인기가 많고 사교적이었다. 그의 관계적 장은 자기 수용의 반영이었다. 심각한 장애에도 불구하고 그는 자신이 할 수 있는 모든 방법으로 기꺼이 친구들을 지지하고자 하였다. 생을 마칠 무렵 그는 마비 이전의 젊은 운동 선수로 돌아갈 수 있는 선택권이 주어지더라도 그 선택을 하지 않을 것이라고 말하였다. 그는 진심으로 있는 그대로를 수용하였다. 확실히 마비 이전의 바이서는 자신을 특별히 호감이 가는 사람이라고는 생각하지 않았다. 그러나 그와 친밀한 관계를 유지하고 있는 사람들의 수로 볼 때 아마도 마비 이후 주변 사람들은 그렇게 생각하지 않았던 것 같다. 제이콥스에 따르면, 그녀가 방문할 때마다 바이서의 응접실에는 항상 누군가가 그와 함께 앉아 있었다고 한다.

만약 우리가 무엇이 건강한 것인지를 정해 놓고 그 상태로 회복하는 데 집중한다면, 현재 일어나고 있는 삶의 변화를 살아 내고 그 삶의 변화에 창조적으로 적응할 수 있는 기회를 내담자에게서 박탈할 위험이 있다. 만일 우리가 구조하려고 한다면, 내담자가 자신의 상황에 대한 최선의 창조적 적응을 발견해 가는 여정을 빼앗을 수 있다. 내담자는 자신의 여정을 통해서 우리가 줄 수 있는 것보다 훨씬 더 깊은 배움의 기회를 갖게 된다. 게슈탈트 이론에서는 유기체의 지혜를 믿는다(PHG, 1951). 그렇다고 해도, 치료를 받으러 오는 대부분의 내담자는 어떤 행동, 생각, 방해되는 감정이나 태도를 없애는 것을 포함하여 종종 자신이 미리 설정해 놓은 이미지에 따라 자신과 자신의 상황을 바꾸고 싶어 한다. 우리가 이 불가능한 일에 공모한다면, 내담자와 함께 그러한 변화가 불가능한 이유를 설명하면서 현상 유지에 에너지를 쏟게 되고 변화에 반대하는 힘을 공동 창조할 수 있다. 우리는 우리 앞에 명백히 드러난 것이 무엇인지를 알아차릴 필요가 있다. 내담자는 변화를 원하고 무언가 다른 것을 원하지만, 동시에 변화하지 않으려고 애쓰면서 우리 앞에 앉아 있다. 우리가 내담자의 한 측면, 즉 좋지 않다고 인식하는 자신의 어떤 측면을 제거하고 싶어 하는 바람에만 열중한다면 단기적인 해결책을 제공할 수는 있겠지만, 있는 그대로 존재하고자 하는 내담자의 또 다른 측면을 놓치게 될 것이다. 결과적으로 우리는 내담자의 온전한 인간성을 놓치게 된다. 즉, 그들이 어떤 딜레마로 힘들어하는지, 변화가 그들에게 어떤 대가를 요구하는지, 변화 속에 포함된 상실은 무엇인지, 그리고 현재 상태의 특성이 지닌 가치는 무엇인지를 보지 못하게 된다. 게슈탈트 치료사와 내담자는 어떻게 변화할 것인지 또는 어떤 대처 방법이 유용한지를 탐구하는 대신, 현재 있는 그대로를 공동으로 탐구한다.

정신건강의학과에서 일하는 동안 나는 환청을 경험하는 많은 내담자를 치료하였다. 어떤 사람들은 '그 목소리' 또는 '그들의 목소리'라고 하는 것으로 인해 괴로워하였지만, 다른 많은 사람은 그렇지 않았다.[13] 고통의 정도와 상관없이 모든 사람들은 강력한 항정신증 약물을 처방받았다. 내담자의 환청을 가라앉히는 대신 치르게 되는 대가는 종종 불쾌한 부작용들이었다. 어떤 사람들은 입 마름, 지속적인 떨림, 약물로 유도된 파킨슨병 및 불수의적인 움직임으로 고통을 받는 것에 지쳐 있었고 이러한 불만을 이유로 약물 복용을 중단하였다. 그들은 '증상'과 싸우는 대신 '증상'과 함께 살아가는 방법을 모색하기 위해 다른 지지를 찾기 시작하였다. 자조 집단을 형성하고 전국적인 '목소리 듣기(Hearing Voices)' 네트워크가 성장하였다. 본질적으로 이러한 '고통을 받는 사람들'은 환청을 자신과 분리된 것으로 취급하는 대신 자신의 한 부분으로 수용하고 자신의 상황에 창조적으로 적응하기 시작하였다.

리히텐베르그(Lichtenberg, 2008)에 따르면, 우리는 어떤 생산적인 방식으로도 타인을 강제로 변화시킬 수 없다. 이러한 강압적인 변화는 억압, 착취, 지배와 같은 것을 통해서 파괴적으로만 일어날 수 있다. 건설적이고 진정한 변화가 가능하려면 우리는 먼저 진정한 자신이 되어야 한다.

13 일부 내담자는 환청이 너무 무섭고 위협적이거나 비하적인 내용이어서 이러한 증상을 조절하기 위해 약물치료를 선호하는 경우가 있었다. 내가 발견한 바로는, 이는 보통 환청을 '내 목소리'보다 '그 목소리'라고 언급하는 사람들에게 더 자주 발견되었다. (역자 주: 여기서 '그 목소리'라는 표현은 환청을 자신과 분리된 외부적 요인으로 인식하는 것을 나타내는 반면, '내 목소리'라는 표현은 환청을 자신의 일부로 더 인정하는 경향을 나타내는 것으로 볼 수 있다. 이러한 인식의 차이가 환청에 대한 개인의 반응에 영향을 미칠 수 있음을 말하고자 하는 것으로 이해된다.)

29 게슈탈트 치료의 미학

유동성(fluidity)은 미학적 기준과 밀접하게 연관되어 있으며, 유동적인 창조적 표현을 촉진하는 것은 게슈탈트 접근의 핵심이다. **좋은 형태**라는 말은 잘 형성된 게슈탈트를 뜻한다. 건강한 기능에서는 오래되거나 낡은 존재 방식이 지금-여기에서 새로운 것과의 접촉을 통해 변화하는 변형 과정이 일어난다. 선명하고 새로운 전경이 경험의 배경으로부터 형성된다. 이러한 변형은 유동적인 전경 형성 과정을 통해 세상과 접촉하고 의미를 부여하는 우리 각자의 독특한 미적 표현이다. 마치 조각가가 낡은 돌조각에서 다른 형태를 만드는 것처럼, 잘 형성된 새로운 전경을 창조할 때 우리는 자율적인 미적 행위를 하고 있는 것이다. 둘 다 과정 속에서 나타나는 자기에 대한 미학적 표현이다. 좋은 형태와 생동감 넘치는 모양의 게슈탈트를 완성하는 것은 환경과의 관계 속에서 형성되는 일종의 아름다움(beauty)이다. 이것은 관계적 장을 포함하는 배경에서 출현하는 전경이다. 스파뉴올로-롭이 설명한 바와 같이, 좋은 형태의 존재 여부는 관계적 접촉의 질을 가늠하는 지표가 될 수 있다.

> 우아함(좋은 형태), 리듬(정서 조절), 유동성(움직임)은 내담자와 치료사가 접촉할 때 얼마나 많은 자발성 또는 불안을 경험하는지를 보여 주는 미학적 기준이 될 수 있다(Spagnuolo-Lobb, 2017: 30).

블룸(Bloom, 2003)은 게슈탈트의 미학적 가치를 게슈탈트의 고유한 특성 중 하나로 설명하며, "형성되는 전경에 내재된 감각적 특성은 유기체/환경의 생명력과 활력을 담고 있으며, 게슈탈트 치료가 삶을 이해하는 근본적 핵심이다."(2005: 54)라고 하였다. 블룸과의 활발한 토론에서 크로커(Crocker, 2004)는 일부 범죄를 게획하고 저지르는 데 사용되는 세련된 기술이 종종 밝고 강하며 생생하고 유동적인 게슈탈트의 특성을 가지고 있을 수 있다는 점을 지적하였다. 나는 그러한 행위가 그런 인상을 줄 수 있다고 생각하지만, 이는 더 넓은 장을 무시하는 것이고 사회적 책임감에서 벗어나 개인적 욕구에 주로 반응하는 것이다. 내 관점에서 이것은 좋은 형태가 아니다.

게슈탈트 치료에서 자기의 형성은 정신역동 이론에서와 같이 내부에서 외부를 향하는 방식으로 정의되지 않으며, 행동주의자들이 주장하는 바와 같이 외부에서 내부를 향해 형성되는 것처럼 보이지도 않는다. 자기의 형성은 개인과 환경이 만나는 접촉 경계에서 순간순간 형성되는 미학적 활동이다(Miller, 2011a). 따라서 게슈탈트 치료사가 하는 일의 상당 부분은 미분화된 배경에서 출현하는 전경을 선명하게 하는 것이다. 그러나 그렇게 할 때 내담자 배경의 구조에 주의를 기울여야 한다. 건물이 아무리 미학적으로 아름답더라도 견고한 기초가 없으면 취약해지는 것처럼, 세상과 관계를 맺는 새로운 방식도 연약한 배경 위에 세워진다면 곧 금이 가거나 완전히 붕괴될 수 있다.

움직임을 위한 필수적인 장 조건은 공간의 존재이다. 나는 공간이 미학적 요소의 좋은 예라는 존슨(Johnson, 2016)의 의견에 동의한다. 이미 자리를 차지한 공간에는 아무것도 들어갈 수 없다. 바쁘고 어수선한 삶 속에서 우리는 공간을 비우는 것을 거부하는 습관을 만들고 충만한 공백으로 나아가지 않으려고 할 수 있다. 서구문화에서는 다음 과제로 빠르게 넘어가도록 프로그램화되어 있다. 좋은 형태인 강한 전경이 형성되려면 충분히 지지해 주는 배경에서 의미 있는 관계적 움직임이 일어나야 하는데, 이러한 이동에는 시간이 걸린다. "공간이 없으면 움직임도 불가능하다"(Johnson, 2016: 91). 현재 순간의 삶과 생생하게 접촉하지 않으면 습관적인 상태에 머물게 된다.

자율성과 정체성은 우리 삶의 과정에서 발달하며, 이러한 능력의 발달은 접촉경계의 투과성 및 경직성의 범위, 즉 우리가 얼마나 유동적으로 관계를 맺는가에 따라 제한되거나 촉진된다. 이런 점에서 발달의 충만함과 풍부함은 우리가 타인과의 관계에서 형성하는 게슈탈트의 미학에 달려 있다. 우리는 창조적이 되는 방법을 배울 필요가 없다. 우리는 이미 창조적이다. 창조성을 어떻게 사용할지는 우리에게 달려 있으며, 창조성을 사용하여 세계-내-존재(being-in-the-world)를 성장시키고, 축소시키고, 또는 파괴하는 것은 궁극적으로 우리의 선택이다.

30 '가능하게 하는 것'으로서의 지지

나는 치료사로서 우리의 임무가 발레에서 소년이 하는 역할과 유사하다고 생각한다. 우리는 프리마돈나의 움직임을 주시하고 지원하며 조율하여 그녀가 자신의 창조성과 능력을 보여 줄 수 있도록 해야 한다. 만일 소년이 이를 일관되게 수행한다면 프리마돈나는 자신을 붙잡아 주는 소년의 능력을 믿게 되고, 소년이라는 견고한 배경을 기반으로 더 대담하고 화려한 움직임을 시도하는 위험을 감수할 수 있다. 이와 마찬가지로, 치료사로서 우리가 배경에 세심한 주의를 기울이면 내담자는 스스로 전경을 형성해 갈 것이다. 시간이 지남에 따라 그들은 만약 자신이 넘어지더라도 우리가 최소한 그들을 잡아 주려고 애쓸 것임을 믿게 될 것이며, 그로 인해 그들의 배경이 재구축되기 시작할 것이다. 프리마돈나가 처음에는 그랑 제테(grand jeté)[14]를 할 수 있다고 믿지 않았지만 나중에는 가능해진 것처럼 내담자도 분노가 허용된다거나 자신이 사랑받을 만하다는 것을 배울 수 있다.

우리는 치료를 접착제나 용매로 볼 수 있다(Stratford & Brallier, 1979). 게슈탈트 치료사로서 나는 수년 동안 영국의 정신건강 서비스에서 매우 취약한 내담자들을 치료하였다. 이들 중 다수가 정신증 삽화를 겪었거나 겪고 있었다. 종종 그들에게 가장 필요하지 않은 것은 이미 취약해진 자기 과정(selfing process)을 더 해체하는 관점이었다. 나는 내담자의 자기감을 점진적으로 구축하는 접착식 접근을 취할 필요가 있었다. 간단히 말하자면, 내담자의 파편화된 부분들을 찾아내고 다시 붙이는 것을 돕는 것이 내 임무라고 생각하였다. 반대로, 내담자가 현재 상황에는 더 이상 맞지 않는 습관적인 방식을 보인다면 보다 용매적인 접근법을 사용할 수도 있다. 용매적인 접근법이 좀 더 도전적이라고 생각할 수 있을 것이다. 이

14 역자 주: 발레 동작 중 하나로, 한쪽 다리로 힘차게 점프하여 공중에서 두 다리를 앞뒤로 활짝 뻗는 동작을 말한다.

것이 종종 사실이긴 하지만 도전과 지지는 여러 가지 형태로 나타날 수 있다는 점을 유념해야 한다. 로라 펄스(1992)는 게슈탈트 치료사로서 우리가 필요한 만큼의 지지를 제공하되, 최소한으로 제공해야 한다고 믿었다. 비슷한 맥락에서 나는 치료사가 항상 부드럽거나 혹은 습관적으로 직면하는 태도가 아니라, 내담자의 변화하는 요구에 반응하면서 연속선상의 양극 사이를 유연하게 오가는 능력을 통해 관심과 효과를 보여 주어야 한다고 믿으며, 이는 "지지는 개인의 지속적인 동화와 통합을 촉진하는 모든 것이다."(Wollants, 2012: 185)라는 말과 일맥상통한다.

내담자의 변형을 촉진하는 데 있어 가장 중요한 것은 유기체 안에 지혜가 있다는 것과 우리 앞에 있는 사람이 현재 상황에 대해 최고의 창조적 적응을 할 수 있는 능력을 가지고 있다는 것을 치료사가 충분히 수용하는 것이다. 내담자의 여정을 가장 잘 조력하기 위해서 우리는 역할로서가 아니라 충분히 통합된 존재 방식으로서 진정성 있는 치료적 자세를 발달시켜야 한다. 창조적 적응을 지속적으로 재평가해야 하는 것은 내담자만이 아니다. 치료사도 마찬가지이다. 좋은 접촉은 충분한 지지가 가능한 범위 내에서만 가능하다.

정원사들은 '전경'인 관목이나 작물이 잘 자랄 수 있으려면 적절한 조건을 갖춘 비옥한 토양(배경)이 필요하다는 것을 이해할 것이다. 우리가 배경을 잘 준비하더라도, 성장을 지지하기 위해서는 다른 많은 요인을 고려해야 한다. 성장은 내담자의 상황과 치료적 관계에 영향을 미치는 조건을 열린 마음으로 이해하고, 관계의 배경에 주의 깊은 관심을 기울일 때 촉진된다.

체험적 실습

지금 이 순간 당신의 몸을 어떻게 지탱하고 있는지 세심하게 주의를 기울여 보세요. 앉아 있다면, 가구를 어떻게 사용하고 있나요? 의자에 충분히 기대어 앉아 있나요, 아니면 의자 끝에 걸터앉아 있나요? 몸의 어느 부분이 지지를 받고 있고, 어느 부분을 스스로 지탱해야 한다고 느끼는지 생각해 보세요. 잠시 긴장이 느껴지는 부분이 있는지 몸 전체를 살펴보세요. 발부터 시작해서 위로 올라오면서 긴장의 차이가 있는 곳을 알아차려 보세요. 호흡을 살펴 보세요. 우리는 보통 호흡을 당연하다고 생각하지요. 당신은 주변 환경을 충분히 '들이쉬나요?' 아니면 얕게 숨을 쉬나요? 이런 부분들에 주의를 기울이면서 당신의 지지 사용 방식이 환경에 대해, 당신과 환경의 관계에 대해 무엇을 말하는지 스스로 질문해 보세요. 예를 들어, 의자가 버텨 주지 못해서 스스로를 지지해야 한다거나, 넓은 환경이 특히 안정적으로 느껴지지 않을 수도 있습니다. 지금 이 순간 당신은 자기 지지와 환경 지지의 연속선상 어디에 있나요?

내담자는 표면에 드러난 많은 정보를 가지고 우리를 만난다. 주로 자기 지지를 하는 사람은 환경에서 사용 가능한 지지를 충분히 활용하지 못할 수 있다. 좀 더 융합적인 사람은 환경에 파묻힐 수 있다. 치료사의 할 일은 내담자와 함께 자기 지지-환경 지지 연속체를 확장하기 위해 필요한 다음 단계가 무엇인지, 어떤 방향으로 발달이 필요한지, 다음 단계의 크기는 얼마나 되는지 발견하는 것이다.

우리는 경험의 초기 단계, 즉 감각의 출현과 알아차림의 출현에 세심한 주의를 기울이고, 마찬가지로 내담자도 그렇게 하도록 격려할 필요가 있다. 그렇지 않으면 성급하고 지지가 부족한 행동을 하게 될 수 있다.

치료사에게 도움이 될 수 있는 질문들은 다음과 같다.

- 지금 이 순간, 이 내담자에게 어떤 특정한 지지와 도전이 도움이 되는가?
- 그 지지의 정도는 어느 수준이 적절한가?
- 이 사람과 나는 어떻게 다른 방식으로 행동하는 위험을 감수할 수 있는가?
- 어떻게 하면 이 관계에서 나는 그렇게 할 수 있는 용기를 모델링할 수 있는가?

Part 2

치료 여정의 시작

준비와 초기 평가

31 치료 환경

치료 환경과 맥락은 내담자와 치료사 만남의 성격을 형성한다. 치료를 위해서는 사적이고 보호받는 공간이 필요하지만, 동시에 모든 임상 공간은 각각의 '목소리'가 있고 어떤 공간은 다른 공간보다 더 '임상적'인 느낌을 주며 더 강한 특성을 드러낼 수 있다는 점도 인식해야 한다. 우리가 창조하는 환경은 치료적 관계와 상호 영향을 주고받는다.

> 제임스는 우울증을 겪고 있었고 의사를 방문하여 항우울제를 처방받았다. 약효과가 거의 없었기 때문에 의사는 약물을 변경하였고 우울 관리 기술을 제공하는 컴퓨터 프로그램의 링크를 그에게 알려 주었다. 이러한 기술들이 약간 도움이 되긴 했지만 명확한 원인이 없이 우울한 기분이 지속되었다. 의사는 게슈탈트 치료사에게 그를 의뢰하였다. 첫 만남에서 치료사는 제임스에게 무엇 때문에 상담에 오게 되었는지를 물었다. 제임스는 "의사가 상담이 우울에 도움이 될 거라고 했어요."라고 답하였다.

이 만남의 환경과 맥락은 이미 만남의 배경을 구성하고, 관계의 성격 및 내담자의 기대를 형성하였다. 치료자의 질문에 대답할 때 그는 우울과 자신을 분리시키는 미묘한 편향을 통해 자신과 우울해지는 것 사이에 거리를 두는 것 같아 보였다. 제임스가 자신의 환경과 맺어 온 관계는 치료에 능동적으로 참여하기보다는 수동적으로 처방을 받는 방식이었다. 지금까지 내담자와 의료 센터 환경과의 관계는 나-그것 관계의 토대 위에 있었으며, 그의 우울증은 탐구되기보다는 치료되거나 경감되어야 하는 분리된 시스템으로 취급되었다. 그는 이제 다른 관계적 입장을 가진 다른 치료적 관계에 들어왔다.

이와 대조적으로, 제임스가 개인적으로 치료를 받기 위해 개인 치료실에서 게슈탈트 치료사를 만났다고 가정해 보자. 이는 치료사의 집 안에 마련된 전용 공간일 수도 있다. 이러한 치료 환경은 덜 '임상적'일 수 있지만 다른 것들이 작용한다. 치료사 방 안의 실내 장식과 가구, 사진은 치료사가 선택한 것이므로 그만큼 자기 개방의 정도가 커질 것이고 이 모든 것이 치료사에 대해 무언가를 말해 줄 것이다. 또한 치료 환경의 일부에는 치료사가 옷 입는 방식도 포함되며, 이 역시 메세지를 담고 있다.

당신의 치료실에 있었으면 하는 것과 놓고 싶지 않은 것, 부적절하다고 느껴지는 것이 무엇인지 잠깐 생각해 보세요. 어떤 개인적인 취향을 추가하고 싶나요? 자리 배치는 어떻게 할 것인가요? '치료사 의자'를 따로 마련할 생각이 있나요?

만남 이전의 전화, 이메일, 문자 메시지나 편지 등 모든 접촉은 특정한 느낌을 줄 수 있다. 우리는 빈 스크린이 될 수 없으며, 그렇게 되는 것이 바람직하지도 않다. 그러나 우리의 스크린에 이미 존재할 수 있는 것과 전달될 가능성이 있는 메시지를 고려해야 한다. 치료 환경은 치료 관계를 지원해야 하며, 내담자와 치료사에게 충분히 지지적이어야 한다. 우리는 치료 환경이 치료 가능성을 어떻게 제한할 수 있는지 인정해야 한다. 예를 들어, 바쁜 의료 센터에서 일하고 있다면 강한 카타르시스 작업은 부적절할 수 있고, 치료실의 크기로 인해 일부 신체 작업이 불가능할 수도 있다.

내담자들은 다양한 이유로 치료에 온다. 대부분은 스스로 원해서 오지만, 어떤 이들은 의뢰인이 원해서 오기도 한다. 후자의 경우 '분노 조절'과 같은 특정한 문제로 인해 의무적으로 받아야 하는 치료, 직업 수행 문제로 인한 관리 차원의 의뢰, 또는 수련의 일환으로 일정 시간 치료를 받아야 하는 수련 심리치료사/상담사가 포함될 수 있다. 또는 불안/우울이 단번에 사라지거나 관계 문제가 마법처럼 치유될 수 있다는 비현실적인 기대를 가지고 상담에 올 수도 있다.

의뢰의 맥락, 치료 환경, 내담자의 기대는 모두 내담자가 처음 치료실 문을 열고 들어오기 전에 이미 관계를 형성하는 데 영향을 미치는 요소이다. 우리는 생각, 감정, 신체 감각이 개인에게만 속해 있다고 보는 문화에 살고 있음을 인식해야 한다. 반면, 게슈탈트 치료사는 그것들이 관계 사이에서 출현하며, 치료 환경에서 누구도 사이(between)의 부분이 되지 않을 수 없다고 본다. 의미는 내담자, 치료사 그리고 환경 사이에서 공동 구성되는 것이다.

32 계약과 기대

상담 및 심리치료 분야에서 치료사와 내담자가 서명하는 서면 계약서를 작성하는 경향이 지속적으로 증가하고 있다. 신중하게 구성된 서면 계약이 '참여 규칙'을 제공할 수 있지만, 치료사로서 우리는 항상 신뢰에 기반한 관계에서 인간 고통을 다루고 있다는 점을 균형 있게 고려해야 한다. 미국에서 온 나의 동료 중 한 명은, "나는 서면 계약서를 사용하지 않습니다. 나의 내담자들은 마음으로 나를 신뢰합니다."라고 말한 적이 있다.

치료사와 내담자 사이의 분위기에는 다양한 기대가 떠다니고 있으며, 이는 이전 포인트에서 다루었던 수많은 장 조건에 의해 형성된다. 치료사가 자신을 표현하는 방식, 즉 따뜻하고 환영하는지, '전문적'인지, 거리를 두는지, 근엄한지, 내담자에게 변화가 있을 것이라고 믿는지 여부는 첫 만남의 순간부터 기대를 형성한다. 내담자의 장에서 보자면, 치료에 대한 선입견, 권리의식, 자신이 치료받는 것에 대한 친구나 동료들의 생각, 변화에 대한 기대감, 불편한 감정에 머무르려는 의지는 현재 만남에 영향을 줄 수 있는 요인 중 일부에 불과하다. 내담자와 치료사의 과거 경험은 무엇이 가능하고 무엇이 불가능한지에 대한 기대에 영향을 미칠 수 있고, 실제로 영향을 미치게 된다.

> 상담에 오는 당신의 내담자에 대해 어떤 기대를 가지고 있는지 자문해 보세요. 그런 다음 어떤 상황에서 이러한 기대가 도움이 되고, 어떤 상황에서 도움이 되지 않을지 생각해 보세요.

내담자가 보이는 기대에 내가 어떻게 반응하는지 주의를 기울이면서 다음과 같은 질문을 성찰해 보는 것이 도움이 될 것이다.

- 나는 내담자의 기대를 어떻게 경험하는가? 예를 들어, 그들의 기대는 현실적인가, 비현실적인가, 기대가 적당한가, 지나치게 구체적인가, 야심찬가, 혹은 기대가 전혀 없는가?
- 내담자의 기대는 긍정적인 방식으로 표현되는가, 아니면 부정적인 방식으로 표현되는가?
- 내담자의 기대는 자신, 타인, 내담자 장의 특정 부분, 또는 더 일반적인 상황에 대한 불만족을 반영하는가?
- 내담자는 다른 사람을 위해 변하기를 원하는가?

게슈탈트 치료사로서 우리의 치료 철학을 내담자와 공유할 필요가 있다. 우리는 해결책을 제시하거나 불쾌한 감정을 개선하려고 하지 않는다. 약물 처방이나 '대처 전략'과 달리, 우리는 행동을 완화하기보다 행동의 의미를 찾으려고 한다. 이 과정이 통찰로 이어지기도 하지만, 치료사가 자신의 '잘못된 부분'을 교정하거나 과거의 균형상태로 되돌려 줄 것이라는 내담자의 기대와 충돌할 수 있다. 내담자는 변화하는 상황 속에서 살아왔고, 이전의 균형은 더 이상 존재하지 않는다.

어떤 기대들은 게슈탈트 치료에 대한 일반적인 오해에서 비롯되었다는 것을 언급할 필요가 있다. 예를 들어, 게슈탈트 치료에서는 두 의자 작업이 가장 중요하다, 감정을 느끼는 것이 가장 중요하다, 치료사가 일방적으로 도전한다, 성숙함은 자기 지지를 향한 끊임없는 행진이다, 분노나 카타르시스 작업에만 관심이 있다 등이다. 합리적으로 훈련받은 게슈탈트 치료사라면 이러한 생각들이 매우 부정확하다는 데 동의하겠지만, 이러한 생각들은 여전히 장 안에 떠돌고 있으며 일부 내담자의 기대에 영향을 미칠 수 있다.

계약

나는 '계약'이라는 단어가 사람들의 고통을 다룰 때 사용하기에는 너무 공식적인 용어라고 생각한다. 그러나 치료사와 내담자 사이의 합의는 치료 환경을 지탱하는 데 필요하다. 다만 모든 계약은 치료적 요구에 대응하여 유연함을 가지고 사려 깊은 태도로 이루어져야 한다. 계약의 모든 세부 사항을 여기에서 다룰 수는 없지만, 계약은 크게 다음의 세 가지 영역을 포괄한다고 생각한다.

① '비즈니스' 계약

이것은 합의해야 할 '핵심 사항들'을 다루고 치료의 비즈니스적인 측면을 명확히 하는 역할을 한다. 이 계약에는 상담 기간, 치료비(해당되는 경우), 회기 수 또는 간격, 취소 및 종결에 필요한 사전 통지, 치료사가 준수하는 윤리 강령(UKCP[15], BACP[16] 등), 치료실 밖에서의 관계나 사회적인 만남을 하지 않는다는 치료 관계의 배타적 특성이 포함된다.

또한 이 계약에서는 비밀보장의 한계를 명시한다.

- 내담자가 자신 또는 타인에게 위험을 초래하는 경우 비밀보장을 하지 않는다. 그러나 나는 내담자에게 강조하는 것처럼 여기서도 다음과 같은 점을 강조하고 싶은데, 자신이나 타인에게 해를 가하려는 생각과 그 생각을 실행에 옮기는 것(의도) 사이에는 큰 차이가 있다.
- 치료사가 정기적으로 임상 슈퍼비전을 받는 것은 영국의 윤리적 요구 사항이며 이는 치료사가 슈퍼바이저와 회기 내용을 논의한다는 것을 의미한다. 또한 슈퍼비전은 치료사가 내담자를 통해 자신의 문제를 해결하려는 것을 방지하고 '품질(quality) 보증 정책'의 역할도 한다.
- 법원에 정보를 제공해야 하는 경우가 발생할 수 있다.

② 치료 계약

게슈탈트 치료의 본질은 내담자의 관계 장에 대한 알아차림이 펼쳐지도록 하는 것이다. 합의된 영역 하나를 완강하게 고수하는 엄격한 치료 계약은 게슈탈트 철학이나 인간관계의 복잡성과는 맞지 않다. 현재 나타나는 주제와 다소 관련이 없어 보이는 경험까지 탐색할 충분한 유연성이 필요하며, 동시에 충분한 초점화와

---

15 영국 심리치료위원회(United Kingdom Council for Psychotherapy)

16 영국 상담 및 심리치료 협회(British Association for Counselling and Psychotherapy)

균형을 이룰 필요가 있다. 우리가 내담자를 만나는 상황은 치료 계약의 성격에 영향을 미칠 것이다. 그러나 과정 중심 치료에서 모든 치료 계약은 언뜻 관련이 없어 보이지만 내담자의 관계 패턴을 드러낼 가능성이 있는 사건들을 탐색할 유연성을 충분히 허용해야 한다.

③ 치료적 경계

치료적 경계는 복잡하고 다층적일 수 있다. 파트 5의 '윤리와 가치'에서 나의 임상 실제에서 두드러졌던 경계에 대해 다룰 것이다.

33 접촉 기능: 접촉의 형성과 붕괴

우리는 게슈탈트에서 접촉 기능 또는 자기 기능이라고 부르는 것을 통해 환경과 접촉한다. 이는 오감뿐 아니라 우리가 세상과의 관계 속에서 어떻게 움직이고 우리 자신을 유지하는지를 설명한다. 접촉 기능 또는 자기 기능은 세상에 접근하기 위한 기능적 방식이지만 기능 이상의 의미를 지니며, 통합적으로 작용하여 접촉의 미학을 만들어 낸다. 이것은 "풍경의 색감이자 음식의 맛이며, 감각과 즐거움이고, 만지는 것과 쓰다듬는 것의 차이를 아는 것"(Bloom, 2015)이다. 이것은 나를 이 세상에 존재하게 하는, 뛰고 있는 심장과 같다. 건강한 심장이 환경의 요구에 맞게 스스로를 조절해야 하는 것처럼 우리는 변화하는 상황에 따라 접촉 수준을 조절해야 한다.

접촉 기능은 고립되어 독립적으로 작동하지 않는다. 그러나 내담자가 자신의 환경(치료사를 포함하는)과 어떻게 접촉하는지에 대한 전반적인 그림을 고려하기 전에 접촉 기능을 분리하여 살펴볼 필요가 있다. 이렇게 함으로써 치료사는 내담자의 접촉 형성에서의 강점과 성장 가능성을 평가할 수 있다. 드리슬(Delisle, 1999)은 내담자의 관찰 가능한 접촉 기능을 주관적으로 평가할 수 있도록 일련의 질문을 개발하였으며, 이는 이후 조이스와 실스(2018)에 의해 논의되었다. 내담자의 관찰 가능한 접촉 기능에 대한 초기 및 지속적인 평가에 유용할 수 있는 질문들은 다음과 같다.

- 보기(looking/seeing) 접촉 기능
  - 내담자는 언제 당신을 쳐다보고 언제 피하는가?
  - 내담자가 당신을 바라보는 방식에 대해 어떤 느낌이 드는가?
  - 이 사람의 눈과 바라보는 방식을 어떻게 묘사하겠는가?

– 이 눈이 가장 쉽게 표현하는 것 같은 감정은 무엇인가?

- 목소리/말하기(voice/speech) 접촉 기능
  – 이 사람의 목소리를 어떻게 묘사하겠는가?
  – 이 목소리에 대해 내가 느끼는 것은 무엇이고, 이 목소리가 가장 잘 표현하는 감정은 무엇인 것 같은가?
  – 이 사람은 자신의 목소리를 어떻게 사용하는가?

- 듣기(listening/hearing) 접촉 기능
  – 이 사람은 내 말을 쉽게 이해하는 것 같은가?
  – 이 사람은 내가 말하는 것 외에 다른 것을 듣는가?
  – 이 사람이 내 말을 잘 듣고, 잘 이해하는 것으로 느껴지는가?

- 만지기/움직임(touch/movement) 접촉 기능
  – 이 사람이 나를 만지면 어떤 느낌일 것으로 상상이 되는가?
  – 만약 내가 이 사람을 만진다면 우리 각자는 어떤 느낌일 것으로 상상이 되는가?
  – 나는 이 사람을 만지고 싶은가?
  – 이 사람은 공간 속에서 자기 몸을 어떻게 사용하는가?
  – 이 사람은 지지를 위해 가구를 어떻게 사용하는가?
  – 이 사람은 어떻게 움직이는가?

- 외모
  – 내담자의 옷차림을 어떻게 묘사하겠는가?
  – 내담자의 자기 관리 수준에 대해 어떤 인상을 받는가?
  – 그들의 특징을 어떻게 기술하겠는가? 어떤 특징이 나에게 인상 깊은가? (예: 경직된 턱, 떠는 손, 얼어붙은 표정 등)

치료 과정 동안 내담자의 미각이나 후각과 같이 시각적으로 덜 관찰되는 접촉 기능을 탐색하기 위해 실험을 구성할 수도 있지만, 후각의 경우에는 치료가 진행됨에 따라 점차 더 명백해지기도 한다. 한 내담자는 내가 치료실에서 자몽 오일을 사용하였을 때 불만을 말하였고, 또 다른 내담자는 여러 회기 후에야 꽃향기를 알아차리게 되었다.

앞선 질문들은 내담자의 접촉 방식을 평가하는 획일적인 접근처럼 보일 수 있지만, 이 간략하고 제한적인 요약에서 다루지 않은 다양한 인상이 내담자와의 관계 속에서 드러날 것이다. 우리가 주의를 기울여야 할 것은 우리의 질문이 **현상학**에 기반한다는 것이다(파트 3의 챕터 2 참조). 즉, 이 질문들은 기술(description)을 촉진한다. 내담자의 접촉 기능에 대한 정보를 수집하는 과정은 치료 전략의 기초가 되는 유동적인 진단 형성 과정의 일부이다.

게슈탈트 치료는 양방향 대화로 이루어지며, 내담자 역시 당신의 접촉 기능을 평가할 가능성이 있음을 간과해서는 안 된다. 어떤 형태로든 내담자는 치료사와 유사한 질문을 스스로에게 던지고 있을 가능성이 높다. 만일 그렇지 않아도 그 자체가 정보이다.

다음으로 넘어가기 전에 파트너와 함께 앞서 나열된 질문들을 하는 실험을 해 보기 바랍니다. 그 과정에서 서로가 어떻게 접촉을 형성하고 끊는지에 대해 다른 질문이 떠오를 수 있도록 열린 마음을 유지하세요.

34 평가와 과정 진단

평가, 진단, 치료는 함께 진행되며, 동일한 과정이다(PHG, 1951). 게슈탈트에서는 평가와 진단이 유동적이고 기술적이며 현상학적이어야 하고, 모든 가설이 내담자에 대해서만큼이나 치료사에 대해서도 많은 것을 말해 준다는 것을 인정해야 한다. 평가되고 진단되는 것은 관계성이지 전통적인 진단 관점에서와 같이 관계의 한쪽 극(내담자/치료사)이 아니다.

내담자는 세상과의 관계에서 문제를 경험하기 때문에 치료에 온다. 내담자의 문제는 자신과 세상 사이, 즉 내담자가 접촉을 만들고 단절하는 접촉 경계에 존재한다. 치료사로서 나는 내담자 세계의 한 부분이 되며, 소위 병리는 관계의 병리이고(Francesetti, Gecele, & Roubal, 2013) 주어진 상황에 대한 독특한 창조적 적응을 나타내는 것이다. 어떤 것도 내담자 '내부' 또는 치료사 '내부'에서 독립적으로 발생하지 않으며, 모든 것은 관계 속에서 발생한다. 우리가 평가하고 진단하는 것은 어떻게 이 사람이 지금-여기서 나와 접촉을 만들고 단절하는지이다. 그러나 과거 역사와 동떨어져 평가하는 것은 실수이다. 나는 종종 첫 회기를 내담자에게 자신의 이야기를 해 달라고 요청하면서 시작한다. 내담자의 **최근과 과거** 경험을 모두 고려하여 탐색함으로써 나는 고정된 게슈탈트와 지속적인 관계 주제에 대한 일부 단서를 얻는다. 내담자에 대한 나의 반응들(정서적 반응, 떠오르는 생각들, '부정적' 반응 등)에 주의를 기울이면서 나 자신에게 능동적으로 일어나는 반응들을 잘 분리시키고 여느 때처럼 어떤 인상도 가볍게 붙들 수 있기만 한다면, 매우 유용한 정보들을 얻을 수 있다. 또한 우리는 내담자/치료사 힘의 불균형 외에도 차이에 따른 힘의 불균형에 대한 알아차림을 유지해야 한다. 치료사로서 우리는 자신의 과정, 편견, 선입견을 충분히 알아차려야 한다.

평가는 지속적인 과정이어야 하지만, 초기 평가는 지속적인 평가와는 다르다.

초기 몇 회기 동안 특정 배경을 다룰 필요가 있고, 특히 회기 수가 제한된 경우와 같이 장의 제약 조건이 있다면 더 많은 구조화가 필요하다. 다음은 구조화에 대한 대략적인 개요를 제안하는 것이다.

1. 현재 이슈를 확인한다. 내담자가 치료를 받으려는 이유는 무엇이고 왜 지금인가?
2. 내담자의 존재 방식과 현재 이슈를 보고하는 방식에 대해 반응하면서, 이 이슈가 어떻게 발달해 왔고/또는 유지될 수 있는지에 대한 몇 가지 **가능성을** 공식화하기 시작한다.
3. 치료에 대한 내담자의 기대를 탐색하고 그 기대에 대한 당신의 반응을 기록한다.
4. 게슈탈트 치료는 결과 중심의 치료가 아니라 과정 중심의 치료라는 점을 설명하면서 게슈탈트 치료의 특성에 대한 개요를 제공하는 것이 도움이 될 수 있다.
5. 내담자에 대한 당신의 신체 반응과 당신에 대한 내담자의 반응을 주의 깊게 관찰한다. 내담자와 당신이 각자 어떤 지점에서 접촉을 하거나 단절하는지 주목한다.
6. 당신이 이 내담자를 도울 적임자이며 게슈탈트가 적절한 접근 방식인지 고려한다. 이 치료에 필요한 역량을 갖추고 있는지 생각해 본다.
7. 자기 및/또는 타인에 대한 위험 이슈를 평가한다(포인트 39 참조).

DSM-5[17]와 같은 매뉴얼화된 형태의 진단 체계와 구별하기 위해, 나는 **과정 진단**이라는 용어를 사용하여 게슈탈트 치료에서의 진단의 관계적 성격을 강조한다. 치료사와 내담자의 존재 방식이 어떻게 만남을 형성할지를 생각할 때 치료사의 성격 특성과 대인관계 패턴이 고려되어야 한다. 상황과 관련된 과정 진단을 한다

17 『정신질환의 진단 및 통계 편람 제5판(Diagnostic and Statistical Manual of Mental Disorders, 5th Edition)』(2013). (역자 주: 2022년에 DSM-5-TR이 출간되었으나 이 책은 원서2판이 나온 2021년을 기준으로 번역되었다.)

는 것은 모든 진단은 특정 순간의 임시적인 평가일 것이라는 의미이다. 시간이 지남에 따라 이런 순간들의 평가가 관계 패턴에 대한 인상을 제공해 주지만, 패턴은 변화한다. 진단은 이론적 구성 개념을 적용하여 내담자가 어떻게 접촉을 만들고 단절하는지에 대한 간략한 그림을 그리는 것이다. 이론적 구성 개념을 적용하는 과정은 본질상 축약된 가설을 제공하고, 이는 이야기의 일부가 누락될 수 있다는 의미이다. 지도는 실제 영토가 아니다. 진단적 지도는 세상을 단순화하며, 내담자와 치료사 사이에 존재하는 모든 것을 설명할 수는 없다.

모든 과정 진단은 내담자의 관점에서 내담자의 세계에 영향을 미치는 전경의 측면을 검토하는 것을 포함한다. 이 과정에서 다양한 전경들이 배경 경험에서 떠오를 수 있으며 이로 인해 원래의 진단이 무의미해질 수 있다. 개인적 갈등은 필연적으로 대인관계적-상황적 갈등이며 개인은 상황의 일부일 뿐이다. 행동에는 기능이 있으며 개인의 전체 상황 맥락 안에서 행동을 고려할 때 비로소 그 기능을 이해하기 시작할 수 있다. 이렇게 할 때 우리는 기능에 꼬리표를 붙이는 대신 이해를 할 수 있다.

진단 과정이 게슈탈트의 현상학적-장 관점에 어떻게 부합하는지를 고려하면서, 나는 다음과 같은 결론에 도달하게 된다.

1. 모든 진단 과정은 기술(description)에 중점을 두고 '**현상학적**'이어야 한다.
2. 모든 진단은 더 넓은 '**상황**'의 영향을 인식해야 한다.
3. 과정 진단의 유동적인 특성을 나타내기 위해 과정 언어(명사보다는 동사)를 사용해야 한다.
4. 내가 상황을 이해하는 방식과 성격 특성은 내가 참여하는 모든 진단 과정에 상당히 영향을 미칠 것이다.
5. 나-그것 진단 과정 동안 '**나-너 관계적 태도**'를 유지할 필요가 있다.

수잔은 자신의 관계에 불만을 호소하며 치료에 왔다. 그녀는 강한 감정을 표현하는 것이 안전하지 않았던 학대적인 어린 시절을 설명한다. 그녀는 의자에 뻣뻣하게 앉아 강한 감정을 일으킬 수 있는 이야기를 거의 감정 없이 들려준다. 때때로 감정이 조금 더 생생해지는 것처럼 보일 때는 마치 올라오는 감정을 삼키는 듯이 마른침을 삼킨다. 그녀의 호흡은 얕고 안색은 창백하며, 어린 시절에 감정을 참아야 했고 지금도 여전히 그렇게 하고 있다고 말한다. 치료사는 '감정을 표현하면 안 된다'는 내사된 신념에 의해 뒷받침되는 반전 과정을 파악하고 있다. 치료사는 자신과 치료 상황이 이러한 과정에 어떻게 기여하고 있는지 호기심을 갖는다.

35 내담자가 '몸으로 표상하는' 방식

내담자를 처음 만나는 순간들을 절대 잊지 마라. 그 첫 만남은 항상 상담실 밖에 이루어진다. 당신이 문을 열거나 대기실에서 내담자를 맞이하는 순간 내담자의 이야기가 펼쳐지기 시작하며, 이는 세상 속에서의 내담자의 존재 방식이 당신과 마주하는 순간이기도 하다.

세상은 원자로 구성되어 있지만 그것을 연결해 주는 것은 이야기들이다. 이야기는 우리가 누구인지, 자기 가치감, 자격, 우리가 할 수 있다고 믿는 것과 할 수 없다고 믿는 것에 대한 체화된 감각으로서 우리 몸 안에 담겨 있다. 이야기는 목소리 크기와 톤, 걷는 방식과 움직임, 접촉을 만들고 중단하는 방식(신체적 및 심리적으로), 공간을 점유하고 호흡하는 방식, 우리가 만나는 모든 상황에서 모든 접촉 기능을 통해 자신을 드러낸다. 이 모든 것은 내담자와 치료사 사이에서 일어난다. 다른 사람의 경험을 들을 때 마음이 무겁거나 눈물이 핑 돌아 본 적이 있는 사람이라면 이것이 단지 고막을 통해 귀로 듣는 것 이상임을 알 것이다. 우리는 한 가지 접촉 기능만을 단독으로 사용하지 않는다. 만일 공명이 부족하거나 내담자가 당신에게 영향을 주지 않는다면, 그 자체를 정보로 받아들이라. 이는 내담자, 치료사 혹은 둘 모두에 대해 지속적인 관계 주제(포인트 75 참조)를 가리키는 정보일 수 있다.

우리는 자신의 몸에 관계의 역사를 품고 있다. 창조적 적응이 새롭게 갱신되거나 낡아져 가는 과정에서 관계 패턴과 주제들이 드러난다. 설령 많은 부분이 의식되지 않는다 하더라도(Bollas, 2018), 나의 개인적인 이야기는 세상과 지속적으로 상호작용하면서 내가 현재 접촉을 형성하는 방식과 주어진 상황에서 몸으로 드러내는 방식을 형성한다. 개인과 환경은 관계성 안에서 서로를 정의하고, 서로를 정의하는 과정에서 몸의 표상 정도와 표상 스타일이 결정된다.

창조적 적응은 몸으로 드러내는 것(bodying forth)만이 아니다. 창조적 적응은 '뒤로 물러남(bodying back)'일 수도 있다. 장애를 가진 사람은 자신의 장애에 비례하여 환경을 축소함으로써 질서 있는 행동을 할 수 있다(Goldstein, 1939). 심리적 문제를 가진 사람이 자신의 현상학적 세계를 축소시키듯이 신체 장애를 가진 사람은 자신이 접근할 수 있는 거리를 재조정할 것이다. "정신적 어려움으로 보이는 것은 사실 **손상된 개인-세계 관계를 재조직하려는 시도이다**"(Wollants, 2012: 66).

몸의 표상 스타일을 설명하기 위해 접촉 조절과 관련한 몇 가지 **가능한** 경우를 고려해 보겠다.

〈표 35-1〉에는 사람들이 드러내는 몸의 표상 스타일을 대략적으로 제공하기 위해, 단순화된 가능성이 몇 가지 요약되어 있다. 몸의 표상은 항상 내담자의 상황에 영향을 받는데 그중에서 치료사와 치료 상황이 중요한 영향을 미친다. 예를 들어, 치료사가 자신감 있고 극적인 움직임을 보인다면, 내담자의 자신감 있고 극적인 움직임을 위한 공간에 어떤 영향을 미칠지 질문을 하게 된다.

〈표 35-1〉 내담자가 '몸으로 표상하는' 방식

접촉 조절 방식	몸의 표상 방식
내사	환경을 삼켜 버림. 정보를 받아들일 때 삼키는 듯한 행동. 몸에 대한 알아차림이 거의 없고, 오직 받아들이고 싶어 하는 눈
반전	몸을 갑옷처럼 무장하기. 겉모습을 딱딱하게 하기. 얕게 호흡함. 근육을 긴장시켜 걷고 몸을 지탱함. '경직된' 시선
투사	말하면서 팔을 내밀기. 가슴을 내밀기. 걸을 때 다리를 뻗으며 발을 단단하게 디딤. 강하게 숨을 내쉬되 조용히 들이쉼. 당신을 바라보는 것 같지만 그렇지 않음
융합	합체하고 싶은 것처럼 돌출된 눈. 몸이 '부드러워' 보임. 의자에 '털썩 주저앉듯이' 환경 속에 무너져 내림. 최소한의 저항으로 걷기
편향	안절부절못하고 쉽게 주의가 산만해짐. 짧고 빠르게 호흡함. 빠르게 움직임. 잠깐 동안만 눈을 마주침

신체 중심적이고 상황적인 방법론을 사용하는 게슈탈트 치료사들은 서구 문화의 지배적인 세계관에 정면으로 맞서게 된다. 대부분의 아동들은 초기 교육에서

부터 "인간 본성의 상단 4cm 내외에서만 살고, 몸, 직관, 감정, 느낌, 관계와 접촉하지 않은 채 합리성과 지성의 힘으로만 살라."(Palmer, 1997: 9)라고 배운다. 게슈탈트와 같은 신체 중심적 치료 작업을 위해서는 몸으로 체화하는 장을 창조하는 것이 중요하다. 내담자의 신체 과정과 자기 경험의 발달을 지원하고, 신체 중심적 방법론을 사용하여 심리 치료적 변화에 영향을 미치려면 지지적 장이 필요하다. 이러한 접근 방식은 가상 접촉이 실제 접촉을 대체하고, 의미를 고려하지 않은 채 약물로 불쾌한 감정을 진정시키거나 완화할 수 있는 현재의 사회적 경향에 도전한다.

체화된 치료사는 스스로를 조절하고 신속하고 효과적으로 균형을 회복하는 방법을 알고 있거나 개발할 수 있어야 한다. 무너지지 않고 조율하며, 휩쓸리지 않고 감정의 파도를 느낄 수 있어야 한다. "**우리는 감정적으로 동일시하고자 하는 의지뿐 아니라 우리의 감정을 조절하는 능력을 잘 발달시켜야 한다**"(Staemmler, 2012: 37). 이것은 치료 관계와 내담자 둘 다를 위한 것으로, 내담자는 거울 뉴런 시스템과 감각을 통해 암묵적인 수준에서 우리의 자원을 파악하고 사용한다.

36 알아차림 영역

우리는 의미 있는 알아차림과 내적으로 초점을 맞추는 내성(introspection)을 혼동해서는 안된다. 일부 사람들은 내성을 자기 알아차림으로 잘못 생각할 수 있는데 이는 자의식을 포함한 고정된 게슈탈트에 더 가깝다. 의미 있는 알아차림은 접촉경계에서 관계 속에서의 자기를 알아차리는 것이다. 우리가 새로운 것에 열려 있다면 과거의 알아차림을 통합하는 새로운 게슈탈트가 생겨난다. "우리는 알아차림 **그 자체가** 모든 변화의 전조라고 믿는다"(Nevis & Melnick, 2012: 29). 프리츠 펄스(1969)는 세 가지 알아차림 영역(zones of awareness)을 제시하였다.

1. **내부 영역**: 느낌, 감정, 근육 긴장 또는 이완, 호흡, 심장 박동, 신체 감각과 같은 내적 현상과 관련된다.
2. **외부 영역**: 세상에 대한 인식과 알아차림, 행동 및 움직임과 관련이 있다. 외부 영역은 접촉 기능을 통해 외부 세계와 접촉하고, 접촉을 끊는 방식이 이루어지는 곳이다.
3. **중간 영역**: 인지 과정, 기억, 이미지, 환상, 백일몽이 포함된다. 중간 영역은 알아차림의 내부와 외부 영역 사이에서 매개자 역할을 한다.

체험적 실습

내부 영역: 발에서 시작하여 천천히 몸의 위쪽으로 이동하면서 감각, 정서적 느낌, 긴장에 주의를 기울여 보세요. 많이 느껴지지 않으면 잠시 머물러서 감각이 깊어지도록 허용해 보세요.

외부 영역: 이제 외부 세계에 초점을 맞춰 보세요. 무엇을 관찰하나요? 파트너와 함께 있다면 5분간 당신의 외부 세계에 대해 파트너와 이야기를 나누고, 만일 혼자 있다면 당신의 외부 세계에 대해 적어 보세요.

중간 영역: 당신의 내부 영역과 외부 영역 사이를 연결해 보세요. 이 두 경험 영역 사이에서 어떤 의미를 발견하나요?

중간 모드라고 부르기도 하는 중간 영역은 알아차림의 내부와 외부 영역 사이를 통합/조절하기도 하지만, 오래된 창조적 적응을 업데이트하지 않고 고정된 게슈탈트를 유지함으로써 제한된 방식으로 기능할 수도 있다.

알아차림의 각 영역에 주의를 기울임으로써 우리는 현재 환경에 조율하는 능력과 창조적으로 적응하는 방법을 향상시킬 수 있다. 결과적으로 우리는 현재 상황과의 접촉 수준을 높임으로써 우리가 인식하는 세상과의 관계를 개선할 수 있다. 건강하게 기능할 때는 일반적으로 알아차림의 세 영역 사이를 신속하게 오가고, 중간 영역은 **현재**에 대한 알아차림을 촉진하는 기능을 한다.

필립슨(Philippson, 2017)은 훈련생들이 기능하는 세 가지 수준을 논의하였는데, 나는 이를 펄스의 알아차림 영역의 관점에서 바라보았다. 세 가지 수준은 내담자를 위해 존재하기(외부 영역), 자신의 경험에 주의를 기울이기(내부 영역), 관계에 말 걸기(중간 영역)이다. 중간 영역에서 발달 중인 게슈탈트 치료사는 상대방과 상호주관적으로 관여하면서, "접촉에서 무엇이 일어나고 있는가? 우리는 서로에게 무엇이 되어 가고 있는가?"(ibid.: 4)와 같은 질문을 스스로에게 던진다.

게슈탈트 치료사가 최적의 작업을 할 수 있으려면 자신이 세 가지 알아차림 영역 각각에서 어떻게 기능하고 있는지를 인식해야 한다. 세 영역 사이를 유연하게 오가면서, 하나의 알아차림에서 다른 알아차림으로 이동할 때 "공격적인 파괴와 재구성"(PHG, 1951: 67)이 일어난다. 새로운 알아차림의 탄생은 이전 알아차림의 소멸을 가져온다. 새로 출현하는 전경은 파괴될 운명이라는 것이 건강한 게슈탈트 형성의 특성이다. 우리는 지속적인 게슈탈트 형성과 파괴의 과정을 통해 배경으로부터 다음 게슈탈트가 출현할 수 있도록 전경을 자유롭게 하고, 과거에 머무르는 대신 **현재와** 접촉을 유지한다.

우리는 상황을 고려하지 않고 끊임없이 알아차림의 증가를 추구하는 십자군이 아니다. 알아차림의 둔화가 내담자에게 도움이 되는 상황도 많다. 그러나 이러한 과정이 고정된 게슈탈트가 되어 내담자의 현재 장과 조화되지 않는 경우에는 문제가 된다.

> 타냐(Tanya)는 아동기 학대로 고통을 받았고 자신을 보호하기 위해 해로운 환경과의 접촉을 최소화하고 근육 무장을 함으로써 둔감화와 반전을 통해 창의적으로 학대를 이겨 냈다. 그녀의 창조적 적응 능력은 지금도 여전히 유용하다. 그녀는 응급 서비스 부서에서 일하고 있고, 끔찍한 상황을 접하면 자신이 위기 상황에서 했던 것과 같은 '대응 모드'로 전환할 수 있는 능력을 가지고 있다. 그러나 가정생활에서는 종종 파트너에게 거리를 느끼고 특히 친밀감을 잘 느끼지 못한다. 놀랍게도 그녀는 늦은 밤 혼자 집으로 걸어갈 때, 위험한 환경에서 자신을 둔감화하는 것처럼 보이는 경우가 있다.

환경에 충분한 지지가 있을 때 접촉은 흥분으로 나타난다. 지지받지 못한다고 느끼면 불안이나 두려움을 경험하게 되고, 이는 접촉 조절을 통해 관리되어야 한다. 중요한 것은 현재 가용한 지지에 대한 내담자의 알아차림을 증진시키는 것이다. 그렇지 않으면 장과 불일치하는 오래된 접촉 조절 방식이 지속될 수 있다.

37 관계 주제의 출현

나는 『게슈탈트 치료: 100가지 핵심 포인트』 초판(2010)에서 전이와 공동 전이 가능성을 논의한 바 있다. 그러나 정신분석적 개념인 전이를 게슈탈트에 도입하는 것은 기껏해야 부분적으로만 성공적이었고, 최악의 경우에는 치료사가 전문가 역할을 맡게 되고 치료사-내담자 간 위계적 관계를 초래하였다. 전통적으로 전이는 내담자가 과거의 특성, 성향, 또는 인물 전체를 치료사에게 투사하는 과정이고, '현실'은 내담자에 의해 왜곡된 것으로 간주된다. 만일 치료사가 투사된 것과 자신을 동일시하고 그에 따라 반응한다면, 이것을 역전이라고 한다. "당신은 자기의 태도를 타인에게 부여하고는 그 사람이 당신을 그렇게 느끼게 만든다고 말한다"(PHG, 1951; 101). PHG는 상대방이 알아차리든 알아차리지 못하든 당신 안에서 이러한 반응을 유발하려는 의도를 가질 수도 있다고 말한다. 이는 전이에 수동적 수신자와 능동적 투사자가 있다는 것을 시사하며, 치료 관계를 공동 창조된 현상학적 장의 부분이라고 보는 게슈탈트 치료의 시각과는 잘 맞지 않는다. 또 다른 어려움은 "전이의 정의가 치료실 안에서 일어나는 모든 것을 포함하는 쪽으로 확장되고"(White, 2008: 13) 평범한 상호작용까지 포함한다는 것이다. 그 결과 전이의 유용성이 사라졌다.

현대 게슈탈트 치료에서 임상적으로 더 중요한 것은 제이콥스(2017)가 제안한 지속적인 관계 주제(Enduring Relational Themes: ERTs[18]) 개념이다. 이러한 주제들은 다방향적으로 작용하며 내담자와 치료사 모두가 자신의 존재 방식을 관계에 가져온다는 것을 나타낸다. 이에 대해 포인트 31에서 논의된 바와 같이 치료 공간 자체도 만남에 영향을 미친다. 이런 요소들이 결합하여 현재 순간에 치료사와 내

18 지속적인 관계 주제는 포인트 75에서 더 자세히 논의될 것이다.

담자에게 지각된 현실을 창조한다. 이러한 주제는 내담자와 치료사의 첫 접촉에서부터 드러나고 첫 접촉은 대개 치료실 밖에서 이루어진다. 나는 치료사가 받는 초기 인상을 개략적으로 설명하기 위해 제이콥스의 용어를 적용하였으며, 이는 내담자와 치료사가 그들의 **접촉 기능**을 사용하여 상호작용하는 방식과 함께 고려될 수 있다.

내 사례 중 관계 주제가 출현하는 간단한 예를 제공하겠다.

> 시내에 있는 내 사무실 문에는 비밀번호 잠금장치가 달려 있었으며, 나는 내담자들에게 스스로 열고 들어갈 수 있도록 비밀번호를 알려 주고 대기실에서 만나자고 하였다. 질(Jill)은 잠금장치를 여느라 애를 먹었고 내가 도착할 때까지 문 밖에서 기다려야 하였는데, "이런 일에 형편없는 게 바로 나라는 사람이에요."라고 말하며 사과하였다. 또 다른 내담자인 잭(Zac)도 잠금장치를 여느라 어려움을 겪었지만 그의 반응은 사뭇 달랐는데 짜증 섞인 목소리로 잠금장치가 잘 열리지 않는다고 말하였다. 레이첼(Rachel)은 자신에게 잘못된 비밀번호를 알려 준 것 같다면서 소극적으로 말하였다. 이 내담자들과의 상담에서 질은 감정적이 될 때 사과하는 경향이 있었고 치료실에서 가능하면 공간을 차지하지 않으려고 하였다. 반면, 잭은 소파에 편히 기대서 자기 책임을 부인하면서 아내가 변해야 한다고 목소리에 힘을 주어 말하였다.

하나의 행동이나 몇 가지 관련된 행동에 너무 많은 의미를 부여하지 않도록 주의할 필요가 있지만, 앞에서 예로 든 행동들은 개인이 세상에 존재하는 방식에 대한 단서를 제공할 수 있다. 그러나 언제나처럼 우리는 모든 행동을 그 행동이 일어난 상황 안에서 고려해야 한다. 처음 치료적 관계를 시작하는 맥락에서는 어떤 인상이든 가볍게 받아들이면서, 치료실에는 두 명의 불안한 사람이 있어야 한다(Bion, 1962)는 정신분석가의 지혜로운 말을 상기하는 것이 유용하다. 앞에서 레이첼의 반응은 불안 때문이었을 가능성이 더 높다. 우리의 치료 회기에서는 타인에게 책임을 돌리는 지속적인 패턴이 나타나지 않았기 때문이다.

체험적 실습

잠시 동안 당신의 관계 방식을 생각해 보고 이것이 다른 사람들이 당신을 인식하는 방식에 어떤 영향을 미칠 수 있을지 고려해 보세요. 모든 만남이 독특하기는 하지만, 당신이 관계를 맺는 방식에는 일정한 패턴이 있을 수 있습니다. 여기 당신에게 도움이 될 수 있는 몇 가지 질문이 있습니다. 다른 사람들은 일반적으로 당신을 어떻게 인식하나요? 당신은 어떤 역할을 맡고 있나요? 당신은 자신의 성(sexuality)에 대해 어떻게 표현할 것인가요? 어떤 역할이 당신의 나이에 가장 적합할까요? 다른 사람들에게 피드백을 받는 것도 좋습니다. 우리는 관계 주제를 탐구하는 중이니까요!

38 치료 여정 계획하기

처방적 치료 계획은 게슈탈트 철학과 맞지 않지만, 그렇다고 해서 계획이 게슈탈트 치료에서 중요하지 않은 것은 아니다. 내담자가 과거에 형성하였고 현재 치료 관계에서도 나타나는 관계 패턴을 고려하여 기술적이고 현상학적인 평가 및 과정 진단에 기반한 유동적인 치료 전략을 계획할 수 있다. 이러한 치료 계획은 평가 및 진단 과정을 거쳐 수립된다. 게슈탈트에서 치료 계획은 치료 과정을 고려하며, 치료사가 정의하는 건강에 대한 개념에 따라 정해진 공식처럼 처방하는 것이 아니라 내담자와의 대화 및 내담자의 장과의 관계 속에서 형성된다.

이런 지도를 만드는 과정에서 우리는 향후 치료 여정에 변화와 전환이 있을 것을 감안해야 한다. 원래 제안되었던 경로를 재평가해야 할 수도 있다. 치료 초기에는 특정한 치료적 입장이 있을 수 있지만, 이후에는 지속적인 성장을 촉진하기 위해 조정이 필요할 수 있다. 예를 들어, 어떤 내담자는 처음에는 치료사의 강한 현전을 별로 환영하지 않을 수 있지만 치료 관계가 확립됨에 따라 치료사의 현전이 내담자와 치료실 밖의 관계에서 중요한 성장의 기반이 될 수 있다.

게슈탈트 치료가 지금-여기에만 집중한다는 오해는 기억과 계획의 중요성, 다른 말로 하면 과거, 현재, 미래를 연결하는 것의 중요성을 간과하게 할 위험이 있다(Goodman, 1994). 계획을 세우지 않고는 치료사와 내담자가 함께 치료실에 도착할 수 없다! 또한 우리는 치료를 할 때 더 넓은 장을 고려해야 한다. 영국 국립보건서비스, 자선 단체, 보험 회사를 통해 제공되는 서비스 등 다양한 영역에서의 많은 치료는 일반적으로 시간이 제한되어 있다. 치료 구조에 한계가 있다는 것을 인정하지 않고 치료를 진행하는 것은 무책임할 수 있다.

위험 이슈를 인식하고 다양한 위험을 다루기 위한 개입 전략을 아는 것은 특히 중요하다. 내담자와 협력하여 내담자의 고유한 위험 경험을 다루기 위한 치료 계획을 수립하는 것은 위험을 최소화해 준다.

치료 계획을 협력적인 모험으로 만들기 위해서는, 치료사가 진단, 평가, 계획 방식에 영향을 미칠 자신의 문화적 영향과 편견을 가능한 한 많이 고려하는 것이 필수적이다. 과거의 문화적 배경은 현재의 문화적 전경을 형성할 것이다. 나는 식민주의 역사를 가진 영국에서 태어나 자랐고, 영국의 식민 지배를 받았던 나라 출신인 누군가와 만날 때 식민주의 역사와 우월성 역동이 그 관계의 배경에 항상 존재할 것이다. 문화 차이를 다루는 것은 활기차고 생동감 있을 수 있지만, 우리가 서로 다른 배경 위에 서 있다면 서로 다른 지평을 보고 느낀다. 특히, 내담자와 치료사 사이에는 암묵적인 힘의 역학이 존재하기 때문에, 너무 내담자와 동떨어진 세상에 있는 것은 상대에게 상처가 되고 수치심을 줄 수 있다. 맹점이 완전히 해소될 수는 없으며, 문화 차이를 결코 혼자서 다룰 수는 없다. 치료사가 슈퍼비전, 개인 치료, 특정 전문적 발달 훈련 및 문헌 고찰에 적극적으로 참여하는 것이 모두 도움이 될 수 있다.

지금까지 나는 여정을 계획하는 것을 거시적 수준에서 논의해 왔으며, 이는 잠재적인 문제를 다루기 위한 전체적인 접근 방식이자, 치료의 유연한 방향성으로 이해할 수 있다. 그러나 장거리 여행에는 더 짧은 여정과 여러 단계가 포함되어 있듯이, 미시적 수준에서는 치료사가 단회기 내에서 또는 같은 회기 내에서의 짧은 순간에 자신의 태도를 조정해야 할 수 있다.

예를 들어, 게슈탈트 치료사는 내담자의 눈시울이 젖기 시작하고 안면 근육이 약간 긴장되며 호흡이 얕아지는 것을 알아차리고, 내담자가 아들과의 관계에서 자신이 무엇을 했어야 했는지를 이야기하면서 목소리가 작아지는 것을 관찰한다(평가). 치료사는 내담자와의 관계에서 자신에게 일어나는 신체 반응을 고려하면서 내담자가 내사된 믿음에 반응하고 수치심을 경험하고 있을 수 있다는 가설을 세운다(진단). 치료사는 눈을 마주치도록 부드럽게 내담자를 초대하고 자연스럽게 아들과의 관계에 대해 더 이야기하도록 요청하며 자신의 신체 반응을 지표 삼아 탐색을 안내한다. 또한 언젠가는 내사에 도전할 필요가 있겠지만 우선 관계 기반을 구축해야 한다는 생각을 가지고 여정을 계획한다(계획).

39 자살 위험 평가하기

이미 언급한 바와 같이, 많은 독자가 개인주의 문화의 배경 위에 서 있다고 가정하는 것은 타당할 것이다. 더 나아가, 우리가 이러한 배경 위에 서 있을 뿐 아니라, 문화는 우리 안에 자리 잡고(inhabit) 우리의 경험을 형성한다. 개인적 강점, 자립성과 회복탄력성 같은 특성이 가치 있게 평가되는 반면, 취약성, 우울, 약함은 일반적으로 수치스러운 특성으로 여겨진다. 로라 펄스(1992: 8-9)의 말을 인용하자면 "말할 수 없고 표현할 수 없는 것들은 반전되어 죄책감과 무가치감으로 변하고 죽음만이 유일한 현실적인 탈출구가 된다." 나는 이 문장에서 죄책감 대신 수치심이 더 적절하다고 생각하며, 그 과정이 단순한 반전보다 더 복잡하다고 본다. 그러나 로라는 우리가 자기에 대한 위험을 평가할 때 주목해야 할 본질을 알려 준다. 즉, 개인의 접촉 경계가 단단해지고 경험이 억제된다는 것이다. 자살 사고와 자살 의도는 자기, 환경, 더 넓은 상황(문화적 배경 내사를 포함하여) 사이에서 형성되며, 수치심이 고립 속에서 유지되는 것처럼 자살 사고 역시 그렇다. 이러한 고립의 과정이 지속되고 심화되면 자살 사고는 의도와 행동으로 옮겨질 수 있다. 이것이 내가 자살 사고 여부를 직접적이고 개방적으로 질문하는 이유 중 하나이다. 만일 그렇다고 답하면 무엇과 어떻게 중심의 질문을 하면서 현상학적 탐색을 이어 나간다. 대부분의 사람은 현상학적 탐색에 안도감을 경험하고, 자해나 자살을 바라지 않는 그들의 '부분'을 볼 수 있게 된다. 이 '부분'은 치료실 문을 열고 들어오게끔 한 그들 안에 이미 내재되어 있었던 것이다.

여러 가지 면에서 자신 및 타인에 대한 위험을 평가하는 것은 앞서 논의하였던 평가 과정과 다르지 않다. 자살 사고에 대한 질문을 '체크리스트' 방식으로 할 필요는 없고, 내담자와 치료사 사이의 대화를 통해 이루어질 수 있다. 여기서 대화란 말로 표현된 것뿐 아니라 말하지 않은 것도 포함한다. 다음은 내가 이 주제에 대해 집필하였던 한 장(chapter)에서 다룬, 이러한 전개 과정의 예시이다.

> 중년의 사업가인 제프리(Geoffrey)는 마치 갑옷처럼 보이는 핀스트라이프 정장을 입고 생애 첫 치료에 참석하였다. 그는 고정된 시선을 유지했지만 눈길은 약간 아래로 향해 있었고, 내면을 들여다보는 것처럼 보이면서 동시에 현재의 환경을 밀어내는 듯하였다. 그의 몸은 긴장되어 있었고 자신의 '강함'과 자신이 여기에 있을 필요가 없다는 말을 할 때 턱을 꽉 조였다. 나는 "그렇다면 이건 당신에게 어려운 일이었겠군요."라고 반응하였다. 그의 눈은 약간 누그러졌고 좀 더 접촉적이고 호기심이 담긴 시선으로 나를 보면서 "무슨 뜻인가요?"라고 물었다. "강해야 한다는 것과 도움을 구하는 것은 당신에게는 힘든 조합처럼 들립니다." 나는 내가 본 갈등을 간단히 언급하였다. 그가 고개를 끄덕일 때 어깨가 약간 내려갔다. 나는 이어지는 침묵을 대담한 질문으로 깨뜨렸다. "제프리, 자살에 대해서 생각해 본 적이 있나요?" 그는 처음에는 깜짝 놀라 고개를 들었고 한숨을 쉬고 주저하면서 종종 그렇다고 말하였다. 나는 그의 핀스트라이프 정장이 약간 구겨져 보인다는 것을 알아차렸다. 제프리의 자살 사고에 대한 현상학적 탐색을 위한 기반이 마련되었고, 그는 자신의 충동을 설명하는 것이 어렵긴 했지만 안도감을 느꼈다. 몇 주가 지나고 자살 사고를 더 많이 공유할수록 자살 행동을 할 위험은 줄어들었다. 전에는 아무도 그에게 자살 사고에 대해 물어본 적이 없었다 (Mann, 2013: 334).

위험 행동에 대한 탐색 과정에서 우리는 관계성의 한쪽 극에 머물지 말고 자기와 타인 **사이**에 무엇이 일어나는지를 관찰할 필요가 있다. 앞의 예에서 제프리와의 접촉의 결에 변화가 있었는데, 그것이 자살 사고 여부를 질문할 수 있는 어느 정도의 허용을 제공한 것처럼 보였다. 더 넓은 장에서 자살 사고나 의도에 대한 탐색은 상당한 금기를 포함한다. 그러나 분위기 속에 위험한 행동에 대한 힌트가 떠다닌다면, 탐색을 위해 당신의 호기심을 허용하라. 또한 질문 없이도 설명을 촉진하고 확장할 수 있는 많은 방법이 있음을 유념하라. 우리의 목표는 심문이 아니라 탐색이다! 나는 우리가 현재를 과거, 미래와 연결할 필요가 있다고 생각한다.

따라서 위험 행동에 초점을 맞춘 과거력 청취는 위험 평가에 필수적인 부분이며, 만일 그렇게 하지 않으면 우리는 시간 속 한순간에 국한되어 스스로를 제한하는 것이다. 나는 고고학 사업에 착수하라고 장려하는 것이 아니다. 그러나 과거력은 위험 요소뿐 아니라 과거에 내담자가 어떻게 환경에 창조적으로 적응해 왔는지를 알려 주는 정보와 패턴을 밝혀 준다.

끝으로, 나는 정신의학 및 심리치료 분야에 위험 평가와 관련된 다양한 평가 방법이 있다는 것을 말하고 싶다. 예를 들어, PHQ-9[19], CORE[20], SAFE-T[21] 등이 있으며, 이것들이 게슈탈트 철학과 완벽하게 들어맞지는 않지만 넓은 치료 장에 존재하는 평가 방법을 무시하는 것은 경솔한 일이다. 자살 사고 · 의도 · 행동은 매우 자주 개인의 상황에 존재하는 지지 가능성과 단절되는 특징을 보인다는 것을 기억해야 한다. 치료사로서 우리는 이러한 평가 방법들이 게슈탈트에 맞지 않는다는 잘못된 생각 때문에 우리 자신을 지지 자원과 단절시키는 과정을 되풀이할 필요가 없다.

---

19 환자 건강 설문지(Patient Health Questionnaire; 우울 평가에 사용)

20 일상적 평가에서의 임상 결과(Clinical Outcomes in Routine Evaluation)

21 자살 위험 평가 5단계 평가 및 분류(Suicide Assessment Five Step Evaluation and Triage)

Part 3

치료 여정

게슈탈트 치료의 세 가지 기둥

Chapter 1

내담자의 상황 또는 장을 탐색하기

40 상황, 장, 생활공간, 생활세계

게슈탈트 치료에서 '상황' '장' '생활공간' '생활세계'라는 말은 상호 교환적으로 사용되어 왔고 이는 혼란과 오해를 야기하였다. 특히, 가장 널리 사용되는 용어인 '장 이론'에서의 '장'은 다중적 의미를 가지고 있으며 무분별하고 부정확하게 사용되어 왔다(Staemmler, 2006). 이것이 내가 상황이라는 단어를 선호하는 한 가지 이유이다. 다른 이유는 그것이 더 일상적이고 이해하기 쉬운 언어이며 우리 모두가 세상 속에서 특정한 **상황에 놓여 있기**(situated) 때문이다. 그러나 장이라는 용어는 게슈탈트 치료에서 널리 사용되고 있기 때문에, 나는 앞으로도 상황과 장을 번갈아 사용하겠다. **생활공간**과 **생활세계**라는 용어는 당신이 추후 다른 문헌에서 발견할 수도 있으므로 정보 제공 차원에서 언급하였다. 이 책에서는 다른 사람의 말을 인용하는 경우에만 이 용어들을 사용하겠다.

그렇다면, 장과 상황은 무엇을 의미하는가? 중요한 것은 나는 현상학적 장 또는 상황을 말하고 있다는 것이다. 이는 개인과 그의 세계 **사이**에서 경험되며, 개인이 그의 세계에 손을 내밀고 그의 세계가 그에게 닿는 상호작용 방식에서 형성된다. 내가 '그의 세계'라는 표현을 사용한 것을 주목하라. 이는 각 개인이 절대적으로 고유한 상황에서 자신의 세계에 손을 뻗기 때문이다. 이 고유한 상황은 다양한 경험, 역사, 관점, 인식, 문화 및 하위문화로 채색되어 있다. 나의 현상적 경험의 장은 내가 타인, 사물, 상상, 꿈과 만나는 과정에서 생성되는 가능성의 지평(horizon of possibilities)이다. 현상적 세계와의 모든 관계는 창발적이며 고정되어 있을 수 없다. 우리가 상황을 정적인 것으로 인식할 수 있는 능력을 가지고 있다 해도, 실제로 모든 것은 움직인다. 철학적으로는 우리가 알거나 인식할 수 없는 장이 존재한다고 주장할 수도 있다(Marrow, 1969; Staemmler, 2006). 그러나 임상적으로 중요한 것은 각 개인이 주관적으로 경험하는 다중의 현실들이 존재하며, 장이나 상황의 의미는 항상 관계 속에서만 존재한다는 점이다. 왜냐하면 우리는 **장**이나 **상황**을 그것을 인식하는 사람과 분리시킬 수 없기 때문이다. 또한 우리는 인식하는 사람을 더 넓은 관계의 장에서 분리할 수도 없다. 공유되는 장이 있긴 하지만, 이러한 공유된 장(shared field)조차도 서로 다르게 인식될 것이다.

게슈탈트 치료는 쿠르트 레빈의 유기체-환경 장 이론을 접근 방식에 통합하였다. 그의 이론은 현대 게슈탈트 치료에서 중요하며, 행동이 개인과 환경의 상호작용에 의한 함수라고 주장한다. 레빈(1952)은 개인과 환경을 독립된 요소들의 집합체로 간주해야 한다고 말하였다. 그는 이러한 요소들의 전체를 장, 상황, 또는 생활공간이라고 하였으며, 행동은 맥락에 내재된 것으로 보았다. "'장'은 특정 순간에 미치는 영향의 총체로, 현재 표현되는 행동을 이해할 수 있게 해 준다. …… 이러한 의미에서 행동은 본질적으로 상황적이다"(Gaffney, 2016: 236).

매로(Marrow, 1969: 39)는 **생활공간**이라는 용어를 사용하여 개인 장을 도식적으로 표현하였다. 다음의 예에서 E는 환경을, P는 개인을 나타낸다.

[그림 40-1]에서 개인의 현상적 세계는 타원으로 표현되고, 접촉 경계는 (P)로 표시된 괄호로 나타난다. 개인은 자신의 현실을 개인과 환경 사이의 관계에서 정의한다. 우리가 철학적으로 '실재하는' 외부 세계라고 생각하는 것, 즉 '비-심리적인' 부분은 알 수가 없다.[22] 우리는 상호주관적인 세계에 살고 있고, 레빈의 이론을 받아들인다면 다른 사람을 이해하기 위해서는 그들이 자신의 환경에 대해 가지고 있는 주관적인 인식을 열린 마음으로 받아들여야 한다. 이때 우리는 그들 상황의 일부가 되고 상황에 영향을 미친다. "과정의 역동을 이해하려면 관련된 상황 전체와 그 안에 있는 모든 요소 및 특성을 함께 이해해야 한다"(Lewin, 1935: 31).

---

22 역자 주: 실재하는 외부 세계(real external world)는 철학적 의미에서 객관적으로 존재하는 세계, 즉 우리의 경험과 무관하게 존재하는 비-심리적인(non-psychological) 세계를 의미한다. 우리의 경험과 독립적으로 존재하는 외부 세계가 있다고 하더라도 우리는 오직 주관적인 방식으로만 세계를 경험할 수 있기 때문에 그 외부 세계의 모습을 알 수 없다.

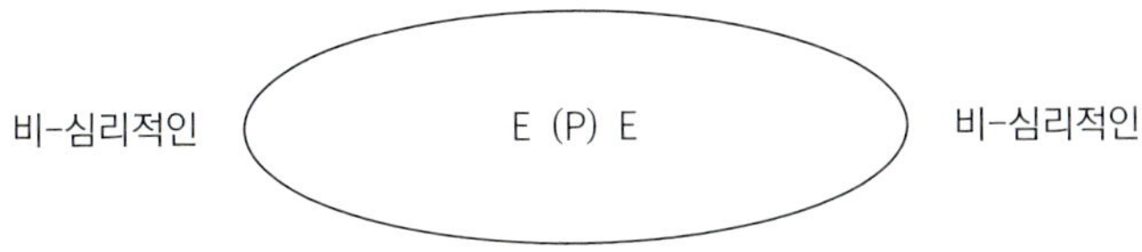

(P + E = 생활공간, L)

[그림 40-1] 생활공간

출처: Marrow (1969).

게슈탈트 치료에서 사용할 수 있는 다양한 지도의 잠재적인 유용성과 남용 가능성을 동시에 인정하면서, 팔렛(Parlett, 1991: 69-81)은 레빈의 작업을 바탕으로 하여 장 이론을 다섯 가지 원칙으로 재구성하고 통합하였다. 그는 장 이론적 접근의 상호 관련된 측면들을 다음과 같이 제시하였다.

1. **조직화의 원칙**: 모든 것은 서로 연결되어 있고, 어떤 단일한 측면에 대한 이해는 전체 상황을 고려함으로써만 이루어질 수 있다.
2. **동시성의 원칙**: 현재 행동을 '설명하는' 것은 현재 장에서 영향을 미치는 것들의 집합이다. 우리는 과거나 미래의 사건이 아닌 현재의 장 조건에 초점을 맞춘다.
3. **단일성의 원칙**: 모든 개인-상황 장은 고유하다. 개인이 의미를 구성하며, 일반화는 의심스러울 수 있다.
4. **변화 과정의 원칙**: 장은 항상 유동적 상태이고 아무것도 고정되어 있지 않다. 따라서 우리는 범주화하는 경향을 경계할 필요가 있다.
5. **잠재적 관련성의 원칙**: 장의 모든 부분은 장에 영향을 미치므로 장의 어떤 부분도 관계가 없다고 미리 배제될 수 없다. 모든 부분은 잠재적으로 서로에게 동등한 의미가 있다.

이 다섯 가지 원칙을 당신의 다섯 손가락처럼 생각하는 것이 유용하다. 그것들은 모두 함께 작동한다. 초인종을 누르는 것과 같이 손가락 하나만 사용하는 것처럼 보일 수 있는 동작에서도 다른 네 손가락은 공간을 만들기 위해 움직이면서 여전히 이 행동에 관여한다.

장 이론의 원칙들을 믿고 따르며 전체 상황을 바라보는 것은 쉽지 않다. 그렇게 하려면 원자화된 개인주의적인 세계관에서 벗어나 훨씬 더 넓은 맥락적 세계관으로의 전환이 필요하다. 게슈탈트 치료를 실천하기 위해서는 이러한 전환이 반드시 필요하다.

41 공동 창조와 시간성

당신이 이 책을 읽는 동안 공동 창조의 과정이 진행되고 있으며 우리는 함께 현실을 창조하고 있다. 그러나 이 현실을 만들어 내는 것이 당신과 나, 그리고 우리 사이에서 일어나고 있는 일뿐만은 아니다. 물론 그것들이 현재 가장 두드러지는 전경일 가능성이 크지만 말이다. 당신의 현재와 출생 이후의 모든 과거에는 사물과 사람들, 이러한 사물과 사람들 사이의 끊임없이 변화하는 관계들이 있어 왔다. 당신 경험과 내 경험의 배경은 우리가 공동 창조하는 춤에서 전경을 형성한다. 우리의 춤이 탱고든, 왈츠든, 전투의 춤이든, 심지어 당신이 자리에서 일어나고 싶어 하지 않든 상관없이, 우리의 상호작용은 전경을 만들어 낸다. 중요한 것은 우리가 우리의 세계를 공동 창조한다는 것이다. 나는 세계와 접촉하고, 세계는 나와 접촉하며, 이 대화는 나의 세계와 나 자신을 변화시킨다.

현상학적 장 관점에서 보자면 나의 존재는 나와 세계가 서로 접촉하는 것에 달려 있다. 우리가 살아 숨 쉬는 유기체인 한, 세계와 접촉할지의 여부는 선택 사항이 아니다. 우리가 할 수 있는 유일한 선택은 우리가 경험하는 접촉의 정도와 접촉 조절의 방식이다. 이러한 조건은 이미 우리의 다양한 관계 속에 주어져 있으며, 필연적으로 우리 각자가 인식하는 현실은 공동 창조될 수 밖에 없다. 이것은 치료사와의 만남이든, 우체부와의 만남이든, 길을 걷는 것이든 마찬가지이다.

우리는 생각, 감정, 감각이 개인에게 속한다고 생각하고 싶을 수 있는데, 이는 대중적인 오해로 서구 문화의 환상은 전체 심리치료 접근에도 깊이 스며들어 있다. 게슈탈트에서는 생각, 감정, 감각 등의 특성들을 관계 사이의 공간에 나타나는 창발적 현상이며, 의미는 현재 순간 속에서 공동 구성되는 것으로 본다. 이러한 견해는 거울 뉴런을 중심으로 한 신경과학의 연구로부터 상당한 지지를 얻었으며, 1인 심리학 관점에서 벗어나려는 움직임을 보여 주고 있다(Keysers, 2011;

Schore, 2011; Cozolino, 2017). 다만 이러한 움직임은 종종 진정한 상황 심리학이라기보다는 2인 심리학에 머무르는 경향이 있는 듯하다.

출생에서 죽음까지 모든 것은 일시적이며 불영속적이다. 우리 모두는 세상에서 상황 속에 놓여 있고, 지금-여기의 세상에서 조우하는 모든 만남에 우리의 상황을 가져온다. 여기에는 우리의 역사, 미래에 대한 열망, 희망, 두려움이 포함된다. 그 결과 내가 현재 순간에 다른 이와 만나면, 뒤따르는 순간 우리 둘 다 변화하고, 이어지는 다음 순간 다시 변화한다. 나는 종종 내담자들로부터 고통스럽거나 힘든 경험으로부터 '벗어나고 싶다'는 열망이나 조급함을 듣곤 한다. 그러나 창조적 적응 과정을 통해 경험을 알아차리지 못하게 할 수는 있지만 경험을 버릴 수는 없다. 나는 곧 나의 경험이고, 나의 몸에 경험을 간직하며, 나의 과거 경험은 나의 현재 경험에 직접적으로 영향을 미친다. "살아 있는 현재는 과거와 미래를 품고 있다"(Merleau-Ponty, 1962: 275). 내 삶의 모든 순간에 나는 과거와 미래에 대한 기대 전체를 가져온다.

우리의 저항은 관계 속에서 만들어지고 오직 관계 속에서만 수정될 수 있다. 우리는 서로의 접촉과 저항의 수준을 형성한다. "우리의 경험 세계의 도달 범위와 한계는 타인의 경험 세계와의 상호작용을 통해 지속적으로 형성되고 있다"(Jacobs, 2007: 15). 이러한 공동 창조의 과정에서 우리는 문자 그대로 서로의 세계를 창조한다.

예시

나는 점심시간이 가까워지면서 매우 바빠진 커피 바(coffee bar)에서 이 장을 쓰고 있다. 처음에는 테이블 위에 물건을 넓게 펼쳐 놓고 옆 의자에 가방과 외투를 올려놓을 수 있었다. 그런데 한 커플이 내 흐름을 방해하면서 함께 앉아도 되는지 정중하게 물어보았고 나는 내 공간이 2/3로 줄어드는 것에 약간 짜증이 났다. 그 커플이 토스트 한 개를 나누어 먹기 시작하자, 40년 전에 내가 빠져 있었던 불편한 융합 관계가 떠올라 본능적으로 거부감이 들었다. 그 후 우리는 서로 붐비는 상황에 대해 몇 마디를 나누었고, 그들 역시 더 넓은 공간을 선호했을 것이라는 점을 알게 되면서 새로운 상황에 적응하게 되었다. 나의 짜증은 잦아들었다.

이 예시에서 나와 커플이 서로의 입장을 이해하기 시작하면서 어느 정도의 유연성과 적응력이 나타났다. 만일 내가 내 공간에 대한 권리를 주장하고 그 커플은 그 자리에 앉을 권리를 주장하면서 경직된 접촉 경계를 유지했다면 매우 다른 결과가 공동 창조되었을 것이다. 현실은 개인 간뿐만 아니라 조직, 기관, 국가 간에도 창조되며, 모든 만남에 다양한 장 조건의 복잡성이 영향을 미친다. 접촉 경계 사이에서 무엇이 공동 창조되는지는 각 당사자의 접촉 경계의 유연성과 대화적 태도를 유지할 수 있는 정도에 달려 있다. 현실에 대한 단 하나의 견해만을 고수하며 유연성을 갖지 못한다면 커피를 쏟는 일 이상의 심각한 결과를 초래할 수 있다!

42 현재 상황으로서의 치료 회기

내담자들은 대개 처음에는 자신 **안에** 있다고 생각하는 문제를 가지고 치료에 온다. 때로는 문제가 다른 사람 **안에** 있다고 보기도 한다. 그러나 문제는 항상 상황과 **함께** 존재하며 치료사도 상황의 한 부분이 된다. 이러한 관점이 얼마나 근본적으로 다른 것인지 충분히 이해하려면 현상학적 장 관점을 받아들여야 한다. 우리는 단순히 상황 **속에** 있는 것이 아니라 **상황의 일부**이다. PHG(1951)에서 굿맨은 유기체가 환경 안에 사는 것이 아니라 환경을 통해 산다는 점에서 '장 안에(in the field)' 존재하는 것과 '장의 부분인(of the field)' 것을 구분하였다. 우리는 상황에서 분리될 수 없다. 그러나 나는 종종 내담자에게서 치료 회기를 '현실 세계의 일부가 아니다'라고 보는 편향 전략을 발견한다. 하지만 내담자와 치료사 사이의 공간에는 다른 관계 경험을 할 수 있는 잠재력이 있다. "과거의 관계 패턴이 다시 나타나지만, 이번에는 이 관계를 개선하는 방향으로 전개되며, 이를 통해 독특하고 다시 반복될 수 없는 관계가 생성된다"(Spagnuolo-Lobb, 2010: 41). 새로운 관계 경험을 통해 내담자는 더 확장된 상황에서 새로운 존재 방식을 실험할 기회를 갖게 된다.

내담자가 치료 회기 안에서 관계를 맺는 방식은 치료 회기 밖의 관계 방식과 유사한 깊이와 색조를 갖는다. 모든 상황과 모든 만남이 독특하지만, 여러 상황에 걸쳐 나타나는 관계 패턴이 있다. 이것을 성격 스타일 또는 인격이라고 부를 수 있으며, 이는 우리가 누구인지에 대한 핵심적인 부분이다. 최악의 경우 이것은 경직성을 야기하고 건강한 유동적 관계를 상실하게 하여 익숙한 것에만 머무르면서 새로움을 추방해 버릴 수 있다. 개인이 치료 회기라는 새로운 상황에 진입할 때, 과거 상황에 대한 반응으로 발달하였던 과거 방식의 요소들이 현재 만남에 들어오게 된다. 그렇지만 치료 회기의 새로운 상황에 들어옴으로써 상황의 일부가 변화되고, 개인 상황의 일부가 변하면 전체 상황도 변하게 된다. 더 나아가, 왈런츠

(Wollants, 2012: 25)는 "개인이 고통을 겪는다면, 그는 자신의 상황으로부터, 그리고 자신의 세계와의 상호작용으로부터 고통을 겪는 것이고, 그 결과 그의 상황도 그로 인해 고통을 받고 있다."라고 하였다.

개인은 장의 측면들을 몸으로 표상할 것이다. 만일 재정 압박이나 관계 문제와 같은 '묵직한' 문제를 경험하고 있다면 신체적으로 무게에 눌린 것처럼 보일 수 있고, 만약 삶에서 중요한 사람들로부터 반복적으로 억압을 당해서 취약하다고 느끼고 있다면 연약해 보이거나 쉽게 부서질 것처럼 보일 수 있다. 반대로, 적대적인 환경에 맞서 신체적인 갑옷을 입고, 이를 고정된 자세로 유지하면서 지지적인 상황적 측면으로부터 영양분을 얻는 것을 거부할 수도 있다. 표면에 드러나는 것을 알아차리는 것은 과소평가되어서는 안 될 치료 기술이며, 치료사는 이것이 내담자가 나타내는 문제와 어떻게 관련될 수 있는지를 고려할 수 있다.

치료사의 호기심은 치료 상황에서 매우 중요한 요소이다. 자신이 처한 상황에서 고군분투하고 있는 동료 인간을 마주할 때 호기심을 가질 수 있는 영역이 많이 있다. 치료사로서 우리는 내담자와 그들의 상황 사이에서 나타나는 가장 전경이 되는 요소, 관계의 사이로 우리의 질문이나 호기심을 '조준'해야 한다(그것을 반드시 말로 하지는 않을 수도 있다). 레빈(1936, 1951)은 질문자의 관심이 장을 조직화한다는 점을 언급하였다. 당신의 호기심을 몇 가지 질문 목록으로 제한하고 싶지 않지만 내가 관심을 가지는 영역들은 다음과 같다.

- 이 사람이 지금-여기에서 접촉을 맺고 단절하는 방식에 대해 나는 어떻게 이해하는가?
- 이것이 내담자가 가져온 문제/이슈와 어떤 관련이 있는가?
- 나는 이 사람에게 어떤 영향을 받고 있으며, 나는 이 사람에게 어떤 영향을 미칠 것이라고 상상하는가?
- 현재 우리의 관계를 가장 잘 묘사하는 형용사는 무엇인가?

내담자가 우리와 함께하는 방식에 대한 우리의 반응, 그리고 우리에 대한 내담자의 반응은 모두 우리에게 필요한 날것의 정보를 제공해 주며, 이는 첫 만남의 순간부터 서로 몸을 표상하는 방식으로 드러날 것이다.

프리츠 펄스(1973)는 1960년대 에살렌에서 개인주의적 작업을 하였던 것과 대조적으로, 인생 후반에는 개인의 행동이 항상 전체 상황의 함수이고 치료사가 효과적으로 작업하기 위해서는 전체 상황에 대한 알아차림이 필요하다는 레빈의 관점에 동의하였다.

43 장이 욕구를 조직화하고 욕구가 장을 조직화한다

나는 개인과 상황 어느 것 하나가 우선시되지 않는다는 것을 강조하기 위해, 이 책의 초판(2010) 출간 이후 이 장의 제목을 변경하였다.[23] 욕구와 경험은 개인과 장 사이에서 창조된다.

한 등산객이 힘든 산행을 하면서 물병이 비었다는 것을 의식하고 계속 갈증을 느끼고 있다. 그는 물소리를 듣고 우연히 청량한 물이 흐르는 강을 발견하여 안도의 숨을 내쉬며 흐르는 물을 한 모금 삼킨다. 반대편 둑에서는 낚시꾼이 미끼를 던지고서 혹시 연어가 물지 않을까 하며 강을 주시하고 있다. 생태학자는 강물의 수위가 낮아졌는지와 에너지 활용 가능성을 평가하기 위해 강의 깊이와 유속을 측정하고 있는가 하면, 카누를 타는 사람이 물살을 따라 내려오고 있다. 어린아이 두 명이 강둑의 얕은 곳에서 장난스럽게 물을 첨벙거리고 있고, 아이들 뒤치다꺼리로부터 잠시 해방된 엄마는 감사한 마음으로 그 모습을 지켜보고 있다. 이와 같이 같은 강이지만 각 사람의 욕구에 따라 매우 다르게 인식된다. 그러나 우리는 이것이 양방향 대화라는 사실을 잊지 말아야 한다. 강은 '응답'하고 있으며, 상황은 우리에게 말을 걸거나 대화를 시작할 수도 있다.

우리는 매 순간 현재의 필요에 따라 우리의 환경 지도를 만든다. 레빈(1936)은 앞의 예와 유사하게 전쟁 중의 군인과 평화 시의 농부가 필요에 따라 같은 옥수수밭을 다르게 보는 예를 제시하였다. 사람들은 항상 현재의 욕구에 따라 능동적으로 장을 조직화하고, 이 과정은 과거 경험의 영향을 받는다. 예를 들어, 앞의 등산객은 강물의 유독 물질에 중독되었던 경험이 있어서 목마른 채 있기로 할 수도 있다. 엄마는 아이들을 그냥 지켜보는 것은 방임이고 나쁜 엄마라는 내사된 생각으

23 역자 주: 초판에서 이 장의 제목은 "욕구가 장을 조직화한다"였다.

로 인해 아이들을 돌보는 것에서 여유를 즐기는 자신을 허용하지 못할 수도 있다. 이것은 "특정 장에서는 어떤 특정 경험이 다른 경험보다 우선해서 출현할 것이며, 따라서 경험은 현재 장에서 출현하는 현상이다."(Francesetti, 2015: 6)라는 것을 보여 준다.

자기 알아차림은 내적인 상태가 아니라 상황적 사건이다. 엄밀히 말하면, 과정으로서의 자기 알아차림(self-as-process-awareness)이다. 만일 앞의 예시 속 사람들이 자기 알아차림을 한다면, 그들은 지금-여기에서의 기능에 영향을 미치는 **현상학적 장**의 전경 부분을 알아차릴 것이고, 장과의 대화에 열린 마음으로 응할 것이다. 이런 과정의 간단한 예는 카누 선수가 변화하는 조류에 따라 방향과 균형을 조정하는 것이다. 행동은 과거와 예상되는 미래의 영향을 받지만 현재 상황(과거와 미래가 모두 내포되어 있는)의 역동성이 중심적인 욕구를 도출하고, 이 욕구가 장을 조직화하며, 장은 다시 이에 반응한다.

우리는 내담자를 만날 때 그들이 어떻게 자신의 장을 조직화하는지, 그들의 장에서 무엇을 중요하게 여기는지 이해해야 한다. 또한 그들이 특정 방식으로 장을 구성하는 이유가 무엇인지도 함께 이해해야 한다.

데보라(Deborah)는 어린 시절 '삼촌'에게 학대를 받았다. 이 트라우마는 1년 전 한 남자가 거리에서 그녀를 물리적으로 위협하였을 때 '다시 깨어났다.' 지난 한 해 동안 그녀는 남자들 주변에 있으면 불안해하였고, 짜증과 친밀감에 대한 두려움으로 남편과의 관계가 악화되었다. 남편이 그녀를 만지려고 하면 본능적으로 거리를 두었고, 결국 남편은 신체 접촉을 포기하고 더 이상 성관계를 하지 않게 되었다. 데보라는 거절당한 기분을 느꼈다. 전에는 사교적이었던 그녀가 사회적으로 위축되고 두 명의 여자 친구와만 가끔 교류하였다. 그녀는 점점 더 남자들과의 접촉을 피하고 남녀가 함께 있는 직장에서 불안과 공황 발작을 경험하였다. 매니저인 피터는 이해심이 많은 사람이었지만 그를 대할 때 점점 불안을 느꼈고 그녀는 여러 번 병가를 신청하였다. 데보라는 전에는 어디든 걸어 다니기를 좋아했지만 이제는 차로만 이동한다. 그녀는 다른 사람, 특히 남자와의 접촉을 피함으로써 불안을 최소화하려는 뚜렷한 욕구를 중심으로 삶을 조직화하고 있지만,

> 이 전략은 불안 수준을 오히려 증가시키고 있다. 그녀는 이제 집에서도 삼촌의 학대 행동이 떠오를 때 공황 발작을 한다. 전에는 지지가 되었던 남편과 친구들, 취미 활동과 산책은 이제 스트레스 요인으로 인식된다.

데보라는 과거 배경에 있던 외상 경험을 전경으로 만든 최근의 외상적 경험에 대한 반응으로 장을 재조직화하였다. 또한 그녀의 관계적 장도 이에 대응하여 재조직화되고 있다. 예를 들어, 그녀의 남편은 신체 접촉을 포기하고 있다. 경험이 장을 조직화하고, 장은 그에 응답하며, 새로운 경험이 형성되고, 이 과정이 계속된다. 데보라의 경우 그녀는 불안을 최소화하고자 하는 회피의 욕구를 중심으로 장을 조직화하고 있지만 이는 제대로 작동하지 않고 있다. 욕구가 장을 조직화하며, 이 욕구를 이해하는 것이 필요하긴 하지만, 욕구를 고립된 별개로 탐색하는 것은 잘못된 것이다. 게슈탈트 치료에서는 효과적이기 위해 전체 상황을 이해해야 한다.

44 상황의 이드

한 번도 가 본 적이 없는 곳에 들어섰는데 당신에게 딱 맞는 장소라는 느낌이 들거나, 불편하거나 친숙하다고 느껴 본 적이 있는가? 아내와 나는 우리가 현재 살고 있는 집에 처음 들어갔을 때 우리가 있어야 할 곳에 와 있다는 강한 느낌을 받았다. 부동산 중개인의 설명에 특별히 끌렸던 것은 아님에도 불구하고 말이다. 마치 그 환경이 우리를 선택한 것처럼 그 집에 끌리는 느낌이었다. 그 집에는 우리에게 말을 거는 듯한 분위기가 있었다. 우리는 서로 한마디도 하지 않았고 심지어 서로 쳐다보지도 않았지만 둘 다 그 환경과 일종의 대화를 나누었고 여기가 우리가 살고 싶은 곳이라는 것을 알았다.

우리 모두 환경이 개성이나 특징을 가지고 있다고 느낀 경험이 있을 것이다. 폴 굿맨은 충동이나 동기가 개인이 아니라 우리가 만나는 상황에서 비롯된다고 보는 개념을 소개하였다. 그는 이것을 '상황의 이드(ID)'라고 불렀다(PHG, 1951: 403). 장-마리 로빈(Jean-Marie Robine)은 굿맨의 생각을 확장시켰는데, 감각이 출현하기 전에 "상황이 이미 구축되기 시작하고 이는 앞으로 나타날 전경을 위한 배경이 될 것"(Robine, 2011: 110)이라고 하였다. 마치 집이 잘 세워지려면 견고한 기초가 필요하듯이, 출현하는 모든 전경은 좋은 형태를 갖기 위해서 견고한 배경이 필요하다. 그러나 배경이 충분히 견고해서 전경을 지탱할 수 있고, 그것들이 무너지거나 약해지지 않을 것임을 확신하기 위해서는 우리가 만나는 상황과의 '대화'가 필요하다.

상황의 이드와 유사한 것이 분위기(atmospheres)이다. 아내와 나는 집을 찾는 과정에서 다른 '말'을 하고 다른 '느낌'을 전달하는 많은 다양한 집들을 방문하였다. 당신도 상황은 다르지만 유사한 경험을 떠올릴 수 있을 것이라고 생각한다. 각각의 치료적 만남은 분위기를 갖고 있는데, 그것은 치료사나 내담자 어느 한쪽에 속하는 것이 아니라, 비유적으로 말하자면 그들 사이의 공기 중에 있는 감각 느낌(felt sense)이다. 분위기는 어느 한쪽의 것이 아니며, 누군가가 그 상황에 가져온 것도 아니다. 분위기는 상황의 공유된 현상으로, 각 개인을 둘러싸고 있는 동시에 그들 사이에 존재한다. 따라서 만남의 분위기는 치료 과정에서 각 개인이 의미를 창조하는 데 중요한 역할을 한다(Tellenbach, 1983). 프란체세티(Francesetti)와 그리페로(Griffero)는 분위기를 "상호주관적이고 전체적인 느낌이 특정(경험된) 환경에 스며든 것"(2019: 6)이라고 설명하고 "어렴풋이 신체성을 띠는(vaguely corporeal)"(ibid.: 44) 것이라고 표현하였는데, 이는 이드 기능 및 로빈이 말하는 상황의 이드에 대한 설명과 일치한다.

이것은 치료적 관계의 핵심에 대해 무엇을 의미하는가? 만일 나와 내담자가 사전에 존재하는(pre-existing) 상황[24]에 대해 나는 그것을 편하게 느끼는 반면, 내담자는 '동일한' 상황을 괴로운 것으로 경험한다면, 이 상황에 대한 우리의 두 가지 다른 반응을 이해하고, 이 반응이 어떻게 상황의 이드에서 형성되었는지를 이해하기 위해 노력해야 한다. 이전에 내가 게슈탈트 치료사로서 조현병 환자들과 작업하면서 하였던 역할은 내담자가 어떻게 자신의 세계를 이해하는지, 우리 사이에 무엇이 일어나는지를 이해하려는 것이었다. 동시에 현실에 대한 나의 인식을 우위에 두지 않으려고 하였다. 우리 둘은 서로 다르게 '말을 건네는' 상황 안에 있었다. 한 남성과의 작업을 회상해 보면, 그의 조현병 진단과 그것이 우리 사회에서 갖는 의미가 그의 전체적인 상황 속에 포함되어 있었다. 그의 행동은 기괴하다고 여겨진 반면, 치료사로서 나의 현실감은 소위 '정상'으로 간주되고 넓은 장에서 더 지지를 받는 권력의 위치에 있었다. 나의 초점은 이 남성 **안에**서 무엇이 일어났는지가 아니라 우리가 처한 상황에서 우리 **사이에** 무엇이 전개되는가에 있었다. 편집증, 망상적 사고, 환촉 및 환청은 내가 전경이 된 그의 세계와의 관계 사이에서 나타나는 현상들이다. 이러한 경험들이 사전에 존재하는 상황에서 출현한 것

24 역자 주: 여기서 사전에 이미 존재하는 상황이란 치료 회기나 만남이 시작되기 전부터 존재하는 상황을 의미한다고 볼 수 있다. 예를 들어, 내담자가 치료 회기에 오기 전에 경험한 최근의 사건, 기존의 정신적 상태나 심리적 문제들이 사전에 존재하는 상황의 일부가 될 수 있다.

이며 내담자 안에 자리 잡고 있는 것이 아니라는 입장을 취하면서 7년간 함께 작업을 하는 동안 '증상들'은 유의미하게 감소하였다. 흥미롭게도 회기를 마치고 걸어 나올 때 나는 종종 내가 근무하는 시스템의 광기와 내 자신의 광기를 인식하곤 하였다!

45 관계적 장에서의 지지

상황적 관점에서 지지란 현재 일어나고 있는 것을 촉진하고 유지하는 조건을 의미한다. 건강한 전경에는 건강한 배경이 필요하고, 적어도 배경은 건강한 전경이 출현할 수 있을 만큼은 충분히 건강해야 한다. 내담자와 치료사의 과업은 자기 학대적일 수 있는 구시대적이고 건강하지 않은 지지를 건강하거나 더 건강한 지지로 교체하고, 전경이 출현하는 배경에 대한 알아차림을 증진시키는 것이다. 이렇게 함으로써 우리는 내담자의 배경과 전경 경험들 간의 관계가 보다 자유롭고 조화롭도록 격려하고 지지할 수 있으며, 현재 장과의 접촉을 증가시킬 수 있다.

다음 실습을 시작하기 전에 잠시 일상생활에서 당신을 지지하는 것이 무엇인지 생각해 보기 바란다.

체험적 실습

당신을 지지하는 모든 유형의 관계를 포함하여 지지의 지도를 그려 보세요. 대인관계, 취미, 관심사, 활동, 도전, 음식, 휴식 및 당신에게 해당되는 모든 지지를 포함시켜 주세요. 이제 이러한 각각의 잠재적 지지가 어떤 환경에서 덜 지지적이거나 압박이 되는지 생각해 보세요. 예를 들어, 친구들과 관계를 유지하는 것은 때로는 부담이 될 수 있습니다. 그럼 이제 무엇이 당신을 신체적으로 가장 잘 지지하는지 생각해 보세요. 영양이 풍부한 건강한 음식, 서 있을 수 있는 단단한 지면, 지지해 주는 가구, 운동, 충분한 수면, 따뜻함, 건강하고 영감을 주는 환경 등이 이에 해당할 수 있습니다. 당신은 어떻게 지지를 강화할 수 있을까요?

장 관점에서 보면 한 상황에서 지지적인 것이 반드시 다른 상황에서도 지지적인 것은 아니다. 미시적 수준에서, 직장에서 돌아온 교사는 그 순간 자신의 장의 구성에 따라 세 살 된 아들을 보면서 지지받는다고 느낄 수도 있고 아닐 수도 있다. 만약 다음 날 평가를 위한 수업 준비에 집중하고 있는 경우라면, 이제 막 성공적인

하루를 보내고 방학이 시작된 상황과는 매우 다르게 느낄 수 있다. 거시적인 수준에서, 어떤 문화는 체화된(embodied) 존재 방식에 더 지지적인 반면, 다른 문화들은 보다 인지적인 존재 방식을 지지할 수 있다. 우리는 이러한 예시들을 통해 지지의 유무는 첫 번째 예시에서와 같이 좀 더 전경에 부각될 수도 있고, 두 번째 예시에서처럼 배경에 내재할 수도 있음을 알 수 있다. 게슈탈트 치료사는 어떤 종류의 연결 또는 단절이 상황 내에서 상호 연결의 가능성을 향상시키고 풍부한 전경을 형성하게 하는지 고려할 필요가 있다(Lee & Wheeler, 1996).

우리는 상황과 분리되어 살아갈 수 없다. 개인의 건강은 더 넓은 장의 건강에 달려 있다. 따라서 게슈탈트 치료는 "개인을 위한 지지뿐만 아니라 환경적 장을 위한 지지에도 강력한 가치를 둔다"(Lee, 2004a: 25). 현재 우리를 둘러싸고 있는 환경적 위기로 인해 역사상 물리적 세계와 인간의 상호 의존성이 지금보다 더 분명하게 드러난 적은 없다. 리(Lee)가 "자기와 환경 모두를 지지하는 전체적인 해결책을 찾아야 한다."(ibid.: 26)라고 했을 때, 이것이 우리의 환경 위기에 대한 것일 수도 있지만 직장에서 자신을 주장해야 하는 필요성 또는 삶의 균형을 이루어야 하는 문제에 대해 이야기할 때도 동일한 원칙이 적용된다.

상황에서 지지가 부족하면 불안을 경험하게 되며 불안정한 토대 위에 있는 사람은 불안에서 벗어나려는 유혹을 느끼게 된다. 그러나 그 의미를 발견하기 위해서는 불안에 머물러야 한다. 경이로운 기술 덕분에 우리는 대륙을 넘나들며 접촉할 수 있지만, 주머니 속의 스마트폰은 불편감이나 불안이 떠오를 때 그 이면에 있는 것으로부터 도피하는 만병통치약 역할을 할 수 있다. 우리는 쉴 새 없이 가속화되는 문화 속에서 거의 즉각적으로 만족을 얻을 수 있는 시대에 살고 있다. 내담자들이 종종 자신의 문제에 대한 빠른 해결책을 기대하며 상담에 오는 것은 놀라운 일이 아니다. 그러나 그러한 문제는 오랜 시간 동안 형성된 복잡한 창조적 적응의 맥락 속에서 유지되어 왔다. 현재 드러나는 문제가 관리될 수는 있지만(단기적으로 필요한 경우), 지속적인 변화를 위해서는 현재 문제를 지지하고 있는 요인들이 다루어져야 한다. 고착화된 존재 방식을 다루는 것은 단지 인지적인 수준에서 이루어질 수 없고, **체화된 장**(embodied field)을 창조해야 한다. 내담자가 몸과 분리된 상태(disembodied state)로 치료실에 온다면, 게슈탈트 치료사는 내담자의 존재 방식이 신체 반응에 미치고 있는 영향에 주의를 기울이고 내담자도 그렇게 하도록 초대할 수 있다.

과거에 게슈탈트는 도전이나 카타르시스[25]를 지지할 충분한 관계적 배경을 구축하는 데 실패한 적이 있다. 이러한 전경 치료(figure therapy)는 인상적이고 극적으로 보였지만, 충분한 배경–지지 없이는 의미 있는 변화가 일어나지 않는다. 분노의 카타르시스적 표현을 촉진하는 것은 그 행동을 영속시키는 것으로 나타났다 (Staemmler, 2009, 2012 참조). 치료사는 자신이 무엇을 지지하고 있는지를 알아차려야 한다. 또한 건강은 환경 지지에서 자기 지지로 이동하는 것이라는 이분법적 관점(PHG, 1951)은 건강한 존재 방식보다는 개인주의적 문화에 대해 말하고 있는 것이다. 또한 의존에 대한 알레르기 반응은 지지 치료에서 의존이 발달의 한 단계일 수 있다는 점을 간과하게 만들었다.

치료사로서 우리는 내담자를 지지할 수 있기 위해서 충분히 지지받아야 한다. 이론을 잘 배우고, 임상 슈퍼비전과 같은 전문적인 지지를 받으며, 최신 동향을 지속적으로 알아 가는 것이 필요하다. 또한 치료 상황 밖에서도 지지를 받아야 한다. 만약 우리가 너무 많은 일을 하거나 스스로를 위한 시간을 허용하지 않는다면 자기 방치 수준을 장에 가져오게 된다.

지지는 광범위한 영역이며, 이를 세분화하는 데 다음 세 가지 영역을 고려하는 것이 유용할 수 있다. ① 내담자가 접촉할 수 있도록 돕는 지지는 무엇인가? ② 치료사가 접촉을 촉진하도록 돕는 지지는 무엇인가? ③ 현재 상황에 필요한 지지는 무엇인가?

---

25 프리츠 펄스가 '글로리아'라는 내담자와 함께 20분 동안 게슈탈트 치료를 하는 영상 회기가 있다. 이 영상은 여전히 일부 강좌에서 게슈탈트 치료의 예시로 사용되고 있으나, 이 20분은 게슈탈트 치료에 대한 가장 많은 오해를 야기하였다.

46 장 기능으로서의 수치심

지지에 대한 논의를 한 후 수치심을 다루려고 하니, 나는 이 둘의 순서가 바뀌어야 하는 것은 아닌지 의문이 들었다. 지지가 수치심에 대한 해독제가 될 수 있기 때문이다. 그러나 수치심은 개인의 상황에서 지지가 부족할 때 생겨나며, 독성 수치심(toxic shame)으로까지 발전할 수 있다. 독성 수치심은 자신이 수용되지 않고, 결함이 있으며, 부적절하고, 무가치하다고 느끼게 만든다.

수치심에 대해 논의하기 전에, 수치심과 죄책감을 구분하는 것이 도움이 될 수 있다. 죄책감은 행동 혹은 어떤 행동(예: 복수심에 불타는 행동)을 저지르려는 생각과 관련이 있는 반면, 수치심은 존재의 상태이다. 간단히 말해서, 죄책감은 내가 실수를 했을 때 느끼는 것이고 수치심은 내 존재 자체로 잘못되었다고 느끼는 것이다. 수치심은 얕은 호흡, 시선 회피, 폐로 공기가 들어가는 것을 제한하는 어깨 처짐, 얼굴이 붉어지는 것, 명확히 말하는 것의 어려움, 심리적 마비 등 현재 장과의 접촉을 최소화하는 다양한 생리적 과정으로 나타난다. 수치심은 그 깊이가 너무 깊어서 접촉 경계 뒤에 견고하게 자리잡고 있고 오직 개인에게만 속한 것처럼 느껴질 수 있지만, 모든 '내적' 경험과 마찬가지로 수치심도 장 사건이다. 수치심은 상황에서 만들어졌고 충분한 지지가 부족한 상황에서 유지되어 왔을 것이다. 수치심은 관계 속에서 만들어졌고 고립 속에서 깊어질 수 있지만, 관계 속에서만 되돌릴 수 있고 완화될 수 있다. 수치심은 장의 중요한 조절자이다.

수치심은 항상 개인과 장 사이의 파열로 나타나고 이러한 파열은 삶의 어느 시점에서나 일어날 수 있다. 그러나 충분히 좋은 양육을 제공하는 견고한 관계적 배경을 가지고 있다면 수치 경험이 깊게 뿌리 내릴 가능성은 적다. 리(1995, 2007)가 배경 수치심(ground shame)이라고 지칭한 심하게 유해한 수치심의 경우에는 아동과 장 사이에 깊은 파열이 발생한다. 아동은 지지가 부재한 장 또는 거절하는 장에 계속해서 손을 뺀다가 마침내 철수한다. 아동은 환경을 안전하게 만들어야 하는데, 그렇게 하기에는 장이 잘못되었기 때문에 자신을 잘못된 존재로 만듦으로써 창조적으로 적응하여 환경이 안전하다는 환상을 유지한다. 아동이 환경에 다가가면서 스스로 잘못되었다고 **느끼게** 될 때 형성된 배경 내사는 인지적 과정이라기보다는 압도적인 감각 느낌(felt sense)이라는 점에 주목하는 것이 중요하다. 이로 인해 "수치심에 구속된(shame-bind)"(Kaufman, 1985, 1996; Lee, 1995; Lee & Wheeler, 1996; Wheeler, 1997) 상태가 될 수 있는데, 이는 개인의 경험이 즉각적으로 수치심 반응을 유발하는 상태를 말하고 감정, 필요 또는 욕구에 기반한 수치심 구속의 형태로 나타날 수 있다. 수치심 구속이 형성되고 나면 개인이 감정이나 욕구를 경험할 때 즉각적으로 수치심이 촉발된다. 왜냐하면 감정이나 욕구가 수용되지 않고 심지어 위험하다고 인식되기 때문이다. 과거 개인의 장에서 있었던 관계적 파열의 그림자는 성인기에 이르면 몸의 체화된 과정에서 **감지된다**. 현재 상황과의 접촉을 최소화함에 따라 어쩌면 더 지지적일 수도 있는 현재의 장은 알아차림 밖으로 밀려난다.

치료사의 중요한 과업 중 하나는 내담자를 면밀히 추적하고 치료 관계에서 유발될 수 있는 수치심 촉진 요인이나 파열을 조율하는 것이다. 이것은 쉬운 일이 아닌데, 수치심과 접촉하는 것에 대한 방어에 부딪힐 가능성이 높기 때문이다. 수치심에 대항하는 이러한 방어는 관계에서 거리를 만들기 위한 것이며, 내담자의 수치심에 너무 근접하는 질문에 대한 반응으로 분노, 격노, 질투, 거만함이나 경멸이 나타날 수 있다. 내담자가 치료사를 밀어내려고 할 때, 특히 그럴 때일수록 내담자와의 관계를 유지하는 것이 중요하다. 조이스와 실스(2018)가 설명하였듯이 치료사가 자신의 수치심 반응이 촉발되어 방어적이 되면 관계에서 철수할 위험이 있다.

겉으로 표현된 분노 반응 이면에 무엇이 있는지 고려하는 것은 치료사가 관계를 유지하는 데 도움이 된다. 심지어 치료사가 일시적으로 자신의 수치심과 접촉하면서 균형을 잃는다고 해도 그것은 잘 위장된 관계적 선물이 될 수 있다. 우리는 수치심에 대한 회복력을 구축하는 일을 하고 있음을 기억해야 한다. 우리 자신의 수치심에 접촉하고, 상황에 따라 선별적으로 자기 공개를 사용하면서, 건강한 관계로 복귀하는 것을 모델링하는 것은 내담자의 상황에 회복력을 가져오는 데 효과적일 수 있다. 수치심의 특성상 겹겹이 감추고, 수치스러운 감정을 말하는 것을 허용하지 않고, 취약성을 표현하지 않는 문화적 내사로 인해 내담자는 이와 같은 대화를 처음 경험할 수도 있다. "사람들은 관계성의 맥락에서 살아가며 성장한다"(PHG, 1951).

독성 수치심을 살펴볼 때 수치심이 건강한 기능을 가지고 있다는 사실을 간과하지 않는 것이 중요하다. 인간은 발달 과정에서 타인의 반응을 예상하고 조율하는 능력을 키우는 것이 필요하다. 수치심은 우리를 사회적 반응에 민감하게 하고, 지지가 부족한 상황에서 지지를 구축하거나 철회하는 행동을 할 수 있게 해 준다(Wheeler & Axelsson, 2015). 수치심이 없다면 우리는 욕구를 충족시키기 위해 어떤 행동이든 할 것이고 소시오패스적인 행동이 만연할 것이다. 사회가 기능하기 위해서는 수치심이 필요하다. 수치심의 가장 단순한 형태인 부끄러움이나 창피함은 우리의 사생활을 보호하는 자연스러운 반전 과정으로 볼 수 있다. 수치심은 우리의 관심이 받아들여지지 않을 때 이를 알려 주는 신호이다.

47 장을 감각하기

감각은 알아차림이 출현하는 원재료이다. 당연한 말이지만 그것들은 우리 몸에서 감지되기 때문에 감각이라고 불리고, 우리 몸에서 느껴지기 때문에 느낌이라고 불린다. 그러나 이렇게 명백한 것들이 인지적 이해를 요구하는 문화 때문에 일상적으로 간과된다. "개인주의적 패러다임은 몸의 타당성을 무시하고 반신체적인 합리주의의 전통을 장려한다"(Fairfirld & Shelton, 2016: 155).

알아차림이 일어나려면 감각의 완전한 전경이 형성될 수 있는 공간을 허용해야 한다. 나는 슈퍼바이저로서 '감각으로 돌아가라'거나 그와 유사한 말을 반복하곤 하였다. 치료사들은 모든 경험의 토대가 되는 감각에 시간을 할애하기보다는 두세 단계 혹은 그 이상으로 너무 앞서가곤 한다. 게슈탈트 관점에서는 감각이 개인 내부에서 신체적으로 나타나는 것이지만, 개인은 장의 부분이라는 것을 기억해야 한다(Wollants, 2016). 따라서 감각은 독립적 경험이라기보다는 장 사건이며, 이는 내담자뿐 아니라 치료사에게도 해당된다. 감각 경험은 우리와 세계와의 소통이다. "체화된 경험에 충분히 참여하면 장에 접근할 수 있게 된다"(Carlson & Kolodny, 2016: 200). 나는 얼굴에 닿는 바람의 촉감 대신 가상 현실과 버튼 하나로 즉각적인 만족을 얻는 가속화된 세상에 대해 이미 언급한 바 있지만, 우리를 비신체화하고 둔감화하도록 유도하는 얼마나 많은 유혹에 둘러싸여 있는지를 다시 한번 강조한다.

현상학자인 메를로-퐁티(1962/2014)는 지각을 본질적으로 오감 경험과 연결되어 있다고 보았으며, 우리의 각 감각을 더 큰 세계 안에 존재하는 작은 세계로 간주할 것을 제안하였다. 만일 우리 자신을 여러 개의 작은 '감각-세계'에서 기능하고 있다고 본다면, 역설적이게도 우리는 연결과 통합을 위한 기회를 만들게 된다. 우리는 경험을 묘사하기 훨씬 전에 이미 세상에 대한 감각 느낌(felt sense)을 가지고 있다. 앞서 논의한 바와 같이, 스턴(stern, 1998)은 전언어적 발달과 아이가 관계 형성의 언어적 영역으로 진입할 때 무엇을 잃어버리는지에 대한 이론을 제시한다. 우리는 느끼고 감각한 것을 설명하기보다는 우리가 설명할 수 있는 것을 느끼거나 감각한다는 점에서 언어의 발달은 느낌과 감각을 미리 구성하는 효과를 갖는다. 우리는 신체적 경험을 말로 표현할 때 제약을 받는데, 설명할 언어가 존재하지 않기 때문이다. 감각과 느낌을 설명하면서 우리는 문자적인 설명에서 벗어나 은유와 이미지를 사용할 필요가 있을지도 모른다. 비언어적인 소통을 실험해야 할 수도 있다. 게슈탈트 치료사를 포함한 대다수의 치료사는 언어와 인지에 대한 강한 편견을 가지고 있으며, 말로 설명 가능한 것에 가치를 둔다. 심리치료와 상담 훈련에서의 역량 평가는 주로 이런 편견을 강화하는 서면 과제를 통해 이루어진다. 문화적으로 우리는 감각이나 느낌에 머무는 것이 어렵고, 특히 우리의 부족한 어휘로 깔끔하게 분류되지 않는 감각이나 느낌에 대해서는 더욱 그렇다. 그래서 종종 성급하게 인지적 이해를 하려고 하는데, 만일 우리가 자신에게 그 감각이나 느낌을 위한 공간을 허용한다면, 그것은 체화된 경험으로 깊이 자리 잡을 수도 있다.

체험적 실습

다른 종류의 클래식 음악 두 곡을 선택하세요. 하나는 장조이고 다른 하나는 단조로 선택해 볼 수 있습니다. 편안한 의자에 앉거나 바닥에 누워서 충분히 몸을 기대세요. 당신 몸이 어떻게 음악에 공명하는지, 어떤 감각이 출현하는지 주목해 보세요. 성급한 의미 부여를 피하고, 그저 이러한 감각들과 그들이 어디에서 나타나는지 주목하세요. 두 개의 다른 음악을 들을 때 일어나는 감각에 어떤 차이가 있는지 알아차리세요. 각각의 음악을 최소한 10분 이상 들으면서 실습해 보세요.

이론은 직접적인 경험에서 우리를 멀어지게 할 위험이 있다. "모든 분노 뒤에는 상처가 있다."(Hycner, 1993), "모든 우울함 뒤에는 분노가 있다."(Wheeler, 1991)와 같은 개념들은 일반적으로 유용한 임상적 지혜일 수 있지만, 그것을 가볍게 받아들일 때만 그렇다. **a**가 항상 **b**로 이어지는 것은 아니다. 우리는 내담자가 표현하지 않은 경험을 예측하거나, 표면적으로 보이는 것 이면에 또 다른 경험이 있다고 믿음으로써 장을 미리 구성하는 심리치료의 해석적 모델을 경계할 필요가 있다.

프로이트의 말[26]을 차용하자면, 감각은 알아차림에 이르는 왕도이다. 게슈탈트 치료사들은 내담자의 감각에 대한 알아차림을 증진시키고자 하며, 감각과의 완전하고 생생한 접촉을 통해 자신에게 필요한 것이 무엇인지를 알게 되는 내담자의 과정을 신뢰한다. 일단 감각이 전경이 되면 치료사는 내담자가 그 의미를 더 잘 알아차리도록 돕는데, 이때 감각에 목소리를 부여하고 말을 해 보라고 하는 것과 같은 실험을 할 수도 있다.

우리는 인간의 전체성을 강조하지 않는 문화 속에 살고 있다. 결과적으로 '장애'로 고통을 받는 사람을 바라보는 우리의 시각이 좁아질 수 있다. 예를 들어, 우울증은 기분장애로 간주되지만, 몸 전체에 영향을 미친다. 때로 사람들은 기분에 문제가 있다는 것을 알아차리지 못하는데, 그들이 주로 경험하는 감각은 몸에서 느껴지는 것이고 어떤 문화에서는 이를 우울증이나 기분장애와 관련이 없다고 보기 때문이다. 불안장애나 다른 기분장애도 마찬가지이다. 몸은 우리를 세상에 존재하게 해 주는 도구이고 우리는 몸을 통해 세상을 경험한다. 우리의 감각을 느끼고 다른 사람의 감각에 호기심을 갖는 것은 우리 자신을 구성 요소들로 분리하지 않고, 게슈탈트를 체화된 치료로서 실천하도록 돕는다.

---

26 "무의식에 이르는 왕도"(Freud, 1995)

48 발달적 관점으로 장을 바라보기

종종 게슈탈트 치료에 제기되는 비판은 충분히 체계적인 발달 이론이 없다는 것이다. 나는 게슈탈트가 정신분석의 고고학적 탐구에 반대하면서 우리의 치료 철학에 원래 포함되어 있었던 발달 이론을 약화시켰다고 생각한다.[27] 발달 이론은 장 이론에 암묵적으로 포함되어 있다.

나는 내사를 설명하면서 프리츠 펄스가 유아의 치아에 부여하였던 발달적 중요성을 논의하였었다. 자세히 설명하자면 그는 유아가 어머니의 젖가슴을 '씹어 삼키는(cannibalising)' 행위로 인해 조기에 강제로 젖을 떼게 되며, 결과적으로 자기 주장은 항상 친밀감을 포기하는 대가를 지불해야 한다고 보았다(Wheeler & McConville, 2014). 그는 이후에 발달을 환경 지지에서 자기 지지로의 전환으로 보았지만(Perls, 1973), 이는 게슈탈트 치료에서 자기를 과정으로 보는 상황적 관점과 일치하지 않는다. 프리츠 펄스와 달리, 로라 펄스(1992)는 발달은 적절한 지지가 있을 때만 가능하다고 보았다. 그녀는 무용 배경을 가지고 있었고, 움직이기 위해서 어떤 지지가 필요한지에 관심이 있었다. 그녀는 주로 호흡, 자세, 접지(grounding)를 통해 개인이 즉각적인 환경과의 접촉을 증진하도록 하였다. 그녀의 생각은 프리츠만큼 개인주의적이지는 않았지만, 여전히 정신분석 훈련의 잔재가 남아 있었고 더 넓은 장의 영향을 인식하는 데는 제한이 있었다. 굿맨(1977)은 성인기를 아동기 이후가 아니라 아동기에 추가되는 것으로 보았다. 그는 성인이 되는 것은 아동기를 대체하는 것이 아니라 '아동기 플러스(childhood plus)'라고 표현하였다. 굿맨(1994)의 관점에서 보면 두 살 아이처럼 행동하는 것은 퇴행이 아니

---

27 관심 있는 독자들에게는 현대 게슈탈트 치료사인 프랭크(Frank, 2001), 프랭크와 라 바레(Frank & La Barre, 2011), 필립슨(Phillppson, 2009), 왈런츠(Wollants, 2012), 휠러와 맥컨빌(Wheeler & McConville, 2014)의 작업을 소개하고 싶다.

다. 현재 아무리 나이를 먹었어도 우리는 여전히 두 살이기도 하기 때문이다. 그의 견해는 데니얼 스턴(Daniel Stern, 1998)의 관점과 잘 부합하며, 현대 게슈탈트 치료에 도입되어 잘 통합되었다.

게슈탈트 관점을 통해 보는 발달은 자립을 향한 거침없는 행진이 아니다. 자립은 지지 연속체의 한쪽 극에 불과하다. 일반적으로 우리가 경험하는 세계가 확대되고 점점 더 독립적이 되면서 이 극을 향해 나가는 경향이 있다. "인간 실존은 고정되고 안정적이며 봉인된 것이 아니라, 세계에 뿌리를 둔 끊임없는 개별화의 과정이다"(Almog, 2016: 306). 개별화 과정은 상호작용적인 관계의 장 안에서 일어난다. 장 관점에서 볼 때 발달은 개인과 상황 사이에서 창조되는 진행형의 과정이다. 발달 잠재력은 우리 내부에서 성취되는 것이 아니라 환경에 창조적으로 적응하기 위해 이루어지는 평생에 걸친 일련의 실험들을 통해 달성된다. 건강한 유기체는 적합한 것을 찾기 위해 반복해서 시도하고 맞추어 간다. 배고픈 유아든, 수영을 배우는 다섯 살 아이든, 어휘를 넓히는 성인이든, 제한된 신체 능력에 맞추어 적응하는 노인이든, 모든 발달 과정은 발달적인 필요성이 표면화되면서 시작된다.

발달에 대한 게슈탈트 관점의 핵심은 상황의 변화에 대응하여 자신의 반응을 재조직화함으로써 이루어지는 창조적 적응이다. 개인은 자신의 상황에 맞추어 창조적으로 적응하고, 상황도 개인에 맞추어 창조적으로 적응한다. 게슈탈트 관점에서 발달은 '성숙'으로 이어지는 일련의 단계가 아니다. 충분한 심리적 · 신체적 영양분이 공급된 아이는 계속해서 성장할 것이다. 그러나 신체적 · 심리적 영양분이 부족하면 발달은 제한될 것이고, 아이는 상상 속의 '내적' 세계를 만드는 식으로 창조적 적응을 할 수 있다. 이와 유사하게, '노인'의 신체적 세계는 많은 면에서 축소되지만, 이러한 축소 안에서도 종종 지속적인 성장이 있다. 그들은 신체적 능력이 감소된 세계에 창조적으로 적응한다.

우리는 상황과 지속적으로 대화를 나누고, 장은 다시 화답한다. 발달적인 관점에서 볼 때, 이 글을 읽는 모든 부모는 기어 다니기 시작한 어린아이가 계단을 볼 때 어떻게 반응하는지를 알 것이다. 계단은 기어오르는 아이의 새로운 능력에 "말을 걸며', 이는 '환경 안의 모든 것은 우리에게 다가오고 그들과 어떻게 상호작용해야 하는지 알려 준다."(Koffka, 1935)라는 점을 보여 준다.

레빈은 **존재, 상호 의존성, 동시성**을 개인 상황의 속성으로 논의하였고, 이를 발달적 관점을 통해 볼 수 있다.

- **존재**: 개인에게 존재하는 모든 요소가 상황을 구성한다. 여기에는 문화적 · 물리적 · 생물학적 · 사회적 · 종교적 · 가족적 요소가 포함되며, 이 모든 요소는 개인이 세계와 관계를 맺고 발달하는 방식에 영향을 미친다. 이 요소들에는 영국이 유럽연합(EU)을 탈퇴하기로 한 결정과 같이 개인의 장에 당장은 아니지만 깊은 영향을 미칠 수 있는 것들도 포함된다.
- **상호 의존성**: 장의 모든 요소는 서로 영향을 미친다. 개인의 건강한 발달은 호의적인 장 조건에 달려 있다. 예를 들어, 합리적인 양육, 또래들의 격려, 창의적인 표현을 허용하는 문화 등이다. "개인은 상황 속에서 형성된다" (Wollants, 2012: 41).
- **동시성**: 모든 행동은 개인이 그 순간에 심리적 상황을 어떻게 인식하느냐에 달려 있다. 게슈탈트에서는 현재 경험과 현재 장을 구성하는 방식이 배경에서 출현한다고 본다. 우리의 역사는 현재 상황을 조형한다. 그리고 역사는 개인이 지금-여기에서 세상을 어떻게 구성하는지를 관찰함으로써만 탐색될 수 있다. 당신은 이 페이지를 읽는 행위를 하면서 지금-여기에서 계속 발달하고 있다. 발달에는 과거가 있지만 동시에 현재와 미래도 있다.

49 발달: 일생에 걸친 과정

알아차림이 떠오르는 것 자체가 발달적 성취이지만, 이것만으로 의미 있는 변화를 가져오기에는 충분하지 않다. "우리는 새로운 경험을 진정으로 자신의 일부가 될 수 있을 정도로 소화해야 한다"(Miller, 2911b: 111). 이러한 발달은 엄마가 달래주는 것에 반응하는 아기, 탁자를 잡고 서서히 일어나는 유아, 새로운 삶의 상황에 적응하는 성인 등 인생의 어느 시점에서든 새로운 상황을 마주할 때 일어난다. 그러나 낡고 고정된 게슈탈트를 새로운 상황에 적용할 때, 과거에 체화된 믿음을 현재로 가지고 올 때 발달은 중단된다.

칼슨과 콜로드니(Carlson & Kolodny, 2016)는 발달은 예측 가능하거나 미리 결정된 것이 아니라 창발적(emergent)이라고 하였다. 우리는 항상 어떤 형태로든 집단과 관계를 맺고 있기 때문에, 이는 발달에 대한 보다 넓은 관점에 잘 부합한다. 게슈탈트 관점에서 볼 때, 발달은 비선형적이다. 내 손자들은 각기 다른 나이에 글 읽기를 배웠고, 한 아이는 다섯 살이 될 때까지 말을 하지 않았지만 후에 매우 유창하게 말하는 대학 교수로 성장하였다.[28]

정신분석학자 다니엘 스턴의 연구는 폴 굿맨이 게슈탈트 관점에서 제시한 발달에 대한 견해와 놀라울 정도로 잘 통합되고 이를 상당 부분 확장한다. 굿맨이 설명하듯이, 다른 발달 이론과 달리 게슈탈트는 한 단계씩 완료되는 단계적 발달 모델이 아니라 새로운 능력을 발달시키면서 이전의 능력을 유지하는 과정 모델을 채택한다. 스턴의 모델은 이 관점과 잘 부합하며, 그는 관계를 맺는 역량인 네 가지 **관계성의 영역(domain)**을 설명한다. 새로운 영역이 발달되더라도 이전 영역은

28 역자 주: 이 예시는 발달이 비선형적이고 예측할 수 없으며 개인별로 다양하게 일어난다는 점을 말하고자 한 것이라고 볼 수 있다. 개인의 발달 과정은 일정한 틀이나 순서에 얽매이지 않고 각자의 경험, 환경, 그들이 속한 집단과의 상호작용에 따라 달라질 수 있음을 보여 준다.

대체되는 것이 아니라 모든 영역이 평생 공존한다. 지면상 여기서는 간략한 개요만 제공하겠다.

신생하는 관계성 영역(0~2개월)

영아는 자기감을 형성하는 과정에서 다양한 자극을 경험하게 되며, 이 감각은 '생애 내내 지속될 것'이다(Stern, 1998: 38). 이 영역에서는 전체적인 자기감이 존재하는 것이 아니라, 이드(id)의 기능과 유사한 형태의 자기감이 형성되기 시작한다. 초기 자기감은 두 가지 구성 요소를 포함하는데, 하나는 개별적인 경험들 사이에서 관계를 형성하는 과정이고, 다른 하나는 그 결과로 나타나는 산물이다. 영아는 체계적이고 점진적으로 이러한 경험 요소들을 정리하여 자기와 타인 간의 관계구조를 인식하고, 조직화 과정을 경험한다.

핵심 관계성 영역(2~7개월)

이 영역의 시작은 영아가 직접적인 눈 맞춤을 하기 시작하면서 나타나고, 눈 맞춤 후에는 미소가 뒤따른다. 이는 영아의 발달이 "출생만큼이나 명확한 경계를 넘어서는 순간이다"(ibid.: 37). 영아는 자기감을 발달시키며, 타인과 함께하는 경험을 하고, '나'와 타인을 구분하고 관계를 맺기 시작한다. 이러한 상호작용 과정에서 부모는 자기 조절을 돕는 타인(self-regulating other)이 된다. 즉, 부모는 각성, 정서, 애착과 안전감 등의 경험을 조절해 주며, 타인의 개입 없이는 지속될 수 없는 놀이를 유도하고 유지한다. 이 관계 과정에서 일반화된 상호작용의 표상(Representations of Interactions that have been Generalised: RIGS)이 형성되며, 이는 상호작용이 어떻게 진행될 것인지에 대한 기대감으로, 예를 들어 까꿍 놀이가 어떻게 진행될지에 대한 기대이다. RIGS는 유연하고도 지속적으로 업데이트되고 확장되는 경험으로, 눈앞의 턱받이, 음식 냄새, 특정 느낌과 같은 단서에 의해 활성화 될 수 있다. RIGS는 미래의 관계적 기대에 대한 청사진을 형성한다. 스턴은 관찰을 통해 유아의 주관적 세계가 매우 사회적이라고 결론을 내렸다. 아마도 많은 어머니가 그 사실을 이미 알고 있을 것이다!

상호주관적 영역(7~15개월)

유아는 자신에게 마음이 있음을 발견하고 타인도 그렇다는 것을 알게 된다. 유아의 관계적 능력이 양자도약(quantum leap)이라고 할 만큼 비약적으로 발달한다. “이제 양육자의 공감은 유아 발달의 직접적인 주제가 된다”(ibid.: 127). 스턴은 이 영역에서 가장 뚜렷한 특징을 정서 조율의 발달이라고 보았다. 어머니는 유아의 정서 반응을 반영하기 위해 자신의 정서 반응을 조율한다. 이러한 조율은 다양한 방식으로 나타나며, 어머니의 언어적 반응은 유아의 행동 강도와 정서적 분위기를 반영한다.[29]

언어적 영역(15~18개월)

유아는 언어를 이해하고 사용할 수 있게 된다. 언어 능력은 양날의 검과 같다. 언어는 사회적 참여와 의사소통을 위해 필요하지만, 스턴이 지적한 것처럼 언어를 통해서는 감각 느낌을 온전히 전달할 수 없기 때문에 경험을 말로 표현하는 과정에서 어떤 것이 손실된다. “언어는 동시에 존재하는 두 가지 형태의 대인관계 경험, 즉 실제로 경험하는 것과 말로 표현되는 것 사이에 간극을 만든다”(ibid.: 163).

거울 뉴런의 기능에 대한 최근의 발견들은 아동기 발달에 대해 더 많은 이해를 제공한다(Siegal, 1999; Gallese, 2001; Siegal & Bryson, 2012). 의도와 관련해 간단히 말하자면, 우리는 효과적으로 서로의 마음을 읽을 수 있다. 주 양육자가 특정한 의도를 가지고 행동할 때 주 양육자에게 발화되는 거울 뉴런이 유아의 뇌에서도 발화되며, 이는 살아가는 동안 계속 일어나는 과정이다.

---

29 역자 주: 이 문장은 어머니가 자신의 정서적 반응을 유아의 반응과 조율하는 과정을 설명한다. 어머니는 유아가 보여 주는 감정이나 행동의 강도와 특성을 자신의 말이나 행동으로 반영한다. 예를 들어, 유아가 흥분하거나 기뻐할 때 어머니도 목소리의 높낮이와 억양을 조절하여 유아의 흥분이나 기쁨을 반영하는 방식으로 반응한다.

50 발달 이론: 여섯 가지 기본 움직임

프랭크(2001; Frank & La Barre, 2011)는 베인브리지-코헨(Bainbridge-Cohen, 1993)의 연구에 기초하여 영아와 환경과의 관계에서 발달하는 여섯 가지 기본 움직임을 구분하였다. 여섯 가지 기본 움직임은 **내맡기기, 밀기, 뻗기, 잡기, 당기기, 놓아주기이다.**

> 기본적인 움직임 패턴이 나타날 때, 이것은 관계의 함수이며 움직임이 아기의 움직임인지 환경의 움직임인지 분리할 수 없다(Frank & La Barre, 2011: 22).

- **내맡기기**: 영아는 자신의 체중을 중력에 맡긴다. 영아는 자세를 바꾸고 다양한 위치에서 중력에 몸을 내맡기면서 앞, 뒤, 옆을 구분하는 것을 배운다. 단단한 지면은 영아가 부모와 충분히 견고한 관계적 기반을 형성하는 데 있어서도 매우 중요하다. 이 기반이 충분히 안전할 때 아이는 부모의 지지를 느낄 수 있다. 이는 내맡기기(yielding)의 능력이 모든 다른 움직임(신체적으로든 심리적으로든)이 발전하는 기초를 제공하기 때문이다. 내맡기는 능력은 일생 동안 지속되며 단순히 수동적인 융합 행위가 아니다. 우리가 환경과의 관계 속에서 의도적으로 이를 실천할 때, 우리는 지지를 받아들일 수 있는 능력을 가지게 된다. 이러한 지지는 타인과의 관계에서 오는 것일 수도 있고, 우리가 긴장을 풀면서 중력에 몸을 맡기는 것과 같은 물리적 지지일 수도 있다.
- **밀기**: 우리는 모두 미는 능력을 발달시켜야 하고 이런 과정의 발달은 영아가 중력, 내부 또는 외부 긴장에 따라 자신을 조정하며 몸을 꿈틀거릴 때 시작된다. 미는 동작을 할 때 영아는 몸에서 체중에 대한 감각을 경험하고 몸의 밀도를 느낀다. 무언가를 밀기 위해서는 밀어낼 대상이 필요하기 때문에 영아

는 타인과의 분리를 경험하게 된다. 따라서 밀기는 영아를 분화하게 해 주고 자신이 어떻게 타인과 구분되는지를 알게 해 준다. 내맡기기와 밀기, 밀기와 내맡기기의 변증법은 "평생에 걸쳐 대인관계 만남에 필수적이고 필요한 것" 이다(Frank & Le Barre, 2011: 27).

- **뻗기**: 영아의 뻗기는 일련의 순서대로 진행된다. 먼저, 영아는 코와 입으로 엄마의 가슴을 향해 뻗고, 그 다음에는 눈과 손을 엄마의 얼굴 쪽으로 향하는 것처럼 보인다. 또한 영아가 손가락을 펼치며 뻗는 행동도 있다. 영아의 뻗기에 어떻게 반응하느냐에 따라 이후 삶에서 뻗을 수 있는 능력이 형성될 수 있다. 몸의 다양한 부분으로 뻗을 때마다 영아가 경험하는 세상이 확장되지만 동시에 균형을 잃는 상황도 발생할 수 있으며, 이때 충분히 좋은 엄마(good-enough mother)는 조율을 해 준다.
- **잡기**: 첫 번째 뻗기와 잡기는 영아가 손을 내밀어 엄마의 젖꼭지를 잡을 때이다. 이후 손의 움켜쥐는 움직임이 비교적 빠르게 뒤따른다. 영아는 잡는 행동을 통해서 사물의 3차원적 성질에 대한 감각을 획득하고, 사물을 붙잡을 때 더 많은 감각을 통해 충분한 탐색을 할 수 있다. 영아는 뻗기를 통해 미지의 세계로 이동하고, 잡기를 통해 안정성을 확립할 수 있다.
- **당기기**: 이 발달적 움직임은 잡기와 함께 진행된다. 손을 뻗어서 젖꼭지를 잡은 아기는 빨기 동작을 하면서 그것을 입안으로 당긴다. 자신과 다른 존재, 즉 모유는 아기에게로 끌려와 아기의 일부가 된다. 이후 영아는 서는 것을 배우기 시작할 때 부모의 손을 잡아당길 것이고, 이런 행동은 영아가 환경에서 더 넓은 범위의 지지를 받으면서 무생물과의 관계에서도 꾸준히 반복될 것이다. 예를 들어, 영아는 가구를 이용하여 스스로 일어서기 위해 당기는 행동을 한다. 성인기에 우리는 타인이나 활동에 끌리는 것을 느끼거나, 그 순간에 필요한 것을 우리에게 끌어오려 한다.
- **놓아주기**: 당기기가 끝나고 욕구가 충족되면 놓기가 이어진다. 영아가 처음에는 잠이 올 때나 다른 것이 시선을 끌 때만 응시를 멈추지만 몇 주 후에는 더 독립적으로 응시를 멈출 수 있게 된다. 약 5개월 후에는 물체를 쥐었다 놓을 수 있으며, 이 놓는 행동을 완성하는 과정에서 영아의 몸이 전체적으로 재조

직화된다. 성인기에 우리는 모두 심리적인 혼란이나 오래된 관계를 '놓아야' 할 필요가 있을 수 있다.

이러한 기본적인 움직임들을 각각 따로 설명하였지만, 영아, 아동 및 성인의 발달 과정에서 각 움직임은 서로 연결된다.

체험적 실습

앞서 언급한 여섯 가지 발달 움직임을 생각해 보세요.

1. 지속적인 파열이 이후 개인의 발달에 어떤 영향을 미칠 수 있다고 생각하나요?
2. 파트너와 함께 여섯 가지 기본 움직임을 해 보면서 이와 관련해서 당신이 가진 강점과 성장이 필요한 부분을 생각해 보세요. 만일 혼자 실습을 하는 경우라면, 이 움직임들을 연습하고 완료하는 자신을 상상해 보세요.

51 문화적 장

체험적 실습

당신이 직접 꾸미고 가구를 배치한 치료실에 앉아 있다고 상상해 보세요. 잠시 치료실 안에 있는 것들을 떠올려 보세요. 이제 당신이 내담자와 함께 앉아 있는 모습을 그려 보세요. 이 내담자를 떠올릴 때 무엇이 눈에 띄나요? 내담자는 어떤 옷을 입고 있나요?

이제 내 마음대로 몇 가지 가정을 하려고 한다. 나는 이 책을 읽고 있는 사람 중 적어도 95%는 백인이라고 상상해 본다. 독자 중 대다수가 이 실습에서 백인 내담자를 떠올렸을 것이다. 또한 당신이 상상 속에서 그려 본 치료실은 당신의 문화적 배경을 반영했을 것이다. 물론 문화는 피부색이나 푹신한 가구보다 더 많은 것을 포함하지만, 내가 이 실습에서 보여 주고자 한 것은 우리가 인식하지도 못한 채 자연스럽게 문화적으로 친숙한 것에 끌린다는 점이다. 문화적으로 낯선 것은 훨씬 접근성이 떨어진다.

경험은 특정 문화적 맥락 안에서 형성된다. 나는 나의 문화와 함께 형성되고, 나는 나의 문화를 형성한다. 문화는 소통하고 표현할 수 있는 것의 한계를 형성하고 틀을 만든다. 문화는 우리가 딛고 서 있는 토대이자 세상을 보는 관점을 형성한다. 결과적으로 의미 형성은 문화적 맥락에서 이루어지며, 심리치료 이론들도 문화적으로 맥락화되어 있다. 일련의 문화적 경험과 행동 관행에 지속적으로 노출되는 것이 신경 구조와 기능에 영향을 미칠 수 있다는 가정은 상당히 합리적이다 (Park & Huang, 2010).

제이콥스(2000)는 게슈탈트 및 일반적인 심리치료에서 '백인 특권'[30]을 논의한

30 영국의 정신건강 서비스에는 아프리카 및 카리브해 출신 남성이 과도하게 많이 포함되어

다. 백인 특권 중 하나는 특권에 대한 인식이 전혀 없다는 것과 그 특권이 당연하게 주어진다는 사실이다. 백인 특권을 인식함으로써, 우리는 백인이기 때문에 누리는 특권적인 위치를 당연한 것이 아니라 유동적이고 변화 가능한 것으로 전환할 수 있다.

현상학에 초점을 맞추고 상황과 개인을 더 큰 전체의 부분으로 인식하는 게슈탈트 철학은 문화적 차이에 대해 관계적 입장을 갖는다. 그러나 다른 심리치료와 마찬가지로 게슈탈트는 다른 문화적 세계관을 배제하는 특정 문화적 세계관 위에서 있다. 우리의 배경은 공동체와 가족보다 개인과 개인의 책임이 더 중시되었던 1960년대 서양에서 게슈탈트 치료가 인기를 끌던 시기에 형성되었다(Saner, 1984; Mackewn, 1997). 그 결과 그 당시의 문화와 일치하는 존재 방식들이 그 문화와 충돌하는 방식보다 더 긍정적으로 받아들여졌다. 게슈탈트 이론에서 이러한 예 중 하나는 역사적으로 융합과 내사, 환경을 받아들이거나 환경과 병합하는 조절이 환경과 개인을 분리하는 조절보다 더 부정적으로 평가되었다는 것이다. 또 다른 예는 환경 지지보다 자기 지지를 더 가치 있게 여긴 것이다. 많은 변화가 있었지만 우리의 배경에 존재하는 맹점이 우리의 현 상황과의 접촉에 영향을 미치는 것은 불가피하다.

나의 문화는 몸에 체화되어 있고 이는 나의 생각뿐만 아니라 내 몸을 유지하는 방식, 환경과의 관계에서 접촉 기능을 사용하는 방식에도 영향을 미친다. 나는 환경을 조작하고 환경도 나를 조작하며, 문화적 규범과 가치는 내가 자신을 유지하는 방식에 영향을 미친다. 예를 들어, 똑바로 눈을 쳐다보는 것이 문화적으로 용인되지 않는다면 자연스럽게 시선을 내리게 되고 이러한 움직임은 내 몸 전체에 영향을 줄 것이다. 마찬가지로, 아랍 문화에서는 대화할 때 무릎 위로 발목을 꼬고 신발 밑창을 드러내는 것은 무례하다고 여겨지므로 그러한 규범은 개인을 더 꼿꼿하게 앉도록 할 가능성이 높다. 그렇게 되면 개인은 자신도 모르게 편안하고 익숙한 특정 방식으로 계속 근육을 쓸 것이다.

있다. 그들은 형사 사법 제도를 통해 서비스를 받게 될 가능성이 더 높고, 서비스에 대한 부정적인 인식으로 인해 참여를 지연하며 의무적인 치료를 받는 경우가 더 많다(Keating, 2007).

문화는 우리가 사물을 인식하는 방식을 형성한다. 마오리족은 색에 대한 3,000개의 이름을 가지고 있는데, 이는 그들이 다른 인종보다 더 많은 색을 인식하기 때문이 아니라 구조적으로 다른 물체에 속하는 색을 구별할 수 없기 때문이다.[31]

언어는 문화 속에 녹아들어 있다. 외국인이 유창하게 말한다 해도 같은 문화권의 두 사람은 외국인보다 언어와 그 의미에 대해 더 깊은 이해를 공유한다. 우리는 우리가 사용하는 말을 만들어 가고, 그 말은 다시 우리를 만든다. 우리가 턱을 유지하는 방식은 우리가 사용하는 언어에 의해 영향을 받을 것이다. 이것은 무슬림 여성이 공공장소에서 취하는 자세가 문화적 영향을 받는 것과 마찬가지다.[32] 우리는 문화의 토대 위를 걷고, 문화를 호흡하고, 문화 속에 살고, 문화에 의해 연결된 문화적 신경 회로와 문화에 의해 영향을 받을 몸을 가지고 있다. "문화는 인간의 기본 자산이다"(Vasquez-Bandin, 2012: 53).

이 포인트의 주제를 몇백 개의 단어로 요약하려는 시도는 무리이다! 나는 파키스탄에서 온 아시아인 동료와 방금 나눈 대화를 덧붙이고자 한다. 그는 영국 대학에서 심리치료 석사 프로그램을 이끌고 있었으며, 심리치료 고등 학위과정에 흑인 및 아시아인 학생의 수가 적다는 문제에 대해 고민하고 있었다. 우리는 세대에 걸쳐 내려온 배경 내사, 내면화된 편견, 백인 특권, 영국의 식민 지배 역사, 학생들의 진격 의식(sense of entitiement) 등 다양한 이유가 있다는 결론을 내렸다. 나는 슬펐고 그는 체념한 것처럼 보였다.

---

31 역자 주: 예를 들어, 같은 파란색이어도 하늘의 파란색과 바다의 파란색을 다르게 인식할 수 있다는 뜻이다. 즉, 마오리족은 색을 구분할 때 그 색이 특정한 사물이나 자연 속에서 어떻게 나타나는지에 따라 다르게 인식한다.

32 역자 주: 언어가 단순히 말하는 방식뿐만 아니라 턱과 입의 움직임에까지 영향을 미친다는 의미로 해석된다. 예를 들어, 다른 언어를 구사하는 사람들은 말할 때 사용하는 턱 주변의 근육이 다르게 발달할 수 있다.

52 다섯 가지 탐색

다섯 가지 탐색은 환경에 대한 창조적 적응 능력을 말하며, 처음에는 팔렛(2000)에 의해 **다섯 가지 능력**으로 제시되었다가 이후 **다섯 가지 탐색**으로 재구성되었다(Parlett, 2015). 이는 원래 개인과 집단 치료에 대한 이론으로 만들어졌지만, 팔렛은 이후 이 개념의 적용 범위를 조직 작업과 생태적 세계관에 초점을 맞춘 '전 세계 지능(whole world intelligence: whi)'으로 확장하였다.

경험 주기, 이드, 에고, 성격 기능, 접촉 중단과 같은 게슈탈트 지도와 비교할 때 다섯 가지 탐색은 더 명백하고 명확하게 장 이론적인데, 이는 첫 번째 탐색인 **상황에 대한 반응**에서도 나타난다. 다섯 가지 탐색을 각각 개별적으로 논의하겠지만, 이들은 서로 독립적이기보다는 유동적인 경계를 가지고 서로 교차한다(ibid.).

건강한 기능을 위해서는 개인이든, 소규모 체계든, 대규모 조직이든, 사회든, 전지구적 차원이든, 다섯 가지 상호 연관된 탐색들이 가능해야 한다. 이러한 탐색이 충분히 활용되는지 여부는 관계성 사이에서 결정되며 상황에 따라 달라질 수 있지만, 잠재적으로 사용 가능해야 한다. 그렇지 않으면 접촉이 무뎌지고 삶은 무채색으로 변하며 관계는 단절된다. 이는 마치 영혼에서 타오르는 불이 산소를 차단당하는 것과 같다. 이러한 자기 제한과 우리의 영원한 상호연결성으로 인해, 우리는 우리 자신뿐 아니라 타인과 환경을 파괴한다. 예를 들어, 우리가 기후 변화를 부인하면서 접촉 경계를 강화한다면 우리를 지탱해 주는 환경을 파괴할 위험에 처하게 된다.

다섯 가지 탐색의 중심에는 게슈탈트의 세 개의 기둥인 현상학, 장 이론, 대화가 있다. 팔렛(2015)을 참조하여 다음과 같이 간략하게 요약하겠다.

- **상황에 반응하기**(responding to the situation): 이것은 첫 번째 탐색인데, 다른 모

든 것이 이 안에 포함되기 때문이다. 우리는 모두 이 세상에서 상황 속에 있으며, 새로운 상황에 들어갈 때 자신의 상황을 함께 가져온다. 개인이나 집단은 다양한 삶의 상황에 직면함에 따라 더 큰 **성취**가 필요하다. 우리는 항상 상황에 반응하겠지만(거부하거나 아무것도 하지 않는 것조차 반응이다), 우리가 어떻게 반응하고 무엇에 반응하는냐에 따라 성취되는 것이 달라질 것이다. 그때 **거기**는 **지금-여기**의 접촉을 위한 배경을 형성한다. 따라서 우리 삶의 경험은 우리가 세상과의 관계에서 현재 순간 자기가 되어 가는(selfing) 과정에 영향을 미친다. '상황'은 가장 포괄적인 개념으로서, 우리와 지구, 사물, 더 넓은 환경뿐만 아니라 사람들 간의 관계를 포함한다.

- **상호 관계 맺기**(interrelating): 상호 관계 맺기는 앞에서 설명한 더 넓은 관계보다는 개인 간 또는 집단 간 관계와 관련이 있다. 이는 사람들과 집단들이 차이점을 다루는 방식에 관심이 있으며, 다른 사람의 입장이나 세계관을 이해하는 것에서부터 상대방과 그들의 모든 입장을 말살하려는 시도에 이르기까지, 연속체의 양극 사이의 다양한 상태를 다룬다.
- **체화하기**(embodying): 우리 자신을 감정적인 수준에서 '닿을 수 있는' 존재, 자신이 누구인지를 감정적, 신체적, 에너지적으로 모든 면에서 표현할 수 있는 존재, 감각적이고 신체적 존재로 경험할 수 있는 능력이다. 이는 우리 몸의 감각 느낌을 통해 전체 환경과의 상호 의존 정도를 인식하고, 환경이 우리를 어떻게 조형하는지를 인식하는 것과 관련된다.

체험적 실습

외상 사건을 다루는 뉴스를 볼 때 당신의 신체 반응에 주목해 보세요. 어떤 감각을 알아차리나요? 당신은 반응을 억누르나요? 그 사건이 집과 얼마나 가까운 곳에서 일어났는지에 따라 신체 반응이 달라지나요?

- **자기 인식하기**(self-recognising): 자기 인식은 전통적인 '자기'라는 용어의 시각으로 보면 오해의 소지가 있는 말일 수 있다. 번거롭긴 하지만 좀 더 정확한 용어는 과정으로서의 자기 인식이 될 것이며, 이는 자기에 대한 게슈탈트 관

점을 더 잘 설명해 준다. 자기 인식은 접촉 경계 뒤에서가 아니라 타인과의 능동적인 관계 속에서 이루어지며, 피드백을 주고받음으로써 나타난다. 음악가들이 자신의 연주 녹음을 듣거나 관계 문제를 가진 커플이 관계를 개선하기 위해 치료사를 만나는 것이 예가 될 수 있다. 이러한 피드백은 그 순간 우리가 무엇을 하고 있는지, 더 나아가 우리가 세상에서 어떻게 살고 존재하는지를 인식하고 알아차리도록 돕는다.

• **실험하기**(experimenting): 실험하기는 현재 존재하는 가능성과 기회를 탐구하면서 현재를 살아가는 능력과 자기 제한적이거나 조직화된 방식에서 벗어나 새로운 방향을 실험하고 변화할 준비를 갖추는 능력을 포함한다. 다른 탐색과 마찬가지로, 익숙한 행동에 머무르기보다는 현재의 **상황에 대한 반응**을 요구한다.

나는 초심자에게도 친숙한 일상적인 언어를 사용하여 다섯 가지 탐색을 설명하였다. 다섯 가지 탐색은 다른 심리치료 분야의 전문가들에게도 쉽게 이해될 수 있으며, 이는 다양한 치료 방법 간의 대화와 아이디어 교환의 가능성을 열어 준다.

하나의 접촉 조절이나 접촉 차원이 다른 조절 및 차원과 분리되어 작동할 수 없는 것처럼, 다섯 가지 탐색 중 하나가 다른 것과 분리되어 작동할 수 없다. 팀에서는 모두가 자신의 역할을 해야 하는데, 한 사람이 자신의 역할을 하지 않으면 전체 팀에 영향을 미친다. 다섯 가지 능력은 무수히 많은 다양한 방식으로 함께 작동할 수 있다. 우리가 다섯 가지 탐색을 개별적으로 고려한다면 마치 팔, 다리, 머리, 몸통을 각각 따로 존재하는 것으로 보는 것과 같다. 사실 이 절에서 논의한 바와 같이 우리는 그러한 환상/망상을 가지고 살 수 있을 만큼 충분히 창의적이다. **"인간은 결코 고립된 심리적인 개체로 존재하지 않는다. 인간은 시스템, 신념, 전통 및 문화와 얽혀 있다"**(Parlett, 2015: 15).

53 언어와 은유

비록 우리는 각자 다른 현상학적 세계를 가지고 있지만, 경험을 전달하기 위해 언어에 의존한다는 점에서 서로 다르다기보다는 비슷하다. 우리가 언어를 사용하는 방식은 곧 우리 자신을 나타내는 방식이며, 우리의 내면적인 존재와 세상 및 동료 인간과의 연결성을 드러낸다. 게슈탈트 치료사가 하는 모든 일은 관계적 사건이므로 대화적 원칙에 따라 이루어진다. 이러한 원칙을 적용할 때 우리는 언어를 사용하여 공동의 이해를 창출하며, 이는 매우 의미 있고 변형적인 경험이 될 수 있다(Gadamer, 2004). 언어를 통해 우리 자신을 표현하는 능력은 우리가 다른 사람과 함께할 수 있는 방법을 확장시켜 준다. 이를 통해 우리는 이야기를 구성할 수 있고 우리의 경험을 공유할 수 있는 기회를 얻을 수 있다. 두 사람(혹은 그 이상)이 상호 의미 있는 경험을 창조할 수 있다.

하지만 스턴(1998)의 논의를 고려하면, 이는 언어가 우리가 알고 있는 경험의 일부를 공유하기 어렵게 만든다는 것과 대조적이다. 다른 표현 방식보다 언어적 표현과 어휘를 항상 더 높은 수준의 표현으로 평가하는 문화 안에서, 언어는 우리의 경험을 공유하기 어렵게 만든다. 언어의 사용은 우리의 대인관계를 개인적이고 즉각적인 수준의 의사소통에서 비개인적이고 추상적인 수준으로 이동시킨다. 해마다 우리의 어휘가 늘어날수록 단어는 경험을 설명하기보다는 경험을 대체할 수 있다.

프리츠 펄스는 정신분석적 접근의 개선을 모색하는 과정에서 전체론 개념을 소개하면서, 내담자들이 언어 사용에 대해 더 많이 알아차릴 수 있도록 촉구하였다. 그는 우리가 "비통합적인 언어의 도움을 받아 성격을 통합하려는 불가능한 시도"를 한다고 인식하였다(Perls, 1948: 567). 분열과 분리는 우리의 언어 사용에서도 나타나며, 이는 명확성을 위해서 필요할 수도 있지만 잘못된 이분법을 초래할 위험이 있다. 예를 들어, 우리의 접근 방식을 '심리' 치료라고 명명할 때 그것은 우리가 하나의 통합된 장의 부분이 아니며 "문제가 개인의 심리적 · 정신적 장 안에 있다"는 것을 암시한다(Wollants, 2012: 27).

은유는 우리가 사용한 단어를 초월하는 이해의 수준을 얻게 해 줌으로써 우리 사이에 대화의 가교를 만들어 줄 수 있다. 스파뉴올로-롭(2002)은 자신의 몸의 경험을 '공기가 무겁다'라는 은유를 사용하여 이야기하는 내담자의 예를 들었다. 이는 내담자가 자신의 몸의 경험에서 말하고 있다는 것을 나타내며, 게슈탈트의 자기 이론의 용어로 표현하면 이드 기능을 나타낸다. 우리가 유사한 경험을 공유하고 있다면 '공기가 무겁다'라는 표현에 공감할 수 있겠지만, 우리의 경험 영역을 벗어나는 언어로 자신을 표현하는 사람을 만난다면 다른 경우가 될 것이다. 만일 내담자가 거미가 자신의 피부를 기어다니고 있다고 말한다면 이 역시 이드 기능을 언어화한 것으로 이해할 수 있다. 하지만 우리가 내담자에게 조율하지 않고 이것을 망상으로 분류하려고 한다면 생생한 감각에 대한 추가적인 탐색은 조기에 중단될 수 있다. 이드 기능에서 비롯된 언어는 체화된 언어와 만나야 한다. 우리가 보다 주관적인 형태의 언어를 사용하면 좀 더 경험에 가까운 기술(description)을 할 수 있지만, 언어의 의미는 고정된 것이 아니라 화자와 청자 사이의 그 순간의 상호작용의 함수라는 것을 유념해야 한다.

정확하고 완벽하게 우리의 경험을 기술하려고 시도할 때, 언어만으로는 항상 부족하다. 그러나 대면 만남에서 우리는 결코 언어만을 사용하지 않는다. 나는 영어를 전혀 못하는 아시아 여성 내담자 구빈더(Guvinder)를 만난 적이 있는데, 나의 우르두어 실력도 그다지 좋지 않았다! 통역사가 도착하지 않았지만 구빈더가 간절히 원했기 때문에 어쨌든 우리는 회기를 진행하였다. 구빈더와 나는 통역사가 있을 때보다 더 깊은 수준의 접촉과 이해가 우리 사이에 있다고 느꼈다. 회기에서 눈 맞춤, 감각, 신체 움직임, 접촉 기능이 훨씬 중요한 역할을 했고, 우리가 말을 했을 때 비록 상대방이 말하는 단어를 하나도 이해하지 못했지만 우리 사이에는 몸으로 하는 체화된 이해가 있었다. 그것은 아름답고 친밀한 만남이었다. 그 만남은 통역사와 함께 이전 회기에서 알게 된 그녀에 대한 몇 가지 사실 정보의 배경위에 구축되었고, 의심할 여지 없이 우리 각자의 거울 뉴런 시스템이 제 역할을 했을 것이다(Iacoboni, 2005). 내가 당신의 말 이면에 있는 의미를 감각적으로 느끼고 내가 그렇게 느끼고 있다는 것을 당신이 안다면, 아마도 잠시 동안만이라도 우리는 서로를 진정으로 알게 될 것이다.

언어의 온전한 의미를 다른 언어로 번역하는 것은 불가능하다. "우리는 여러 언어를 구사할 수 있지만, 그중 하나만이 우리의 삶을 이루는 언어로 남는다. 한 언어를 완전히 동화하기 위해서는 그 언어가 표현하는 세계를 자신의 것으로 만들어야 하지만, 우리는 결코 동시에 두 세계에 속할 수 없다"(Merleau-Ponty, 2002: 218). 우리는 이러한 '두 개의 세계'를 언어와 관련지어 문자 그대로 해석할 수도 있고, 또는 추상적으로 나의 신체적 경험 세계와 당신의 신체적 경험 세계가 다른 것과 같다고 이해할 수도 있다.[33]

언어는 포함하고 배제하는 힘, 연결하고 단절하는 힘을 가지고 있다. 은유를 포함한 체화된 언어는 가장 접촉적인 경향이 있다. 그렇기 때문에 접촉을 핵심으로 하는 게슈탈트가 "신체를 동원하지 않는 새로운 언어로 옮겨 간 것 같다. …… 우리는 이제 한 뇌에서 시작해서 다른 뇌로 전해지는 장 언어를 가지게 되었다."(Roberts, 1999: 134-135)라는 것은 슬픈 모순이다. 놀라운 신경과학적 발견에 대한 흥분 속에서 뇌, 신체, 더 넓은 장을 분리하는 데카르트식 이분법에 현혹되지 않도록 주의해야 한다.

---

33 역자 주: 언어는 단순한 단어의 조합이 아니라 고유한 사고방식과 문화적 배경을 반영한다. 한 언어를 완전히 동화하는 것은 그 언어가 표현하는 세계 자체를 받아들이는 것과 같으므로, 궁극적으로 한 언어가 우리의 기본적인 경험 세계를 형성한다. 여기서 두 세계에 속할 수 없다는 것은 문자 그대로 본다면 한국어와 영어와 같은 서로 다른 언어적 세계에 동시에 속할 수 없다는 뜻이다. 또는 추상적으로 보자면 언어적 차원을 넘어 같은 환경에서 같은 사건을 경험하더라도 각자 경험하는 세계가 다를 수 있기 때문에 우리가 살아가는 세계는 동일할 수 없고, 두 세계에 동시에 속할 수 없다는 의미이다.

54 보다 넓은 장에 주의 기울이기

브라질에서 나비가 날갯짓을 하자 텍사스에서 토네이도가 일어난다. 혼돈 이론(chaos theory)에서 나온 이 개념을 문자 그대로 받아들이거나 기상학의 영역에 국한시켜야 하는 것은 아니다. 이는 대수롭지 않아 보이는 작은 사건이 시간이 지남에 따라 엄청난 변화를 가져올 수 있다는 것을 은유적으로 보여 준다. 작은 심리적 변화가 내담자의 장에 토네이도급 변화를 일으킬 수 있다. 마찬가지로, 상황적 변화는 내담자의 세계관을 돌이킬 수 없을 정도로 변화시키고 지속적인 심리적 변화를 자극할 수 있다. 가장 명백한 예는 내담자가 영원하다고 여기는 어떤 것이 붕괴하는 것일 수 있다. 이는 신체 능력이나 직업의 상실, 기후 변화의 영향에 대한 알아차림 증가와 같이 가까이에서 일어나는 것일 수도 있고 멀리 떨어진 곳에서 발생하는 것일 수도 있다.

체험적 실습

'가까운 곳'에서 일어난 경험이 당신의 상황과 당신이 세상을 바라보는 방식을 변화시켰던 때를 생각해 보세요. 이제 더 먼 곳에서 일어난 사건이 어떤 방식으로든 당신의 세계관을 변화시켰던 때를 생각해 보세요. 이러한 시기를 회상하면서 신체적으로 어떤 반응이 나타나는지 주목해 보세요.

치료 회기가 사적이고 비밀보장이 되는 환경에서 이루어지긴 하지만, 더 큰 장과 분리되어 있는 것은 아니다. 우리는 내담자와 작업할 때 그들이 더 넓은 상황에서 치료 회기에 오는 것이고 대개는 유사한 상황으로 다시 돌아간다는 것을 기억해야 한다. 만일 그 상황에 위험 요소가 포함되어 있다면, 치료실 맥락에서 우리가 건강하지 않다고 간주하는 행동이 더 넓은 상황에서는 안전을 유지해 주는 창조적 적응일 수 있다. 행동은 항상 상황적 맥락에서 평가되어야 한다.

장 관점에서 볼 때, 현재 나타나는 현상의 원인을 특정하는 것은 어렵거나 사실상 거의 불가능하다. 여러 가지 영향 요인이 있는데다가 어떤 상황도 고정되어 있지 않기 때문이다. 팔렛은 **통합된 장**(uinified fireld)을 언급하면서 "개인과 상황, 자기와 타인, 유기체와 환경, 개인과 공동체 사이의 상호연결망"(1997: 16)을 설명하였으며, 우리는 모두 문화적 배경 속에서 살아간다. 장 이론의 관련성은 파악하기 어려울 수 있는데, '상호연결망'이 모든 것을 포함하는 것처럼 보일 수 있기 때문이다. 브라질 나비 은유에서는 다른 역사적인 사건이 그렇듯이 나비의 날갯짓이 즉각적인 장에 영향을 미칠 수 있다. 그러나 개인의 장에는 여러 영향력의 층이 있다. 모든 장 사건은 현재에 영향을 미치지만, 동시에 전경 이슈를 중심으로 구조화되고 조직화된다. 내담자가 치료실에 올 때, 그는 자신의 상황에 영향을 미치는 많은 배경 요소를 알아차리지 못한 상태이다.

더 넓은 장이 즉각적인 장에 미치는 영향에 대한 예를 생각해 보자. 한 내담자가 불안으로 고통받으며 치료에 온다. 그는 자신의 경험을 두려운 감정과 '조각난' 느낌으로 표현한다. 이것은 완전히 개인적인 것으로 경험될 수도 있고, 또는 업무 관련 문제와 같이 장의 좁은 영역과 관련된 것으로 경험될 수도 있다. 우리가 이 문제를 단지 내담자의 문제로만 여긴다면 우리는 불안 관리 및 개인 맞춤형 치료 계획을 가지고 접근하게 될 것이고 이는 단기적으로 도움이 될 수 있다. 그러나 우리가 현재의 문제에서 시야를 넓혀 '조각난' 느낌을 개인이 아닌 그가 속한 장의 증상으로 바라본다면, 그 관점에서 우리는 무엇을 볼 수 있을까? 우리는 내담자가 평생 일해 온 산업이 붕괴되고 있는 모습을 볼 수도 있고, 그 가족의 과거나 현재의 일부가 '조각난' 상태이거나, 자녀의 학업이 흔들리고 있는 것을 볼 수도 있다. 시야를 더 넓혀보면, 내담자는 불확실한 경제 상황, 공동체에서 멀어지고 기술 발전에 의해 고립된 삶으로 나아가는 사회를 인식할 수도 있다. 그는 환경을 돌보지 않거나 자원을 착취하여 존재 자체가 위협을 받는 행성을 걷고 있을지도 모른다. 문제는 내담자 안에 있는 것이 아니라 내담자의 상황 안에 있다.

장 이론을 논의하면서 스뮈츠는 우리의 개념화 방식에 혁신적인 개혁이 필요하다고 보았다. 그는 "사람들이 장의 개념에 익숙해져야 하고, 모든 구체적인 사물이나 사람, 심지어 추상적인 아이디어조차도 하나의 중심점으로 바라보며, 그 주변은 여러 영역(zones), 아우라(auras), 구(spheres)로 둘러싸여 있다고 보아야 한다. 이 주변의 영역들은 중심과 같은 본질을 가지고 있고 단지 중심에서 멀어질수록 점점 더 희미해지고 불명확해질 뿐이다."라고 하였다(1926: 18–19). 우리는 내담자와의 시간 대부분을 그들의 장에서 더 중심적인 '영역, 아우라, 또는 구'에 집중하며 보낼 수 있다. 그들은 몇 개의 중심 주제를 제시할 가능성이 있지만, 우리는 눈앞에 있는 것 너머에 존재하는 장에 영향을 주는 요인들을 간과해서는 안 된다.

레빈(1952)에 따르면, 행동은 현재 장 조건들 간의 함수이고, 사람과 환경은 둘 다 전체에 영향을 주면서 상호 의존적이다. 이해를 위한 모든 탐색은 전체를 이해하는 것에서 시작하여 구성 요소들을 살펴보는 것으로 이어진다. 상황적 관점에서 볼 때, "시스템이나 현상의 개별 요소들에 대한 연구는 전체 작동에 대한 충분한 지식을 제공하지 못하며, 함께 작동하고 있는 전체 시스템의 역학은 부분들 간의 상호작용과는 다르다"(Schulz, 2013: 30).

Chapter 2

경험에 초점 맞추기

게슈탈트 치료에서의 현상학

55 현상학이란 무엇인가

현상학은 현상을 연구하는 학문이다.

체험적 실습

이제 앞의 문장에 대해 당신이 어떻게 반응하는지 잠시 살펴보세요. 더 구체적인 설명을 기다리고 있나요? 혹은 너무 뻔한 진술에 짜증이 나는지요? 아니면 이 문장을 더 깊은 논의의 시작점이라고 생각하고 있나요? 이 단어들을 읽으면서 신체적인 반응을 알아차릴 수도 있습니다. 그리고 지금은 당신이 할 법한 반응이라고 언급한 것들이 당신의 반응을 형성하고 있을 수도 있습니다!

이 포인트의 첫 문장에 대한 당신의 반응은 그 순간의 당신의 현상학이다. 당신의 반응이 무엇이든(인지적 반응만을 의미하는 것이 아니다) 그것은 일시적이며, 내가 그 반응을 고려해 보라고 권유하는 동안 어떤 형태로든 이미 변화하였을 것이다. 현상학적 관점에서 이 간단한 예는 당신이 이 페이지에 있는 단어들에 어떻게 다가가는지, 그리고 이 단어들이 당신에게 어떻게 다가가는지에 관한 것이다. 이는 당신의 과거 경험에서 영향을 받아 형성되며, 당신과 당신의 세계가 서로 대화하는 방식과 관련이 있다. 예를 들어, 당신이 학문적으로 뛰어나지 않거나 자신의 지적 능력에 대한 내사된 신념을 가지고 있다면, '**현상학**'이라는 단어 자체가 자기비판적인 반응이나 뒤로 물러나고 싶은 욕구를 유발할 수 있다. 나는 지금 현상학을 논하면서 인위적인 분리를 하는 셈인데, 게슈탈트 치료사로서 현상학을 우리의 환경(장 이론) 또는 우리가 속한 세계의 사람 및 사물과의 대화와 별개로 이해할 수는 없다고 생각한다. 그러나 경험을 통합하는 과정에서 우리가 자연스럽게 하는 일을 이해하기 위해서는 현상학을 독립적인 철학으로 이해할 필요가 있다. 프리츠 펄스가 말한 것처럼 통합하기 위해 분리하는 것이다(McKewn & Clarkson, 2012).

여러 면에서 현상학이 무엇인지를 설명하는 것보다 무엇이 현상학이 아닌지를 설명하는 것이 더 쉽다. 일상생활에서 우리는 세상을 당연하게 받아들이며 접하고, 그 과정에서 자연스럽게 판단과 가정, 개념이 스며들어 우리의 경험을 형성하며, 이를 우리는 '현실'이라 부른다. 이렇게 상호주관적으로 형성된 경험들은 일상을 살아가면서 의심 없이 받아들여진다. 우리 주변의 사물과 사람들은 그저 존재할 뿐이며, 우리는 그들의 존재 또는 그들이 존재하는 방식에 의문을 제기하지 않는다. 예를 들어, 내가 아침에 문을 나서며 아내에게 인사를 할 때 아내는 그저 카린(Karin)이고 문은 익숙한 문일 뿐이다. 내가 내 자동차라고 알고 있는 그것을 향해 가는 동안에도 세상에 대한 평범한 감각은 계속된다. 세상에 대한 경험을 해체하고 검토하지 않는 것은 현상학에서 일반적인 것으로 간주되며, 이러한 일상적인 의미 형성 과정을 '**자연적인 태도**'라고 한다. 현상학에서는 우리가 경험되는 것과 경험되지 않는 것 둘 다를 고려해야 하는데, 이 두 가지가 밀접하게 연결되어 있기 때문이다(Roberts, 1999).

현상학의 어원은 '나타나는 것'과 '연구하다'라는 의미를 가진 그리스어에서 유래한다. 이는 우리가 세상에 대한 경험을 어떻게 구성하는지에 관심을 가지는 폭넓은 철학으로, 순수 의식 학문으로 설명되어 왔다(Husserl, 1931). 현상학에서는 주관적 경험의 기초를 탐구하며, 이 기초 위에 지각의 탑과 이른바 객관성이 구축된다. 세상이 우리에게 펼쳐지고 나타나는 방식은 현상학의 영역이다. 현상학은 우리가 서 있는 기반에 대한 연구이다. 그리고 그 기반이 어떻게 우리가 인식하는 전경, 몸, 문화, 세상에서 존재하는 방식을 형성하는지를 탐구하는 학문이다.

'현상학'이라는 용어는 18세기부터 존재했고, 헤겔(Hegel)과 칸트(Kant)와 같은 철학자들에 의해 사용되었지만, 오늘날 현상학의 아버지로 알려져 있는 사람은 에드문트 후설(Edmund Husserl, 1859~1938)이다. 후설의 사상은 마틴 하이데거(Martin Heidegger, 1889~1976), 장 폴 사르트르(Jean-Paul Satre, 1905~1980), 모리스 메를로-퐁티(Maurice Merleau-Ponty. 1908~1961), 엠마누엘 레비나스(Emmanuel Levinas, 1905~1995), 한스 게오르그 가다머(Hans-Georg Gadamer, 1900~2002)와 같은 영향력 있는 철학자들에 의해서 발전되고, 재구성되고, 반론 및 수정되어 왔다. 앞으로 이어지는 내용에서 나는 게슈탈트 치료에 통합된 가장 중요한 세 명의 현상학자, 즉 후설, 초기 하이데거, 메를로-퐁티에 초점을 맞출 것이다.

56 현상학적 탐색

다른 사람의 주관적 경험을 어떻게 탐색할까? 현상학적 탐색은 경험을 기술하는 것에 초점을 맞추고 우리가 무엇을 어떻게 인식하는지에 대한 본질을 밝히고자 한다. 현상학적이기 위해서는 평범한 일상에서 당연하게 여기는 사물, 상황, 경험을 탐색할 때 개방적인 태도를 취해야 한다. 현상학에서는 당신이 세계를 어떻게 해석하는지, 세계가 당신에게 어떻게 다가오는지를 탐색한다. 방금 읽은 문장을 소화하기 위해 잠시 시간을 가져 보자. 서구 개인주의 문화에서는 세계와의 모든 대화가 우리 인간으로부터 비롯된다고 가정하고, 심지어 "장이 응답한다."(Robert, 1999)와 같은 게슈탈트의 명제에서조차 암묵적으로 장이 먼저 시작하지 않는다는 것을 암시한다. 그러나 얼굴을 스치는 산들바람에 실려 온 커피 향기는 우리가 세계와의 대화에서 주도권을 쥐고 있지 않다는 것을 보여 준다.

우리는 감각을 통해서 세계를 경험하고, 현재 환경에 대한 인식과 함께 우리 몸을 통해 세계를 경험한다. 우리는 이를 인정하는 동시에, 성인으로서 우리의 주된 문화적 의사소통 방식은 언어이고, 언어는 한계를 지니고 있다는 것도 인정할 필요가 있다.

현상학적 탐색을 할 때 가장 중요한 자질은 호기심이다. 호기심이 지나치면 해로울 수도 있지만, 호기심은 현상학자와 게슈탈트 치료사에게 생기를 부여한다. 현상학적 탐색을 하는 게슈탈트 치료사는 다음과 같은 질문을 할 것이다. 당신은 지금 무엇을 알아차리나요? 그 경험이 당신에게는 어떤가요? 몸에서는 그것을 어떻게 경험하고 있나요? 그런 다음, 감정, 반응, 감각에 대해 더 자세히 기술하도록 추가적인 탐색을 할 것이다.

우리는 질문이 아닌 탐색 방법이 있다는 것을, 즉 심문이 아닌 현상학적 탐색이 있다는 점을 유념해야 한다!

(활기차게 회기에 참여한 후, 미셸은 직장에서의 짜증과 좌절감에 대해 이야기한다. 그녀는 소파에 등을 기대고 앉는다.)

미셸: 휴, 갑자기 피곤하네요.

나 : 피곤해요?

미셸: 네……. 머리가 어지럽고 가슴이 답답해요.. 뭔가 축 처지는 느낌이에요. (미셸의 '축 처지는 느낌'이 가슴에서도 느껴진다고 가정할 수 있다.)

나 : 소파에 기대고 앉는 순간에 변화가 있었던 것 같아요.

미셸: 네, 그냥 배 속이 답답하고 척추가 무너지는 느낌이 들어요. 몸이 무겁게 느껴지고 고개를 들기가 어려워요.

나 : 무너짐과 무거움이군요? (우리 대화에서 나에게 가장 두드러진 전경에 대해 다시 한번 자세히 기술해 달라고 요청한다. 이때 미셸의 신체 반응이 직장에서의 좌절과 짜증에 대한 반응일 것이라는 내 생각에 괄호치기를 한다.)

앞의 대화에서 미셸의 독특한 현상학적 경험에 접근할 수 있는 많은 가능성이 있다. 그녀에게 은유를 사용하도록 요청할 수도 있고, 신체 반응이 어떤지에 대한 감각 느낌을 알기 위해 그녀의 신체 자세를 정중하게 반영할 수도 있을 것이다. 그녀가 경험하는 세계가 '무엇'이고 '어떻게' 경험하는지에 탐색의 초점이 맞추어진다. 또한 대화 속에서 상호작용이 다른 방향으로 전개될 수 있는 많은 선택지가 있다. 예를 들어, '나' 진술을 사용하여 '무거움'과 '축 처짐'에 대해 보다 직접적인 관계를 갖도록 할 수도 있다. 그러나 여기서 나의 중요한 임무는 현상학적 탐색을 보여 주는 것이며, 너무 자주 치료사들은 내담자가 그들의 세계를 어떻게 인식하는지, 그들의 세계가 자신에게 어떤 영향을 미치는지에 대해 충분히 기술하기도 전에 성급하게 다음 단계로 넘어가 버린다. 훈련가와 수련감독자로서의 내 경험상 이러한 탐구가 지나치게 세부적인 것처럼 들릴 수도 있겠지만, 치료사가 다양한 방식으로 정중하게 현상학적 탐색을 하면 대부분의 내담자는 이를 고맙게 여긴다. 자신이 궁극적으로 이해받는다고 느끼기 때문이다. 내가 제안하는 방법은 다음과 같다. 네다섯 살 된 아이가 질문할 법한 것을 상상하고, '왜, 왜, 왜'라는 질문을 '무엇'과 '어떻게'에 초점을 맞춘 탐색으로 대체하는 것이다. 단, 모든 것이 질문 형태가 되지는 않도록 당신의 개입 방식을 다양화하려고 노력하라. 전에 나의 트레이너 중 한 명은 나에게 “바보 같은 질문을 하는 것을 두려워하지 마세요.”라고 하였다. 끄덕임, 신체 움직임, 얼굴 표정과 같은 비언어적 상호작용뿐 아니라 “더 이야기 해 주세요.” “음…….” 또는 내담자 반응에서 두드러진 단어를 반복하는 것과 같은 최소한의 격려는 탐색을 촉진할 수 있다. 치료 회기의 상황에 따라 말없이 탐색하는 실험을 할 수도 있다. 우리는 언어로 의사소통하는 능력을 발달시키기 훨씬 전에 우리의 세계를 경험하기 시작한다. 우리가 탐색하고자 하는 것은 내담자가 어떻게 그들의 세계를 뇌로만이 아니라 몸으로 경험하는가이다.

57 지향성: 나의 세계에 다가가기

현상학에서 지향 행동은 나의 세계와 그 안에 있는 자극에 다가가 그것을 의미 있는 경험으로 전환하는 과정이다. 우리는 모두 서로 연결되어 있지만, 각자의 과거에 의해 채색되고 형성된 자신만의 방식으로 세계를 지각하고 이해한다. 그런 의미에서 우리는 같으면서도 다른 세계를 살고 있다. 세계 내 존재로서 우리는 세계와 우리 자신에 대한 의식적인 경험을 공유하며, 이 경험을 통해 '나'와 '나 아닌 것'을 구별한다(Spinelli, 2005). 지향성은 방향성을 의미하며, 상황에서의 전경-배경 관계 속에서 끊임없이 형성되고 재건되며 무언가를 향한 흥분으로 나타난다. "인간은 항상 무언가를 **향한다**. 예를 들어, 그 자체로는 실체도 없고 '객관적' 의미도 없는 대상이, 그것을 향하는 지향성 덕분에 실체와 의미를 획득한다"(Robine, 2011: 140).

현상학자 에드문트 후설(1931)에 따르면, 지향 행동은 두 가지 초점을 가지고 있다. 즉, **무엇이** 경험되는가와 **어떻게** 경험되는가의 두 가지 경험 모드이다. 전자는 경험의 내용으로 구성되고, 후자는 어떻게 나의 과거 역사가 경험 과정에 영향을 미치는지를 말한다. 예를 들어, 나는 창밖을 내다보며 거리에 주차된 짙은 파란색 자동차에 초점을 맞춘다. 나는 의자에서 약간 몸을 빼는 듯한 신체 감각을 경험하고 눈살을 찌푸린다. 전에 아내가 운전하였던 차와 비슷한 색이며 깨끗이 세차하기가 매우 어려웠다는 기억이 떠오르자 이 평범한 차에 대한 나의 경험에 의미가 더해진다. 그 차의 주인이 정성껏 세차를 하고 있는 것을 보면서 나는 짙은 파란색 자동차에 대한 반감과 접촉하고 있다. 차 주인과 나는 둘 다 세계 내 대상에게 다가가고 있고 그것을 자동차라고 해석하긴 했지만, 각자 이 대상에 다른 의미를 부여하고 있다. 현상학에서 지향성이라는 개념은 모든 행동에는 명확한 참조점, 즉 뚜렷한 전경이 있다는 것을 의미한다. 나의 예시에서 처음에는 자동차가 전경일 수 있고, 이후에는 자동차 주인과 나 사이의 명백한 태도 차이로 전경이 변화했을 수 있다.

프란츠 브렌타노(Franz Brentano, 1838-1917)는 지향성을 정신적인 현상의 관점에서 연구하였고, 이는 후설에게 큰 영향을 미쳤다. "모든 정신 현상은 그 안에 대상을 포함한다. …… 판단에는 긍정적이거나 거부되는 무엇이 있고, 사랑에는 사랑받는 무엇이 있고, 미움에는 미움받는 무엇이 있고, 욕망에는 욕망되는 무엇이 있다"(Brentano, 1995: 89).[34] 그러나 나는 지향성을 정신 현상으로만 보지 않는데, 사랑, 미움, 욕망이 생각 이전에 몸에서 느껴진다고 보는 게슈탈트 치료사가 나만은 아니다. 메를로-퐁티 역시 지향성을 단지 정신 과정으로만 보지 않았고, 감각과 감정을 "세계를 이해하려는 우리의 탐구 속에서 분해되는 지향적 조직(tissue)"(1962: 53)으로 생각하였다. 그는 지향 행동을 창발하는 것으로 보았다. 개인이 자신의 세계에 다가가는 과정에서 흐릿한 전경이 형성되기 시작하는데 이는 이드 기능으로부터의 전환을 시사한다. 지각은 능동적 행위이며, 세계를 이해하기 위해 세계에 다가가는 과정에는 해석이 포함된다. 해석이 없다면 세계는 단지 혼란스러운 거대한 배경 현상일 뿐이다. 우리는 경험적 세계를 지각하고 구성하면서 무엇이 전경인지 결정한다. 우리가 세계를 향해 손을 뻗을 때 세계는 우리에게 자신을 드러내는데, 물 컵은 마시기를 초대하고 석양은 응시를 초대하며 눈물을 흘리는 내담자는 위로나 짜증을 일으킨다. 또는 나의 이전 예시로 돌아가 보면, 파란색 차는 어떤 반응으로 나를 초대한다. 그리고 이 반응은 생각을 넘어 체감되며 처음에는 본능적이고 감각적인 수준에서 경험된다. 후설에게 지향성이란 우리의 모든 생각, 감정, 행동이 항상 세계 내의 어떤 것과 관련되어 있다는 의미이다. 모든 의식적 알아차림은 지향적 알아차림이며, 모든 의식은 무언가에 대한 의식이다.

현상학에서 지향성이라는 용어는 일상적 의미에서의 의도(intent)와는 아무 상관이 없기 때문에 혼동을 줄 수 있다. '나는 이 차를 마시려는 지향성을 가지고 있어.'라고 하는 것은 말이 안 된다. 지향성은 의식적인 행동(의도와 같은)과 관련이

34 역자 주: 브렌타노의 인용문은 우리가 경험하는 모든 정신활동이 어떤 형태로든 '대상 지향적'이라는 철학적 관점을 제공한다.

없으며, 의식을 향한 움직임이다.[35] 지향성은 상황의 이드 기능인 반면, 의도는 '나는 이 차를 마시려는 의도를 가지고 있어.'에서와 같이 에고 기능이다.

경험의 '무엇'과 '어떻게'라는 두 가지 초점을 가진 지향 행동의 본질을 감안하면, 게슈탈트에서 내담자의 즉시적인 경험을 기술할 때 '왜'보다 '무엇'과 '어떻게'에 집중하는 것은 우연이 아니다(Levitsky & Perls, 1970). 유동적인 존재로서 우리의 지향 행동은 무언가를 향한 흥분으로 드러나며, 상황과 함께 전경-배경의 관계성 속에서 끊임없이 형성되고 재건된다.

35 예외적으로 사르트르는 의식(consciousness)과 지향성(intentionality)을 구별할 수 없다고 보았다.

58 선험적 현상학과 후설

아내와 나는 방을 꾸미고 막 벽에 페인트칠을 끝낸 후, 우리의 작품을 감상하기 위해 뒤로 물러섰다. 아내가 "사랑스럽고 은은한 푸른 빛이 도는 것 같아."라고 말했고, 나는 "그건 푸른색이 아니고 초록색이야."라고 대답했다. 우리는 이웃을 초대하여 의견을 물었는데, 그녀는 "나는 저 보라색 톤이 마음에 들어요."라고 말하였다. 누구도 틀리지 않았고, 방 안에는 세 개의 주관적 진실이 있었다.

에드문트 후설은 수학자로 출발하였다가 이후 철학으로 전향하였다. 그는 인간이 어떻게 의미를 형성하는지에 관심이 있었고, 지금-여기에서의 경험, 사물이 의식에 나타나는 방식, 우리에게 제공되는 다양한 정보와 지각으로부터 우리가 만들어 내는 패턴을 연구하였다. 그 과정에서 후설은 의식 과정에 초점을 맞추었지만, 실존적 현상학에서 채택했던 관계적 입장보다는 생물학적 입장을 취하였다.

후설은 자신의 철학을 선험적 현상학이라고 명명하였는데, 그 이유는 다음 포인트에서 설명할 **현상학적 환원**의 3단계 과정을 통해 기존에 가정된 지식을 초월할 수 있다고 생각했기 때문이다. 후설은 현상학적 환원의 과정을 자신의 철학의 핵심이라고 보았다. 그는 기존의 지식을 초월하면, 감각을 통해 세상을 객관적으로 바라볼 수 있는 위치에 있게 된다고 생각하였다. 이는 감각 자료를 해석하는 것이 아니라, 그가 **원초적 경험**(original experience)이라고 설명하였던 것을 통해 지식을 획득할 수 있다는 것을 의미한다. 후설은 지식이 경이로움(wonder)에서 시작된다고 생각하였다. 이는 무언가를 처음 경험하는 아이들의 눈에 나타나는 그런 종류의 경이로움을 말한다. 호기심은 사건에 대한 경이로움의 경험에서 생겨나며, 이는 이전 경험에 오염되지 않은 설명을 찾도록 이끈다. 폴스터 부부는 집중, 매력, 호기심을 '주의 3요소(attention triad)'라고 칭했는데, 이 개념은 후설의 생각을 바탕으로 발전시킨 것이다(Polster & Polster, 1999).

후설은 모든 지식은 경험에 기반해야 한다고 생각하였다. 그는 선험적 현상학을 엄밀한 과학이라고 하였는데, 지식이 어떻게 형성되는지 탐구하고 모든 인간 이해의 기반이 되는 전제를 명확히 하기 때문이다. 후설은 의미를 형성하기 위해서 경험을 반복적으로 참조해야 한다고 생각하였다.

현상학은 세계에 대한 인식과 해석이 각 개인에게 완전히 고유하다고 본다는 점에서 장 이론과 통합된다. 그러나 후설의 선험적 현상학은 관찰자와 관찰 대상을 분리함으로써 우리가 세계로부터 떨어져 있을 수 있다고 본다는 점에서 장 이론 관점과는 다르다. 후설 이론의 이 부분은 게슈탈트와 양립할 수 없다. 우리는 괄호치기(bracketing)를 통해 객관적 진실에 이를 수 있다고 생각하지 않고, 모든 현실과 경험은 공동 구성된다고 본다. 내담자가 치료사와 만날 때, 치료사는 내담자 장의 분리할 수 없는 한 부분이 되고 내담자도 치료사에게 마찬가지이다. 후설의 선험적 현상학은 본질적으로 불가능한 중립적인 입장에서 인간을 바라보고 이해하는 것에 초점을 두었다. 그는 이를 통해 인간의 본질을 포착하고자 하였고, 우리가 우리의 배경과 현상적 세계에 대한 인식을 유보할 수 있다고 주장하였다(van de Riet, 2001). 대부분의 게슈탈트 치료사들은 우리의 경험적 배경이 미치는 영향을 제한할 수 있고 우리의 배경이 과도하게 내담자와의 만남을 채색하지 않도록 하면서 내담자를 수용할 수 있다고 생각한다. 그러나 나는 세상에 대해 축적되어 있는 우리의 인식을 완전히 중단하는 것은 불가능하다고 믿는다. 최근의 신경학적 연구도 이를 뒷받침한다. 그러나 우리는 후설의 작업을 당시의 시대적 맥락에서 볼 필요가 있다. "후설의 현상학은 게슈탈트 치료의 급진적인 장 이론의 토대이다"(McConville, 2001: 200).

후설이 게슈탈트 치료에 남긴 유산 중 하나는 적절하고 의미 있는 모든 것은 지금-여기에서 비롯된다는 것이다. 그것은 우리가 상호작용하는 순간 내 주위에 형성되고 있는 경험적 장에 존재한다(ibid.). 선험적 현상학의 어떤 측면은 게슈탈트 철학과 잘 맞지 않을 수 있지만, 괄호치기, 기술하기, 수평화에 대한 후설의 업적은 내담자의 현실을 가능한 한 있는 그대로 이해하고 존중하는 방법을 게슈탈트에 선물로 주었다. 다음 장에 더 자세한 내용이 있다.

59 현상학적 환원의 방법론

내담자의 세계에 대한 경험에 열려 있기 위해서는, 우리가 세계에 대해 가지고 있는 선입견을 최대한 유보하는 것부터 시작해야 한다. 우리는 모두 세상을 해석하며, 이러한 해석이 미치는 영향을 줄이기 위해 후설은 세 단계로 이루어진 방법을 고안하였다. 이 방법의 핵심은 우리가 세상을 인식하는 태도의 변화이다. 그는 다음에 기술된 세 단계, 즉 현상학적 방법이라고도 알려져 있는 현상학적 환원 과정을 따른다면 순수한 경험(virgin experience)을 만날 수 있을 것이라고 믿었다. 후설은 이 방법을 따르지 않고 얻은 어떤 기술도 현상학적 기술(description)로 간주하지 않았다.

괄호치기

사물이 어떠한지 또는 어떠해야 하는지에 대한 모든 전제와 기대를 괄호치기(bracketing; epoche로도 알려져 있음) 과정을 통해 옆으로 제쳐 놓는다. 시작점은 우리가 이전에 당연하다고 여겼던 것에 의문을 제기하는 것이다. 이것은 문자 그대로 세상에 대한 우리의 경험을 괄호 안에 넣어서 내담자들의 경험에 새롭게 반응할 수 있도록 하는 것과 같다. 이렇게 할 수 있다면 내담자와 만나는 경험에 대한 치료사의 반응은 과거 경험에 의해 채색되지 않는다. 치료사는 가능한 한 자유롭게 내담자의 경험을 만날 수 있으며, 치료사의 반응과 인상은 세계에 대한 치료사의 인식이 아니라 내담자 경험에 대한 반응이 될 것이다. 우리는 자신의 사전 구성된 자료들로부터 완전히 자유로울 수는 없지만, 괄호치기 과정을 통해 내담자의 자료들을 인식하는 방식에 영향을 주는 요소들에 주의를 기울일 수 있다. 그 결과 우리의 인식이 내담자의 경험을 오염시키지 않을 수 있다. 성공적인 괄호치기는 내담자가 자신의 세계를 인식하는 방식에 대해 개방적인 치료적 태도를 취할 수 있도록 해 준다.

기술

현상학적 방법은 설명보다는 기술을 강조한다(Spinelli, 2005). 치료사의 반응도 기술적이어야 하며 우리가 지각하는 것에 초점을 맞추어야 한다. 누군가 팔짱을 꽉 끼고 있다면 그 행동을 '방어적' 또는 '폐쇄적'으로 해석하기보다는 있는 그대로 관찰하고 기술한다. 마찬가지로, '당신은 피곤해 보이네요.'와 같은 말은 현상학적이지 않다. 행동이나 외모에 대해 당신이 가정하는 것을 말하기보다는 당신이 보는 것을 말하라. 이러한 현재 중심적이고 기술적인 관계 맺기는 대부분의 서구 문화에서는 낯설고 도전적일 수 있다. 우리는 종종 충분히 기술하고 머무르기보다는 '왜'라는 방향으로 나아가려고 하기 때문이다. 또한 사람들은 몸, 움직이는 방식, 목소리의 억양, 모든 접촉 기능을 사용하는 방식을 통해서 자신의 경험을 '기술한다'는 점에 주목하라.

수평화 또는 평등화

기존 가정들에 괄호치기를 하고 즉각적인 기술에 머무르면서, 이제 우리가 보고 듣는 모든 것이 동등한 중요성을 갖는다는 입장을 취한다. 이는 불편한 몸짓, 먼 곳을 응시하는 것, 물 컵을 향해 손을 뻗는 행동을 트라우마에 대해 이야기하는 것보다 더 중요하거나 덜 중요하게 여기지 않는다는 것을 의미한다. 치료사는 내담자가 펼치는 이야기에 개방적인 태도를 유지하며, 다음 부분을 미리 가정하지 않는다. 심지어 내담자 그림의 다음 부분에 무엇이 있을지 상상이 되더라도 말이다. 이것은 마치 한 조각씩 퍼즐을 맞추어 가는 것과 같다.

체험적 실습

사진이나 그림을 하나 선택하여 몇 분간 주의 깊게 관찰하세요. 이제 사진을 바닥에 뒤집어 놓고 방금 관찰한 내용을 괄호치기합니다. 사진을 다시 집어서 코끝에 닿도록 당겨 보세요. 당신은 아마 사진에 초점을 맞추기가 어려울 것입니다. 아주 천천히 사진을 코에서 점점 멀어지게 하면서 사진이 점차 선명하게 드러나도록 해 보세요. 이 과정 전반에 걸쳐 다음에 어떤 것이 보일지 당신이 미리 예상하고 있는지 주의 깊게 살펴보세요.

대부분의 게슈탈트 치료사는 우리가 결코 전제로부터 완전히 자유로울 수 없고, 게슈탈트 치료는 선험적 현상학에 기반한 것이 아니라는 욘테프(1999)의 의견에 동의할 것이다. 그러나 우리는 가능한 한 순수한 태도를 유지함으로써 내담자의 현상학적 경험을 최대한 온전히 받아들일 수 있게 된다. 세상에 대한 모든 가정을 초월할 수 있다고 믿는 대신 말이다. 메를로-퐁티가 아름답게 표현했듯이, "세계와 연결된 우리의 실을 느슨하게"(1962: xiii) 하는 것이다.

60 실존적 현상학

실존적 현상학은 현상학의 두 번째 주요 분파로, 보통 실존주의로 알려져 있다. 서구 철학에서는 종종 '본질(essence)'에 중점을 두는데, 이는 사물이나 존재들이 가지고 있는 변하지 않는 특성을 의미한다. 실존주의는 이러한 접근 방식에 대한 반작용으로 등장하였다. 후설의 조교였던 마틴 하이데거(Martin Heidegger, 1889~1976)는 후설의 현상학 이론을 발전시키고 대대적으로 수정하였다. 저서인 『존재와 시간(Being and Time)』에 나타난 그의 생각은 펄스가 지금-여기 작업을 발전시키는 데 영향을 주었다. 후설이 인간의 의식 상태에 초점을 맞춘 반면, 하이데거는 실존(existence)에 주목하였으며 실존은 단순히 의식으로 환원될 수 없다고 생각하였다. 이 부분은 **실존은 본질에 앞선다**는 사르트르의 견해와 일치한다. 실존주의적 관점에서 볼 때, '나는 생각한다. 고로 존재한다.'라는 데카르트의 주장은 순서가 잘못되어 있다고 말할 수 있다. 나는 존재한다, 고로 생각한다. 메를로-퐁티는 실존적 현상학을 '미리 주어진 가능성을 가정하는 대신, 존재가 의식에 **드러나는** 과정을 연구하는 학문'(1962: 61)이라고 간결하게 설명하였다.

실존적 현상학은 인간 실존을 세상과 분리될 수 없는 것으로 본다. 그 결과, 하이데거와 후속 현상학자들은 우리의 실존은 괄호치기하여 분리될 수 없다고 생각하였다. 실존적 현상학 또는 실존주의에 대한 글을 읽는 사람은 누구나 **현존재**(Dasein)라는 독일어를 접하게 될 것이다. 하이데거는 "인간은 현존재이다."(Spinell, 2005: 108)라고 하였으며, 현존재란 '세계 내 존재(being-in-the-world)'를 의미한다. 이때 하이픈은 우리 존재와 세계와의 연결성을 나타낸다. 인식과 실존을 상호주관적이라고 본다는 점에서 게슈탈트와의 적합성이 다시 한 번 분명하게 드러난다. 우리는 결국 죽음에 이르는 불확실한 존재로 세상에 **던져진다**. 하이데거는 이러한 실존적 조건이 불러일으키는 압도적인 불안과 두려움을 다루기 위해 우리가 **가짜로** 살아감으로써 진실을 방어하기로 선택한다고 보았다. 이러한 방식으로 삶을 살면, 우리의 활력과 개성이 규칙에 구속되어 무감각함에 이르게 된다. 반면, 우리가 진실하게 살아간다면 삶에 대한 책임감과 주인 의식을 인정하게 된다. 실존주의가 선택의 자유를 증가시키는 것과 같이, 게슈탈트 치료는 알아차림을 증진시켜서 내담자가 진실하게 살 것인지 가짜로 살 것인지를 선택할 수 있게 한다. 이 말은 우리에게 일어나는 사건을 항상 선택할 수 있다는 뜻이 아니라, 사건에 대한 우리의 반응과 사건에 부여하는 의미를 선택할 수 있다는 것이다. 이러한 선택의 일상적인 예는 주어진 상황에서 물 컵의 물이 반이 남았다고 보느냐, 반이 비었다고 보는냐 하는 선택이다.

선택의 자유를 갖는다는 것은 진정성 있게(authentically) 살아가는 것을 의미하며, 이는 곧 문제를 수반한다. 왜냐하면 우리는 어떤 결과나 신념, 예를 들어 삶에 의미가 있다는 믿음조차도 미리 가정할 수 없기 때문이다. 의미는 우리가 스스로 구성하는 것이다. 우리가 성경, 코란, 철학, 페이스북 등 어디에서 의미를 찾든, 실존주의는 궁극적으로 우리 존재는 무의미하다는 입장이다. 진정한 삶을 살며 존재하기 위해서는, 존재의 불확실성을 수용해야 하고 우리가 알고 있는 것을 인정하며 그에 따라 살아야 한다. 여기서 안다는 것은 단지 인지적 지식이 아니라 상황 속의 체화된 알아차림을 말한다. 케네디(1994)는 철학자 니콜라이 베르다예프(Nicholas Berdyaev)의 일화를 소개하며 이를 설명한다. 니콜라이 베르다예프는 내면의 진리를 배신하지 않기 위해, 자신이 믿지 않는 것을 가르치기를 거부하고 모스크바 대학교의 강사직을 그만두었다. 그는 진정한 삶을 살기 위해 저항하였고, 그 결과 매일 13시간 동안 러시아의 얼어붙은 선로에서 고된 노동을 해야 하였지만, 자신의 믿음을 따랐다.

실존적 현상학은 세계 내 존재에 관한 현상학이다. 게슈탈트 치료사가 관심을 갖는 것은 내담자가 세상과 관계를 맺는 과정이다. 실존적 현상학은 세계와 나의 대화, 나와 세계와의 대화를 탐구하는 도구이다. 실존적 관점에서 우리 각자가 경험과 사물에 부여하는 의미는 근본적으로 개인적인 것이며, 우리는 궁극적으로 혼자이다. 누구도 우리 각자의 상황에서 경험하는 것을 경험할 수 없다. 존재하기 위해서는 타인이 필요하긴 하지만, 이런 의미에서 나는 고립되어 존재한다. 하이데거는 우리가 유한한 존재이며 유일하게 확실한 것은 죽음뿐이라는 것을 인식할 때, 무의미함에 대한 지각이 무(nothingness)로 이어진다고 주장한다. 우리가 선택의 자유, 책임, 존재의 무의미성, 궁극적 고립을 수용하면 이러한 불확실성과 함께 실존적 불안이 따라온다. 진짜로 산다는 것은 이러한 실존적 이슈들에 직면한다는 의미이다.

나는 우리의 실존을 암울하게 그리고 있다. 솔직히 말해서 실존적 현상학과 세계 내 존재에 대한 짧은 설명을 듣다 보면, 차라리 내 삶을 진정하지 않게 살고 싶다는 생각이 든다! 그러나 역설적이게도 우리의 분리됨 속에서도 연결성이 존재한다. 우리는 모두 같은 배를 타고 있으며, 비록 각자가 그 배를 다르게 경험할지라도, 대화를 통해 타인의 인식과 그들의 세계 내 존재를 어느 정도 경험할 수 있다. 하이데거(1962)나 메를로-퐁티(1962)와 같은 실존적 현상학자들은 우리가 실존적인 투쟁에서 혼자라는 인상을 강하게 주지만, 다른 이들, 특히 부버(Buber, 1958)와 같은 사람들은 연결성과 연결 가능성에 초점을 맞춘다. 우리 각자의 현실과 인식은 세계와의 상호주관적 춤에서 공동 창조되며, 현실에 대한 그 누구의 관점도 다른 사람의 관점보다 더 현실적이라고 할 수 없다. 따라서 게슈탈트 치료에서는 치료사의 현실이 내담자의 현실보다 더 타당하지도 덜 타당하지도 않다.

61 상호주관성

세상은 다양한 주관적인 자기로 이루어져 있고, 각자 자신의 역사를 기반으로 자신의 경험을 이해한다. 이는 개인들이 서로 단절된 원자화된 존재로서 지구상을 걷고 있다는 인상을 줄 수 있다. 그러나 타인의 슬픔에 눈물을 흘린 적이 있거나, 불의에 분노한 적이 있거나, 또는 타인의 흥분에 같이 가슴이 뛰었던 적이 있는 사람이라면 실상은 그렇지 않다는 것을 체감할 것이다. 마찬가지로, 무관심, 둔감화, 철수도 상호주관적으로 형성된다. 우리는 각자의 경험적 장과 대화하면서 관계 속에서 자신이 누구인지를 발견한다. "인간은 너(you)를 통해 내(I)가 된다."(Buber, 1958: 80)라고 말한 것처럼, 타인은 항상 자기 안에 포함되어 있다. 상호주관성은 주체들 **사이**의 관계 및 관계의 집합을 의미하며, 이는 서로를 주체로서 상호 인식하는 관계를 말한다(Zahavi, 2004).

게슈탈트 치료에서 현상학을 말할 때, 내담자와 치료사 **사이**에 무엇이 일어나는지에 대해 충분히 고려하지 않고 내담자에게만 초점을 맞추어 그들의 알아차림 연속을 관찰하고 작업할 위험이 있다. 우리가 내담자를 돕는 과정에서, 그 만남에서 발생하는 우리의 주관적 반응은 정보를 제공해 준다. 물론 우리가 자신의 사전 형성된 경험에 반응하고 있는 것이 아님을 반드시 확인해야 한다. 이것이 우리 자신의 개인 치료와 정기적인 슈퍼비전이 필요한 이유이다. 게슈탈트 치료에서 "임상적 현상학은 두 사람의 작업이다"(Yontef, 2002: 19). 이것은 관계의 장에서 이루어지며 우리는 대화를 통해 관계의 현상학 및 타인이 세계와 맺는 관계를 탐색한다. "우리는 주관적이어야 한다. 왜냐하면 주관성은 상황 안에 있기 때문이다"(Merleau-Ponty, 2010: 6). 나는 우리의 만남에 대한 나의 경험이 있고, 당신은 당신의 경험이 있다. 나는 당신과 함께 우리가 어떤 의미를 창조하는지, 그리고 그것이 어떻게 창조되는지를 탐구한다.

게슈탈트 치료사는 현재 내담자와 치료사 사이에 나타나는 상호주관적 관계 패턴에 관심이 있고 이 패턴의 미세한 부분에 주의를 기울이면서 어떻게 이러한 패턴이 내담자의 더 큰 관계적 장에서 반복되는지를 본다. 과정으로서의 자기에 대한 게슈탈트 관점은 본질적으로 인간을 상호주관적인 존재로 규정한다. 따라서 자기는 삶의 예술가로 간주되며(PHG, 1951) 접촉 경계에서 패턴이 그려진다. 차이와 자주 마주할수록 우리가 상호주관적인 관계의 장에서 살아 숨쉬고 있다는 사실이 더 분명해진다. 나와 완전히 다른 문화권에서 온 사람을 만나면, 나의 세계관이 더욱 선명하게 드러나며 우리가 그 만남에서 서로의 세계를 어떻게 해석하는지 더욱 명확하게 인식하게 된다.

내담자와 치료사라고 부르는 두 사람 간의 만남에서, 서로 다른 역사를 가진 두 존재는 각자의 세계를 이해하는 서로 다른 방식으로 접촉한다. 이 만남에서 관계의 장 안에 시스템이 형성되고, 이 시스템 내에는 부분들의 합 이상의 더 많은 복잡성과 정보가 존재한다. 이 만남은 "어느 한 사람의 개별 의식으로 환원될 수 없는 상호주관적인 공명을 포함하는" 살아 있는 생생한 경험이다(Neimeyer, 2005: 81). 다른 말로 표현하자면, 두 개의 현실이 결합하여 제3의 더 큰 현실을 창조하는 것이다. 상호주관성은 우리를 두 개의 개별적 알아차림과 접촉 패턴의 관점에서 벗어나 "서로 다른 주관적 경험의 영역이 상호 침투하는 관점"으로 이동시킨다(Midgely, 2006: 104). 게슈탈트 관점에서 주관성 사이의 지속적인 변화는 불가피하다. 현실, 의미 형성, 경험은 접촉 경계의 배후가 아니라 접촉 경계 사이에서 공동 창조되기 때문이다.

PHG는 우리가 새로움을 접할 때, 예를 들어 내가 당신을 만나고 당신이 나를 만날 때, 이 새로움은 동화될 필요가 있다고 말한다. 이 동화 과정은 "유기체와 환경의 창조적 적응"(PHG, 1951: 230)으로 이어진다. 당신과 내가 만날 때 우리는 둘 다 그 만남 안에서 변화되는데, 우리가 어떻게 변하는지는 만남의 순간 두 주체(혹은 그 이상) 사이의 장 조건에 의해 결정된다. 현실적으로 말하자면 지금-여기서 당신은 이 책을 읽고 있고, 나는 게슈탈트 치료에 대한 나의 해석을 제공하고 있으며, 우리 사이에 대화가 이루어지고 있다. 당신은 내 의견에 동의하거나, 동의하지 않거나, 내사하거나, 무관심하거나, 자극을 받을 수도 있다. 당신의 반응이 무엇이든 당신의 접촉 경계는 최소한의 정도라도 더 단단해지거나 부드러워질 것이며, 변화는 만남의 필연적인 결과이다.

젠들린(Gendlin, 1962)이 스테임러(Staemmler, 2010)에서 인용한 바에 따르면, 상호주관성은 주체들 사이의 상호 알아차림 과정이다. 당신과 나 사이에서 내가 말하고 당신이 듣고, 당신이 말하고 내가 듣는 매 순간 나의 경험은 영향을 받는다. 우리가 상호작용하는 동안 당신이 하는 모든 말과 움직임, 미묘한 표정 하나하나, 당신이 보이는 모든 태도에 나는 깊이 영향을 받는다. 내가 일방적으로 당신에게 나에 대해서 말한 다음, 우리가 무엇을 하고, 어떻게 변화해야 하는지를 결정하는 것이 아니다. 우리가 대화하고 생각하고 감정을 나누는 동안, 나는 변화하고 있다. 당신의 반응은 매순간 내가 경험하는 변화의 일부이다. 우리 각자의 지평[36]이 만나는 순간, 새로운 의미가 우리 사이에 형성된다.

36 역자 주: 여기서 지평(horizon)은 개인의 경험, 지식, 생각, 감정, 세계를 이해하는 방식 등을 포괄하는 개념이라고 볼 수 있다.

62 '감각 느낌'에 주의 기울이기

게슈탈트 치료는 신체 지향적인 치료이다. 이는 우리가 신체를 마음, 행동, 타인과의 관계, 더 넓은 장과 분리된 개별적인 요소로 다룬다는 의미가 아니다. 우리가 '몸'이나 '신체 작업'이라는 용어를 언급할 때는 인간을 하나의 통합된 전체로 본다는 뜻이다. 마음은 몸 안에 있으며, 몸은 마음 안에 존재하고, 몸은 상황과 연결되어 있다.

게슈탈트 치료사는 내담자 삶의 리듬과 패턴에 대한 알아차림을 증진하고 이를 실험하기 위해 지금-여기에서 내담자의 **실제적인 삶**과 접촉하고자 한다(PHG, 1951). 이러한 접촉과 철수의 패턴은 내담자의 신체 움직임으로 미묘하고도 명백하게 드러나며, 이는 내담자의 감각 느낌(felt sense)을 반영한다. 이때 내담자가 반드시 감각 느낌을 알아차리고 있는 것은 아닐 수도 있다. 손을 내밀거나 뻗는 듯한 몸짓이 나에게 말을 걸 때, 나는 이면에 무엇이 있는지를 찾는 것이 아니라, 현재 나타나는 현상과 함께 작업하면서 의미에 대한 알아차림이 내담자에게 출현할 수 있는 공간을 허용한다. 그 순간 "사물은 온전히 보이는 그대로이며, …… 그 뒤 이면에는 아무 것도 없다"(Sartre, 1948).

몸을 움직이는 것은 환경과 몸에 대한 알아차림을 증진시키는 데 유용하다. 신체적 움직임은 종종 심리적 움직임을 가져오며, 이는 우리 존재의 통합적인 본성을 보여 준다. 움직임이 없을 때는 자신의 몸에 대한 인식, 몸과 접촉하는 대상에 대한 인식이 모호하다(Goldstein, 1939).

우리는 경험에 '대한 이야기'를 통해서가 아니라 실제 경험을 통해 신체 감각을 느낀다. 경험에 '대해 이야기'할 때, 나는 경험으로부터 한 걸음 뒤로 물러서 있는 것이다. 나는 그것을 살고 있는 것이 아니라 그것에 대해 생각하고 있다. '~에 대한 이야기'는 경험이 나에게 미치는 영향을 희석시킨다. 이것은 당신이 상대방에게 안기는 경험에 대해 이야기하는 것과 상대방에게 온전히 안기는 것을 허용하는 것의 차이와 같다. 따라서 게슈탈트 치료에서는 즉각적인 관계 형성을 촉진하고, 접촉 기능에 대한 알아차림을 높이며, 체화된 존재 방식을 모델링함으로써 내담자의 신체 감각 느낌을 증진시키고자 한다. 우리가 습관적으로 경험을 몸에서 분리시킬 때 자신을 축소시킬 뿐 아니라 우리의 환경도 빈곤하게 만든다. 물론 경험과 거리를 두는 것이 일방적으로 부정적인 것은 아니며, 행동은 장 맥락적이다. 외상적 상황을 겪고 있다면 신체 감각 느낌에서 멀어지는 능력이 그 상황에 필요한 것이고, 이는 가치 있는 능력일 수 있다. 그러나 이것은 서구 문화에서 자주 요구되는 방식이기도 한다. 결과적으로, 나는 탈체화(disembodiment)-체화(embodiment) 알아차림 연속선상에서 대부분의 사람에게 필요한 것은 신체 감각 느낌에 대한 알아차림을 증진함으로써 체화 쪽으로 이동하는 것이라고 생각한다.

속도는 신체 알아차림을 감소시킬 수 있다. 젠들린(2008)은 게슈탈트 치료사들과의 대화에서 신체와 접촉한다는 것이 무엇을 의미하는지 보다 정확히 이해할 필요가 있음을 보여 주는 예를 제시하였다. 한 여성에게 몸에서 무엇을 느끼는지를 질문하자, 그녀는 "나는 여기가 긴장되고, 여기는 편안해요. 그리고 여기는 긴장돼요."라고 답하였다. 이는 자기 몸과의 깊은 연결을 허용하지 않는 편향적 반응이다. 게슈탈트 치료 방법론과 유사한 방식으로, 젠들린은 어떻게 내담자들의 감각 느낌과 접촉하면서 작업하는지 설명하였다. 그의 접근 방식은 "**주의를 신체 깊숙이 내려보내고, 거기에서 몇 초 또는 1분 정도 기다리면 하나의 '감각 느낌'이 형성되고 떠오른다.**"(Gendlin, 2008: 32)라는 것인데, 그가 제시한 것보다 더 오랜 시간을 허용하는 것이 필요할 수도 있다. 그는 계속해서 게슈탈트 철학에 완벽히 부합하는 상황적 및 장 이론적 관점을 제시하였다. 즉, "**감각 느낌이란 삶의 어떤 측면에 대한 뚜렷한 신체적 감각이며, 그것의 전체적인 복잡성과 그것을 형성해 온 모든 요소가 하나의 신체적 감각으로 통합된 것이다.**"(ibid.)

체험적 실습

당신이 체중을 어떻게 분산시키는지에 주의를 기울이면서 방 안을 천천히 걸어 보세요. 몸의 어떤 부위가 긴장하나요? 어떤 부위를 덜 알아차리나요? 발과 종아리부터 이마에 이르기까지 근육을 천천히 움직여 보세요. 1인칭 시점으로 몸의 다양한 부위에 어떤 감각 느낌이 있는지를 말해 볼 수도 있습니다.[37] 당신의 살아 있는 몸이 어떤 정보를 가지고 있는지 그저 주의 깊게 관찰하세요.

37 역자 주: 몸의 각 부위가 직접 말을 하는 것처럼 그 부위에서 느껴지는 감각을 1인칭 시점으로 표현해 보라는 의미이다.

63 에너지와 생기

아내와 나는 다섯 살 손자와 함께 수달 보호구역을 방문하였다. 그는 항상 수달에 대한 열정을 가지고 있었다. 비가 세차게 쏟아지는 끔찍한 가을날이었지만 손자는 추위와 습기에 아랑곳하지 않고 각종 수달을 바라보며 신나게 뛰어다녔으며 특히 거대한 수달에게 매료되었다. 우리는 그의 열정을 사랑하였지만 그 열정을 따라가기에는 역부족이었다. 우리는 쏟아지는 비와 기온에 많은 신경을 쓰면서 좀 더 천천히 걸었다. 손자는 자신이 원하는 것이 무엇인지 알고 있었고, 최대한 빠르고 힘차게 그것을 향해 움직였다.

우리는 다른 사람의 외면에서 에너지, 흥미, 생기를 볼 수 있다. 눈의 반짝임, 목소리의 질감, 움직임의 특성, 몸을 유지하는 방식은 모두 환경과의 접촉의 질을 반영한다. 우리의 에너지, 흥미, 생기는 새로움을 만날 때 자극되고 증가한다. 에너지가 차오르면 우리는 욕구를 충족시키기 위해 환경과 접촉하고자 더 자유롭게 움직인다. 삶에서 충분한 지지를 받으면 우리는 환경에 건설적으로 공격성을 발휘할 수 있다. 우리의 욕구를 충족시키고 흥미를 따르기 위해 동기화된다. 고정된 게슈탈트를 해체하는 공격적 행동을 통해서 변화가 가능해지고, 일련의 접촉 순서를 따라 미해결 과제를 완수할 수 있다. 만일 지지적인 장 조건이 부재하거나 부재하다고 인식되면, 유동성이 사라진다. 충분한 지지를 받은 사람에게 흥분을 창조하는 에너지는, 지지가 부족한 사람에게는 불안이나 우울을 생성한다. 지지를 잘 받은 사람에게는 그들이 지각하는 상황이 확장되고, 지지가 부족한 사람에게는 수축된다.

충분한 지지가 없으면 작은 도전도 어렵게 느껴질 수 있고 회피할 수 있다. 삶을 흐릿한 회색빛 속에서 살아가기로 선택하면 이는 자신에 대한 믿음을 잃게 만들고, 결국 정체와 모든 생동감의 소멸로 이어진다. 에너지가 없는 것처럼 보이지만, 에너지가 반전되었을 수 있다. 또는 새로운 것을 찾는 대신 현재 상황에 맞지 않더라도 익숙한 것을 유지하도록 접촉을 조절하는 데 에너지가 사용될 수도 있다.

게슈탈트 치료사는 내담자와 작업할 때 내담자의 에너지 흐름에 주의를 기울일 필요가 있다. 우리는 내담자 몸 어디에서 에너지가 나타나거나 차단되는지에 주목하고, 치료사와 내담자 사이에 어느 정도 수준의 에너지와 생기가 공동 창조되는지를 관찰할 수 있다. 에너지가 감소하거나 증가하는 시점, 욕구가 충족되거나 충족되지 않을 때의 에너지 패턴에 주목하면 주의를 기울여야 할 영역에 대한 단서를 얻을 수 있다. 신체 과정(호흡, 근육 긴장, 신체적 지지의 사용)에 초점을 맞추거나 움직임을 안내하는 것과 같이 신체 에너지 장을 탐색하는 구조화된 알아차림 실험은 과정 진단에 유용하며, 이러한 과정 진단은 치료 개입의 기반이 될 수 있다.

스턴(2010)은 생동감을 창조하는 다섯 가지 요소로 움직임, 힘, 시간, 공간, 의도를 제안한다. 공동 창조라는 게슈탈트 개념에 동의한다면, 이 다섯 가지 측면과 관련하여 치료사로서 우리의 강점과 성장의 여지[38]를 고려하는 것이 유용할 것이다. 치료사로서 우리는 자신의 에너지 흐름에 주의를 기울여야 한다. 흥미의 상실을 정보로 간주하고 그것의 의미를 고려하라. 흥미나 활력의 변화를 장의 기능으로 보고 내담자 혹은 슈퍼바이저와 함께 탐색하라. 치료의 생명력을 빼앗는 한 가지 방법은 치료 이론에 대해 독단적이 되는 것이다. 이론을 잘 배우되 그것이 창의성과 생기를 가로막을 때는 과감히 내려놓을 수 있는 지혜를 갖기를 바란다.

38 역자 주: 성장의 여지(growing edges)란 치료사가 발전하고 성장할 수 있는 잠재력이나 가능성을 가리킨다고 볼 수 있다. 자신의 현재 장점을 넘어서서 추가적으로 발전시킬 수 있는 영역, 개인적이거나 전문적인 성장을 위해 노력할 영역을 나타낸다.

64 살아 있는 몸

게슈탈트와 현상학에서는 '**살아 있는 몸**' 또는 '**경험된 몸**'이라는 용어를 사용한다. 처음에는 이상하게 들릴지 모르지만, 이 용어들을 사용하는 이유는 우리가 경험의 몸, 즉 그 안에 역사를 품고 있는 몸, 자신이 속한 관계성의 매트릭스에서 분리될 수 없는 몸, 생리적이면서 동시에 심리적인 몸을 다룬다는 것을 강조하기 위해서이다. 살아 있는 몸은 한 개인의 삶의 서사를 포함하며, 지금-여기의 만남에서 체화된 것이다. "세상은 내가 생각하는 것이 아니라, 내가 살아가며 경험하는 것"(Merleau-Ponty, 1962: xvii)이다.

후설을 포함한 여러 사람이 몸에 대해 논의하였지만, 살아 있는 몸을 현상학에 가지고 온 현상학자는 메를로-퐁티로 여겨지며 그에게 살아 있는 몸은 세상과 끊임없이 대화하는 것이었다. 살아 있는 몸은 체육관에 있는 완벽하거나 불완전한 몸, 포르노그래피 속의 몸, 해부학적 몸이 아니다. 이것은 모두 세상과 분리된 몸의 예들이다. 그러나 살아있는 몸은 상호 의존적 생명 시스템으로서 당신과 당신의 환경이 서로 영향을 주고받으며 형성하는 몸이다. 문화적으로 우리는 "이중적 환경, 즉 감각으로 인식하는 사물의 세계와 우리 내부의 세계에 대해 생각할 수 있다. 우리의 개인적 경험과 우리 몸의 내부. 게슈탈트는 그런 구분을 하지 않는다"(Kennedy, 2013: 71). 메를로-퐁티(1968)는 내부와 외부는 잘못된 이분법이라고 생각하였다. 몸 안에 마음이 있고 마음 안에 몸이 있으며 세계가 내 안에 있고 내가 세계 안에 있는 것처럼, 내부와 외부는 분리할 수 없는 것으로 보았기 때문이다.

살아 있는 몸은 생각이 아니라 세계와의 대화를 통해 경험하는 것이다. 여기서 대화는 언어를 통한 것뿐만이 아니다. 이는 사유 이전 단계에서의 만남이다. 즉, 내가 누군가를 만날 때, 인식 이전에 무엇인가 나에게 일어난다는 것이다. 그 '무엇인가'는 끌리는 느낌, 밀어내는 느낌, 긴장감과 같은 감각일 수 있으며 몸의 반응이 무엇이든 그것은 생각보다 앞선다. 이는 대체로 감각이나 분위기로 폭넓게 설명될 수 있다. 그 후, '이 사람에게 관심이 가.' 또는 '음, 이상하군. 경계해야 할 것 같아.'와 같은 생각이 재빨리 뒤따를 수도 있다. 그 시점에는 이미 즉각적인 경험에 대해 성찰하는 과정으로 이동한 것이다. 비극은 생각이 살아 있는 몸보다 우위라는 문화적인 배경 내사로 인해 우리의 사유 이전 신체 경험이 대상화되고 축소될 수 있다는 것이다. 데카르트의 해부 칼로 우리는 분리되지 않는 것, 분리된 적이 없는 것을 분리시켜 버릴 수 있다. 실제로, 몸과 마음은 통합된 장 안에서 통합된 전체로서 작동한다. 우리가 만들어 낸 것 외에는 어떠한 위계도 없다. 이러한 분리와 합리성과 지성만으로 삶을 살아가는 과정은 초기 교육 시스템에도 나타난다. 아이들은 "인간성의 최상부 4cm 내외에서만 살고, 그 아래 있는 것들과는 연결이 끊어진 상태이다"(Palmer, 1997: 9). 이는 앞으로의 삶을 위한 주사위가 이미 던져진 것과 마찬가지이다. 그러나 우리 게슈탈트 치료사들은 내담자와 우리 자신을 위해서 체화된 치료사로서 작업하는 능력이 필요하다. 스테임러(2012)가 언급한 것처럼, 우리가 체화된 존재로 있으면 효과적으로 균형을 회복하고 그라운딩하기 위한 자기 조절 방법을 알게 된다. 이는 치료사가 외상을 다룰 때 필수적인 능력이다. 이 능력을 가진 치료사와 함께 있는 것 자체가 내담자를 안정시킨다. 내담자는 거울 뉴런 시스템을 통해 자신의 몸에서 치료사의 풍부한 자원을 감지한다. 일상에서 '견고하고' 잘 그라운딩되어 있는 사람과 있을 때와 불안한 사람과 함께 있을 때 어떻게 느끼는지를 비교해 볼 수 있을 것이다.

최근 신경과학의 발견들이 흥미롭긴 하지만, 나는 이러한 발견의 흥분이 게슈탈트와 심리치료에서 뇌, 몸 및 상황을 이분법적으로 이끌 수 있다는 우려를 하게 된다. 우리가 특정한 뉴런의 집합(또는 전체 상황의 어떤 한 요소)에 너무 몰두하면, 경험과 의미가 세계와의 관계 속에서 어떻게 드러나는지 그 본질을 놓칠 수 있다. 경험과 의미는 단일 시스템을 통해서 우리에게 드러나는 것이 아니기 때문이다. 우리가 지식이라고 총칭할 수 있는 경험과 통찰은 몸과 세계와의 대화 사이에서 함께 탄생한다. 프랑스어로 지식이라는 단어는 'conaissance'로, 문자 그대로 '함께 태어나다'라는 의미이다. 내가 가장 좋아하는 프랑스의 위대한 철학자이자 현상학자의 인용구로 이 장을 마무리하는 것이 적절할 것 같다. "심장이 유기체 안에 있는 것처럼 우리의 몸은 세계 속에 있다. 몸은 눈에 보이는 광경을 계속 살아 있게 유지하고, 생명을 불어넣고 내적으로 지탱하며, 그것과 함께 하나의 체계를 형성한다"(Merleau-Ponty, 1962: 203).

65 전체를 인식하기

치료 중에 누군가와 함께 앉아 있을 때, 나는 어떤 말이 오가기 전에 이미 그에 대해, 그가 세계와 관계 맺는 방식에 대해 무언가를 알게 되는 경험을 늘 한다. 이러한 알아차림은 의문의 여지가 있고 조절될 필요가 있지만, 대기실에서 그 사람을 만나는 순간 드러날 수도 있고, 입을 열자마자 나타날 수도 있으며, 시간이 지남에 따라 점차 드러날 수도 있다. 내담자와 함께 앉아 있을 때 나에게 강렬하게 떠오르는 알아차림이나 이미지를 조심스럽게 공유할 때가 있는데, 심지어 약간 이상하거나 무관하게 들릴 수 있더라도 이를 공유하면 종종 내담자에게 강한 공명을 일으키곤 한다. 내가 특별하고 독특한 능력을 가지고 있다고 믿고 싶지만, 그것이 사실이라고는 생각하지 않는다. 오히려 내담자도 나에 대해 무언가를 알고 있을 것이다. 우리가 직관 또는 감각이라고 부를 수 있는 이런 통찰은 상대방과 나 사이에서 형성된다. 이것은 나 혹은 그의 능력이 아니라 우리 각자의 관계적 장 안에서 내담자와 나 사이에 창조되는 관계적 능력이다. 비록 우리 각자의 관계적 장이 본질적으로 고유하더라도 항상 차이보다는 공통점을 더 많이 가지고 있다. 마법처럼 보이는 것이 있다면 그것은 치료사와 내담자 사이의 개방성이다. 이는 마치 책이 자신을 개방하여 독자가 읽을 수 있도록 허용하는 것과 같다. 거울 뉴런을 포함한 우리의 신경 경로가 이 과정에서 일부 역할을 하고 있지만, 인간의 조율과 이해를 단 하나의 시스템으로 돌리는 것은 다층적인 현상학적 장의 복잡성을 무시하는 것이자 환원주의적이다.

게슈탈트 심리학을 기반으로 한 게슈탈트 이론은 지각을 개별적인 것이 아니라 전체에 대한 것이며(포인트 4 참조), 형태와 구조를 만들기 위해 개별적인 것들을 하나로 연결하는 관계에 대한 것이라고 본다. 오스트리아의 철학자 크리스티안 폰 에렌펠스(Christian von Ehrenfels, 1988)가 시간적 게슈탈트 특성(시간에 따른 과정)에 대한 연구에서 사용했던 예시 중 하나는 음악을 듣는 것과 관련이 있다. 우리는 음악을 들을 때, 비록 음악이 일련의 개별적인 음표들로 구성되어 있더라도 하나의 멜로디로 듣는다. 다시 말해 우리는 음표만을 듣는 것이 아니라 의미 있는 전체를 창조한다. 마찬가지로, 다른 사람과 대화할 때 우리는 말로 표현되는 것과 비언어적인 의사소통 이상의 것을 지각한다. 우리는 대화의 흐름을 따라가며 목소리의 높낮이, 내용과 관련된 움직임, 상대방의 말과 제스처가 우리에게 '와 닿는지' 여부 등을 지각하고, 이러한 요소들을 통해 의미 있는 전체를 만들어 내기 위한 구조를 형성한다. 우리는 그것이 움직임이든 몸짓이든 언어적 의사소통이든 간에 의식 속에서 마지막에 입력된 것을 '붙잡고 있다.' 그 결과, 바로 앞과 뒤의 표현들이 연결되면서 '상호주관적 멜로디'(다양한 방식으로 형성될 가능성을 내포하고 있는)를 만들어 내며, 이를 통해 의미가 자연스럽게 드러난다(Pawlett, 2018).[39] 이것은 우리가 음악이나 대화의 개별 요소들을 인식하지 않는다는 말이 아니다. 예를 들어, 음악 시험에서 개별 음을 식별하는 것과 같이 개별 구성 요소를 분리해야 하는 과제가 있다면, 전체에 대한 이해가 전경이 되기보다는 과제가 전경이 될 것이다.

이 예시에서처럼 전체 그림을 좁혀서 보는 것은 그 자체로 건강하거나 건강하지 않은 것은 아니다. 그러나 우울 삽화, 자살 경향, 강박적 행동이나 트라우마 반응을 경험하는 사람들에게 일어날 수 있는 것처럼 전경에 얽매이거나 고정되면 문제가 발생할 수 있다. 치료적 과제는 내담자가 전체 상황을 볼 수 있도록 충분한 지지를 제공하는 것이다. 언제나 그렇듯이 건강이란 주어진 상황에 따라 유연하게 연속선상을 이동할 수 있는 능력이다. 사람들이 자신의 지각을 해석하는 방식은 세계를 어떻게 이해하고 기능하는지에 있어 핵심적이다. 게슈탈트 심리학자들은 시각적 지각이 선택, 구성 및 조직화뿐 아니라 해석과 의미 구성을 포함하며, 기존의 인식들이 외부 자극만큼이나 지각을 형성한다고 하였다(Sabar, 2013).

---

39 역자 주: 인간이 의미를 만들어 내는 방식을 설명한다. 예를 들어, 대화에서 마지막 말이나 행동, 음악에서의 마지막 음표 등을 의식적으로 유지하고, 그 정보를 바탕으로 다음 순간의 경험과 연결 지어 전체적인 의미를 형성한다는 의미이다.

66 경계 공간

이 포인트를 쓰면서 나는 게슈탈트 치료에 경계 공간(liminal space)의 개념을 소개한 샐리 덴햄 보한(Sally Denham-Vaughan, 2010a, 2010b)의 작업에 큰 도움을 받았다. liminal이라는 단어는 문턱을 의미하는 라틴어 limen에서 파생되었다. '경계 공간'은 심리치료의 세계를 넘어서는 의미를 가지며 두 장소 사이의 문턱으로 정의되는데, 여기서 '장소들'은 존재 상태일 수도 있고, 문자 그대로 장소, 상황, 시대 또는 순간일 수도 있다. 경계 공간은 전환의 장소로서, 어떤 것을 뒤로 하고 아직 다른 곳에 도착하지는 않은 상태이다. 그 장소는 이미 완성된 게슈탈트와 새로운 게슈탈트 사이의 공간, 즉 충만한 공백이라고 볼 수 있다. 이러한 장소에서 우리는 무언가의 경계에 서 있는 느낌을 경험할 수 있다. "당신은 변화 과정이 이끄는 미지의 문턱에 서 있다. 이 장소, 공간, 또는 순간은 익숙한 모든 것을 기꺼이 내려놓는 태도와 새로이 떠오르는 것에 대한 개방성을 특징으로 한다. 따라서 존재(being)와 되어 감(becoming)이 공존하는 순간에 놓여 있다"(Denham-Vaughan, 2010a: 35).

우리 주변에는 대기실, 공항 라운지, 계단, 복도와 같이 경계 공간이라고 할 수 있는 다양한 물리적 공용 공간이 있다. 프랑스 칼레(Calais)[40]에 있던 난민들을 위한 비공식 임시 보호소인 '정글'도 경계 공간의 예가 될 수 있다(Howarth & Ibrahim, 2012). 또한 이혼과 별거, 이직, 정리해고, 퇴직, 이사, 결혼, 사별, 신체적 장애에 적응하는 것 등 인생의 변화 시점들도 경계 공간으로 개념화될 수 있다. 이 모든 것들은 불확실성을 가진 문턱에 있다는 특징이 있다. 당신 뒤에는 알려진 것이 있고 앞에는 아직 알려지지 않은 것이 있다. 또한 이것들은 생활 사건 목록에서 가장 큰 스트레스를 받는 사건 상위에 속한다는 특징을 갖는다. 결과적으로

40 역자 주: 도버 해협에 면해 있는 프랑스의 항구 도시를 가리킨다.

이러한 상황에 직면한 개인들은 종종 치료실을 찾아올 수 있다. 덴햄 보한이 말한 앞의 예시에는 '기꺼이 내려놓는 태도'가 포함되지만, 내가 제시한 몇몇 예시는 사람들이 문턱에 내던져지거나 강요받았다고 느끼는 상황들이다. 모두 경계 공간이지만 선택의 정도는 다르다. 우리가 일반적으로 '개인적 발달'이라고 총칭할 수 있는 상황에서는 새로운 경계의 가장자리에서 망설이며 한 발짝 뒤로 물러서는 선택지가 있을 수 있지만, 많은 삶의 사건은 개인에게 강제로 부과되며, 삶의 기반이 흔들리고 자신이 알고 있었던 것들이 예기치 않게 사라질 수 있다.

창조 행위는 경계 상태에 들어가는 것을 포함한다. 개인은 행동할 잠재성을 가지고 있고, 에너지가 동원되었지만 아직 행동으로 옮기지는 않는 상태이다. 은유적으로(또는 실제로) 말하자면 예술가들은 캔버스와 팔레트를 앞에 두고 서 있고, 작가는 노트북 앞에 앉아 있으며, 각자의 빈 화면에 첫 번째 붓질이나 첫 문장을 생각하면서 앞으로 나아갔다가 다시 물러서기를 반복한다. 이 공간에는 에너지가 있지만 아직 표현되지는 않았으며, 그들은 긴장된 에너지가 응축된 유예 상태에 있다. 많은 예술가와 작가가 새로운 프로젝트를 시작하기 전에 불안을 경험하는 이유는 이러한 에너지 때문일 것이다. 이는 우리가 새로운 내담자가 도착하기를 기다릴 때와 유사하다고 할 수 있다.

선택의 정도, 또는 그 순간의 배경의 견고함에 관계없이, 경계 공간에 들어가는 것은 "고정된 이해와 자기상에서 벗어나 역동적인 가능성으로 가득 찬 전환 상태로 진입하는 것이다"(Denham-Vaughan & Edmond, 2010: 14). 앞에서 논의한 특정 장 조건은 '전환' 속도에 영향을 미치겠지만, 과정은 유사할 것이다. 다음 실습을 할 때 선택에 중점을 두고, 공간과 시간을 탐색해 보라. 당신 삶의 영역들과 관련하여 다음의 '문턱 명상'(Denham-Vaughan, 2010b)에 참여해 보기를 권한다.

체험적 실습

앉거나, 가능하면 서서 호흡에 세심한 주의를 기울이세요. 그리고 몸 전체 또는 몸의 일부를 천천히 리듬감 있게 앞뒤로 움직이고 내부 감각에 초점을 맞추어 보세요. 들숨에 맞추어 앞으로 움직이고, 날숨에 맞추어 뒤로 움직이면서 호흡을 알아차리세요. 서두르지 말고, 몸이 이 리듬에 적응하도록 허용해 주세요. 리듬에 익숙해지면, 앞으로 움직일 것을 예상하지만 아직 행동으로는 옮기지 않은, 문턱에 있는 자신을 상상해 보세요. 인생에서 가능성이 열렸던 순간을 떠올리고 이것이 당신의 몸에서 어떻게 느껴지는지, 그 순간의 체화된 감각에 주목해 보세요. 잠시 그것과 함께 머물러 보세요. 파트너가 있다면 당신에게 가능성이 열렸던 그 순간의 체화된 감각에 대해 이야기를 나누어 보고, 혼자라면 그 순간에 대해 글로 써 보세요.

내가 이 명상을 처음 시도했을 때는 덴햄 보한(2010b)이 강의에서 했던 것과 유사하게 내 삶에서 겪었던 '큰일'에 초점을 맞추면서 시작하였지만, 점차 일상적인 순간들을 떠올리게 되었다. 그것은 내가 기회의 문턱에서 망설이면서 한 걸음 물러서게 되는 순간들이다. 오늘 아침에 일찍 일어나지 못한 것이 한 가지 예이다. 기회는 우리에게 자주 찾아오며, 우리는 앞으로 나아갈 수도 있고 익숙한 곳으로 다시 물러설 수도 있다. 우리의 경계 공간은 익숙한 경계의 가장자리에 있다.

Chapter 3

대화

관계를 통해 출현하는 것

67 대화란 무엇인가

게슈탈트 치료에서 대화와 대화적 관계는 반드시 말을 포함하지 않을 수도 있는 특정 유형의 접촉을 말한다. 다른 이와 만날 때 개방적이고, 존중하며, 진실하고, 수용적인 태도를 갖는 것을 특징으로 하며 "말로 표현되지 않은 것을 기꺼이 '듣고자' 하고 보이지 않는 것을 '보고자' 하는 것이다"(Hycner & Jacobs, 1995: xi). 게슈탈트 치료에서는 타인과의 관계 속에서 창조되는 현실 외에 다른 현실은 없다고 믿으며, 너와 나 사이에서 공동 창조된 실제 안에서 서로의 취약성, 수치심, 나약함이 인정되어야 한다고 본다. 타인과의 대화에 열려 있다는 것은 곧 취약해지는 것을 의미하며, 차이로 인해 영향받는 것을 허용할 때 지평이 확장될 수 있다. 이를 위해서는 열린 마음이 필요하다. 모든 실제는 치료사와 내담자 사이에서 대화를 통해 출현한다. 대화할 때 우리는 관심과 호기심, 눈과 몸으로 소통할 수 있는 능력, 상대방이 우리에게 닿을 수 있을 만큼 충분히 투과성 있는 접촉 경계가 필요하다.

게슈탈트와 대화적 관계의 통합의 시작은 게슈탈트 치료의 탄생 이전, 제3제국이 부상하기 전의 프랑크푸르트로 거슬러 올라가야 한다. 로라 펄스는 프랑크푸르트에서 철학자 마틴 부버에게 가르침을 받았는데, 그에 대해 "다른 어떤 심리학자나 정신분석학자보다 나에게 더 많은 영향을 미쳤다."라고 말하였으며, 그의 존중하는 태도에 깊은 감동을 받았다고 하였다(Cole & Reese, 2018). 그러나 게슈탈트 치료의 공동 창시자 중 한 명이 로라 펄스였음에도 불구하고, 창간서인 PHG(1951)에는 부버에 대한 언급이 전혀 없고 '대화'라는 단어는 단 한 번만 등장한다(Staemmler, 2016). 이는 게슈탈트가 정신분석에 반기를 들고 출현하였지만 정신분석적 접근의 관계적 입장이 남긴 잔재가 여전히 이 새로운 접근법에 영향을 미쳤음을 시사한다. PHG에서 대인 간 접촉의 치유적 성격은 '미미한 역할'에 그쳤다(ibid: 4). 이후 세대의 게슈탈트 치료사들은 관계와 대화에 대한 부버의 생각을 게슈탈트 치료에 통합하기 위해 추가적인 노력을 기울였고 하이스너(Hycner, 1993), 욘테프(1993), 하이스너와 제이콥스(1995)의 저서는 이러한 노력의 주요 산물이다.

마틴 부버(1878~1965)는 실존주의자이자 철학자이며 다작의 작가였다. 그의 대화 원리에 대한 철학적 해설, 특히 인간 실존에 대한 시적 논고인『나와 너(I and Thou)』(1958)는 게슈탈트 치료에 통합되고 확장되었다. 게슈탈트는 부버의 작업에 빚을 지고 있으며, 그의 작업 덕분에 현전, 확인, 진실성, 대화, 포함의 가치를 수용하게 되었다. 부버는 타인과의 만남 과정에서 자기가 탄생하는 것으로 보았고, 이는 게슈탈트의 과정으로서의 자기 이론과 일치하는 관점이다. 이 관점은 "태초에 관계가 있었다."(Buber, 1958: 18)라는 생각으로 요약된다.

게슈탈트 치료의 대화적 관계에서는 내담자-치료사 관계에 실제로 다양한 차이가 있다는 것을 인정하지만, 교사-학생 또는 의사-환자와 같은 수직적인 관계를 설정하지 않는다. 우리는 그 관계의 사이(between)를 위해 관계에 들어간다. 치료 관계는 동등하지 않다. 내담자가 관심의 초점이며 그들은 우리에게 치료비를 지불하고 도움을 요청한다. 이는 권력의 불균형을 의미한다. 우리는 이러한 차이에도 불구하고, 공유된 인간성이 있으며 그 안에서 모두 평등하고 우리 모두 세계 내 존재라는 것을 보여 주기 위해서 **수평적 관계**라는 용어를 사용한다. **수평적 관계**에서 치료사는 대화를 위해 기꺼이 자기 자신을 보여 주고 내담자와 완전히 현전하고자 한다. 우리가 내담자를 '고치려고' 하거나 대화를 통해 자연스럽게 도출되지 않았는데 내담자에게 좋다고 생각하는 기법을 사용하려고 한다면, 전문가 역할을 하면서 대화적 태도에서는 멀어지게 된다. 단순히 지식을 전달하는 것만으로는 치유를 촉진하기에 충분하지 않다. 내담자는 일종의 관계적 파열이나 트라우마에 뿌리를 둔 문제를 가지고 오고, 이는 오직 관계성 안에서만 재구성되거나 치유될 수 있다.

나는 다음 페이지에서 대화적 관계의 여러 요소를 논의할 것이지만, 이러한 인간적인 과정을 구체화하는 것은 바람직하지도, 가능하지도 않다. 관계적인 것을 연구하는 것은 모래 한 줌을 잡는 것과 같다. 한순간 손에 무엇인가를 잡은 것 같이 느껴지지만, 조금 전까지만 해도 단단해 보였던 것이 어느 순간 서서히 손가락 사이로 빠져나간다(Jacobs & Hycner, 2009).

68 나-너와 나-그것 관계

나-너(I-Thou)와 나-그것(I-It)은 인간이 타인에 대해 가지는 두 극의 관계적 태도를 대표한다. 이 두 극 사이에서 연결과 분리의 자연스러운 흐름이 일어나고, 인간관계에서의 주고받음에는 이 둘 모두가 필수적이다. 이러한 흐름은 본질적으로 우리가 게슈탈트에서 대화나 관계성에 대해 말할 때 언급하는 것이다. 부버는 모든 삶은 만남이며 이러한 관계적 태도는 그 만남의 태도를 대표한다고 하였다. 이 두 단어 사이의 하이픈은 특별한 의미를 지니는데, 이는 타인 및 세상과 우리의 영원한 연결성을 나타낸다. 홀로 서 있는 '나'는 없다. "인간은 **너**를 통해 **나**가 된다"(Buber, 1958: 27).

나-그것 관계의 필요성와 불가피성이 게슈탈트 문헌에서 항상 충분히 인식되어 온 것은 아니다. 나-그것 관계는 '판단, 의지, 방향성, 성찰과 같은 기능'이 필요한 대화 과정에 필수적인 극이고(Farber, 1996; Jacobs, 1995: 52에서 인용), 자기 인식과 분리에 대한 알아차림을 포함한다(Friedman, 1976). 나-그것 관계에서 우리는 대상화하고, 목표 지향적이며, 존재보다는 행위에 관심을 둔다. 일상의 삶에서 우리는 종종 나-그것 관계적 태도를 취하며, 이때 과업이 전경이 되는 반면 다른 것들은 배경으로 물러난다. 이러한 대상화는 관계의 필수적인 부분이다. "존재론적 특성은 거리(distance)와 관계 모두를 필요로 한다"(Buber, 1965b: 61-62).[41]

나-그것 관계가 우리 존재에 필수적인 부분일 수 있지만, 그것은 단지 일부일 뿐이다. 우리는 분리 **그리고** 연결이 필요하다. 우리는 다양한 형태의 가상 접촉이 실제 접촉인 것처럼 위장될 수 있는 시대에 살고 있다. 고립, 단절 및 소외는 '편안한' 선택지가 될 수 있는 반면, 친밀감과 가까움은 점점 더 낯선 대안이 될 수 있

41 역자 주: 이 문장은 인간 존재의 본질을 이해하는 데 있어서, 타인과 유지하는 거리감과 타인과 형성하는 관계 모두가 필수적임을 의미한다.

다. 우리가 거리를 유지하는 더욱 세련된 방법을 만들어 낼수록, "사람과 사람 간(between)의 분열, 자연과(with) 우리 관계의 분열뿐 아니라 우리 자신 내(within)에서도 분열이 일어난다"(Hycner, 1993: 5). 부버가 "인간은 그것(it) 없이는 살아갈 수 없다. 하지만 그것(it)만으로 사는 자는 인간이 아니다."(1958: 85)라고 말한 것처럼, 나-너 대화를 촉진하기 위한 기반을 구축하여 관계적 불균형을 해소해야 할 필요성이 오늘날만큼 컸던 적은 없을 것이다.

나-그것 태도는 관계에서 행동과 성취에 관심이 있는 반면, 나-너는 관계 속에서 존재하는 상태이다. 나-너 관계는 사이(between)를 신뢰한다. 따라서 사이에 기꺼이 항복하고자 하며 그 항복 속에서 상대의 인간성이 확인된다. 나-너 만남은 양쪽이 모두 기꺼이 사이에 자신을 내맡기고자 할 때만 일어날 수 있으며, 강요되거나 유도될 수 없다. 부버가 말했듯이, 이것은 은총을 통해 찾아온다.

우리는 나-너 태도와 나-너 순간을 구별할 필요가 있다. 나-너 태도는 전반적으로 개방적인 자세와 관련이 있는 반면, 나-너 순간은 각 영혼이 서로에게 감동을 받는 친밀한 연결의 순간이다. 치료적 관계에서 유지해야 하는 것은 나-너 태도이고, 이러한 태도를 유지하는 것은 치료사의 책임이다. "게슈탈트 치료에서의 나-너 대화는 정신분석에서의 전이 신경증과 같은 역할을 한다"(Yontef, 1993: 204). 치료실 문을 열고 들어오는 많은 내담자는 이러한 관계에 목말라 있으며, 관계 사이에 항복하고 그들이 갈망하는 자양분을 얻을 수 있는 상태가 아니다. 치료사가 나-그것 관계 속에서도 나-너 태도를 유지하고자 하는 것, 즉 내담자가 응답할 것이라고 기대하지 않으면서도 그에게 다가가고 그 곁에 존재하는 것이야말로 깊은 관계적 치유를 위한 배경을 만든다. 이러한 관계적 태도는 '대화적(the dialogical)'이라고 불려 왔으며(Hycner, 1985; Yontef, 1993), 나-너 순간이 피어날 수 있는 비옥한 토양이 된다.

나-너 관계는 의지로 만들어질 수 없다. 역설적이게도 우리 직업의 모순 중 하나는 우리가 나-너 관계 또는 나-너 순간을 목표로 삼는 순간, 나-너를 대상화하게 되고 결과적으로 나-그것 관계를 초래한다는 것이다. 모든 나-너 만남의 운명은 우리의 과거로 물러나 기억이 되는 것이다. 그것은 소중히 간직되거나, 희미하게 기억되거나, 또는 그 지나감을 애도할 수도 있지만, 결국 하나의 사건, 즉 하나의 그것(It)이 되어 버린다.

나-너 관계에 초점을 맞추는 것의 위험은 '나'의 배경과 '너'의 배경이 축소될 수 있다는 것이다. 대화적 관계 안에서 우리는 내담자와 치료사 각자의 상황 속에 존재하는 전체적인 관계 장이 지금-여기의 접촉 방식에 영향을 미친다는 것을 알아차리고 있어야 한다. 모든 대화적 관계는 양측 상황의 일부로서, 고립된 사건이 아니다. 두 개의 장이 만날 때, 초점은 내담자에게 맞춘다. 내담자의 상황에 주의를 기울이지 못하면 우리는 그들을 실제보다 덜 중요하게 여기게 되고, 결과적으로 진정한 나-너 관계는 불가능해진다.

69 사이

어딘가 사이에서,
보이지 않는 원자가 부딪치며,
너도 아닌 나도 아닌,
'우리'에서 엮여진 것.
은혜 속에서 만나고 은혜 속에서 흐르는
우리의 에너지, 우리의 마음, 우리의 진실,
망설이며 원자들은 미끄러지듯 움직이네, 숨으려는 이끌림이 있으니,
그러나 마법같이—어떻게인지 알 수 없지만,
너의 '나'가 나의 '너'를 만나러 나아가네.

대화적 관계에서 우리는 두 개의 실제가 있다는 사실을 쉽게 인식한다. 그런데 그 관계의 사이(between)에서 출현하는 제3의 실제도 있다. 그 실제는 부분들의 합보다 크다. 지난 30년간 게슈탈트와 심리치료는 개인 내 정신 과정을 탐구하는 1인 심리학에서 치료적 관계의 사이를 탐구하는 2인 심리학으로 전환되어 왔다. 그러나 치료적 관계와 그 관계의 사이는 독립적으로 존재할 수 없고, 두 사람을 넘어 확장된 관계 장 안에서 실현된다. 이 장은 상황의 배경 구조, 즉 정치적 · 환경적 · 생태적 요소를 포함하는 두 사람 각자의 관계 장까지 확장된다. 따라서 '2인 심리학'은 다층 심리학으로 보다 정확히 설명될 수 있다. 이 복합적인 관계적 장 속에서 이루어지는 만남은 치료사와 내담자 모두를 변화시킬 것이며, 변화의 정도는 그들의 접촉 경계가 얼마나 투과적 또는 비투과적이냐에 달려 있다. 우리의 개인적인 세계를 창조하는 재료가 타인과의 관계 속에서 재구성되면, 이러한 만남은 더 넓은 장에도 변화를 가져온다. 게슈탈트에서는 상호주관적으로 발생하는

것에 관심이 있기 때문에, 내담자에게만 초점을 맞추는 것이 아니라 치료사와 내담자 사이에서 무엇이, 그리고 어떻게 출현하는지에 세심한 주의를 기울인다. 왜냐하면 대화에 참여할 때, 의미는 어느 한 사람에게서 발견되는 것이 아니고, "양자 모두에게서도 아니고, 오직 대화 그 자체에서만, 그들이 함께 사는 '사이'에서만"(Buber, 1965a: 25) 발견되기 때문이다.

내담자와 치료사 사이에서 일어나는 과정은 어떤 다른 요인보다도 게슈탈트 치료사의 치료 철학에 달려 있다. 어떤 이들은 에고 기능에 더 많은 초점을 두고 보다 활동적이고 실험적이며 직접적으로 도전하는 접근 방식을 선호하는 반면, 관계적 게슈탈트 학파의 치료사들은 에고 기능보다는 이드 기능, 전 접촉, 점진적인 에너지 동원과 내담자의 주관적 경험에 대한 수용성에 더 초점을 둔다. 관계적 게슈탈트 치료사들은 "융합에 대한 수용성이 더 크고, 도전보다는 지지를 강조한다"(Denham-Vaughan, 2005: 11).

상호주관적인 관점을 취한다면, 경험과 행동은 내담자의 상황적 맥락 안에서만 이해될 수 있으며 이때 우리는 그 상황의 한 부분이다. 실제(reality)는 내담자의 상황과의 사이에서 형성되기 때문에 그 정의상 유동적일 수밖에 없다. 나-너 태도를 채택한다는 것은 다른 접근에서처럼 치료사가 의미를 해석하기보다는 관계 사이에서 내담자와 함께 공동의 의미 형성에 참여한다는 뜻이다. 심지어 내담자가 치료사를 지속적으로 '그것'으로 대할 때조차 말이다. 이렇게 말하긴 하지만, 진단적 지도와 치료사 훈련 역시 내담자와 치료사 사이에서 나타날 수 있는 요소의 일부이고, 이는 공동 창조되는 의미 형성 과정의 한 부분으로 활용될 수 있다. 그러나 그 역시 허구의 작품으로 기각될 수도 있다! 나-너 순간에 관한 한, 언제 마음이 닿거나 현상 세계가 충돌하는지에 대한 매뉴얼은 없다.[42]

타인과 접촉하고자 다가가는 순간, 우리는 독립된 존재로서의 자신을 내려놓지만 우리가 만날 수 있을 것이라는 보장은 없다. 내려놓는 이 순간은 치료사와 내담자 모두에게 막다른 골목의 공포를 안겨 줄 수 있다. 우리는 '전문가적인' 태도

---

42 역자 주: 이 문장은 나-너 만남의 순간을 만들어 내거나 예측할 수 있는 정해진 규칙이나 지침이 없다는 것을 의미한다. 따라서 그 과정이나 결과를 미리 알 수 없다는 것을 받아들여야 한다는 의미를 담고 있다.

를 취하거나 기법에 의존하거나 내담자에게 질문을 함으로써 뒤로 물러서 있으려는 유혹을 받을 수도 있다. 질문과 기법이 치료사의 작업에서 일정한 역할을 하지만, 내담자에게 필요한 것이 관계라면 우리는 기꺼이 그것들을 내려놓을 필요가 있다. “결정적인 실제는 기법이 아니라 치료사이다. 나는 기법을 지지하지만, 그것을 믿는 것이 아니라 사용하기 위해서이다”(Buber, 1967: 164).

70 포함과 공감

『게슈탈트 치료: 100가지 핵심 포인트』(Mann, 2010)의 초판에서 나는 공감을 보다 전통적인 관점에서 기술하였다. 이 관점에서 공감은 치료사가 내담자와 상호작용하면서 내담자의 반응을 마치 자신의 것처럼 느끼는 일방향적 활동이다. 초판의 해당 장에는 '**공감에 대한 주의 사항**'이라는 부제가 있었는데 이는 프리츠 펄스(1973: 105)의 관점을 반영한 것이다. 그는 "치료사가 공감에서 자신을 억제하면 장에서 주요 도구를 박탈하게 된다."라고 하면서, 게슈탈트 치료사는 "전체 장에 대한 관계적 알아차림"이 있어야 한다고 하였다(ibid.). 펄스는 게슈탈트 치료에서 공감을 위한 자리를 인정하지 않았고, "공감에는 진정한 접촉이 없으며 최악의 경우 융합으로 변질된다."(ibid.: 106)라고 말하였다. 이는 공감에 대한 거부감만큼이나 융합에 대한 그의 반감을 나타내는 것으로 둘 다 위험하게 들린다. 결과적으로, 포함을 두 개의 독립적 자기에서 관계로 옮겨 가는 과정으로 설명하는 마틴 부버(1958)의 생각이 프리츠와 훨씬 더 쉽게 조화를 이루었고 게슈탈트 치료에 통합되었다. 포함은 치료사의 경험과 내담자의 경험 사이를 오가는 접촉을 중심으로 한다. 부버는 이를 동시적인 과정이라고 보았지만, 이것을 게슈탈트의 전경과 배경 이론과 동일시할 수는 없다. 부버는 공감을 중요한 **느낌**(feeling)이라고 보았지만, 공감은 그 본질상 대화의 실존적인 한 극을 무시한다고 생각하였다. 그는 포함을 대화의 양쪽을 모두 경험하고자 하는 실존적 움직임이라고 보았다. 그에게 포함은 타인의 경험을 몸으로 체현하면서도 자신의 체화된 경험에 대한 감각을 잃지 않는 것이다.

전통적인 공감의 관점에서는 치료사의 경험이 흡수되는 반면, 포함은 치료사의 체화된 현전을 요구한다. 스테임러는 이러한 전통적인 공감의 관점에 대하여 "공감은 치료사에 의해 수행되는 일방향적 활동으로서 주로 정신적인 것이며 몸 또는 살아 있는 몸의 차원은 거의 무시된다."(2012: 55)라고 요약하였다. 그는 이어서 일방향적이고 몸과 분리되어 있고 개인주의적 성격을 띤 전통적 공감의 관점을 상호주관성에 기반한 사회적 참조체계의 형태로 확장하여 논의하였다. 만약 오늘날 펄스가 살아 있고 공감에 대한 현대적 관점을 알게 된다면, 그가 여전히 치료적 관계에서 공감을 추방하고 싶어 할지 궁금하다.

부버는 다작의 작가였고 포함에 대한 후기 저술 중 일부에서는, 치료사의 경험이 타인의 경험에 닿아 가는 과정을 "대담한 흔들림, 즉 자신의 존재를 가장 강렬하게 뒤흔들며 상대방의 삶에 깊숙이 들어가는 것"(Buber, 1965a: 81)이라고 기술하였다. 그리고 "치료사는 환자가 어떻게 느끼는지를 알기 위해 마치 자신의 몸으로 직접 느끼는 것처럼 신체적 접촉으로 느껴야 한다."(Buber, 1967: 173)라고 하였다. 이러한 설명은 보다 현대적인 공감의 관점에도 적용될 수 있다. 칼 로저스(Carl Rogers)와의 논의에서(Anderson & Cissna, 1997), 부버와 로저스는 공감과 포함에 대한 견해에 큰 차이가 없는 것으로 보였다. 공감을 인간 중심 접근에서 매우 핵심적인 것으로 보았던 로저스도 펄스가 융합에 대해 가진 많은 우려를 공유하였고, 공감을 중심에 놓았던 자기심리학자 하인츠 코헛(Heinz Kohut)도 마찬가지였다.

게슈탈트 치료 내에서 공감이 부버의 포함과 대비되어야 하는지(Hycner, 1999; Wheway, 19997), 아니면 동일하다고 여겨져야 하는지(Jacobs, 1992; Yontef, 2008)에 대해 오랫동안 의견 차이가 있어 왔다. 이는 아마 용어를 이해하는 방식에 따라 달라질 수 있는데, "공감 대신 포함이라는 용어를 선택하는 것은 어떤 면에서는 시대착오적인 것이 되었고"(Strawman, 2011: 7) 심리치료 분야에서 공감을 자기 자신의 경험에 대한 감각을 잃는 것으로 이해하는 사람은 이제 거의 없을 것이다.

우리가 포함과 공감 중 어떤 것을 언급하든, 치료사는 내담자의 현상학적 경험을 존중하면서도 자신의 현상학적 경험을 놓치지 않는 것이 중요하다. 치료사는 자신의 개별적이고 자율적인 존재의 감각을 유지하면서 판단, 분석, 해석을 하지 않고 가능한 한 내담자 상황 안에서 그들의 지각을 경험하기 위해 내담자 세계로 존중하며 들어간다. 게슈탈트 치료사의 출발점은 치료사 자신과 내담자가 어떤 영향을 받고 있는지에 주목하면서 내담자 이야기를 듣는 것이다. 치료사는 내담자를 위한 의미를 탐색하면서도, 자신의 반응에 나타나는 감각, 신체 반응, 감정 또는 생각과 같은 정보에 주의를 기울인다.

나는 항상 내담자를 완벽하게 포함하거나 공감하는 것은 현실적이지 않다고 생각한다. 우리는 인간이며, 어떤 관계에서는 상대방을 놓쳤다고 느끼는 순간이 있을 것이다. 치료사로서 우리의 과업은 우리 편에서의 포함/공감을 기반으로 견고한 관계적 토대를 구축하는 것이다. "인간의 신비는 그 자체로 우리를 끊임없이 새롭고 더 깊은 이해로 끌어당긴다"(Dilthy, 2002: 223).

71 현전

대화적 관계를 맺을 때, 게슈탈트 치료사는 자신의 전존재를 만남에 가져올 준비를 하고, 자신의 인간다움을 온전히 지닌 채 내담자에게 감동받고 움직이며 취약해지는 것을 허용해야 한다. 현전은 대화를 위해 매 순간 정직하게 관계 맺는 것과 관련되며, 치료사의 '부드러운' 반응을 포함하긴 하지만, 한결같은 부드러움보다는 진정성, 배려, 개방성을 통해 자신의 관심을 나타낸다. 부버가 말한 것처럼, "진정한 대화가 이루어지려면, 대화에 참여하는 모든 사람이 자기 자신을 대화에 가져와야 한다. 이는 매 순간 진정으로 자신의 마음에 있는 것을 기꺼이 말하고자 해야 한다는 것을 의미한다"(Buber, 1992: 78). 우리는 상대방에게 어떻게 영향받는지에 대해 열려 있고, "더 나아가 입장을 바꾸거나 자신을 축소시키지 않고 온전히 기여해야 한다"(ibid.). 이것은 때때로 어느 정도의 도전을 수반할 수 있다. 예를 들어, "당신이 '괜찮아요'라고 말할 때, 나는 밀려나는 느낌을 받아요."와 같은 말이 될 수 있다. 때로 이러한 반응은 거부로 들릴 수도 있다. 현전의 치료적 사용은 내담자에 대한 반응이면 무엇이든 공개할 수 있다는 허가증이 아니다. 다시 한번 강조하는데, 모든 공개는 **대화를 위한** 것이어야 하며, 치료사는 대화의 조율자로서 내담자와의 관계에서 어떻게 자신의 현전을 조절할지 신중한 태도로 평가해야 한다.

우리가 자신의 현전을 지나치게 상향 조정할 경우, 어떤 내담자들은 압도되고 자신을 위한 충분한 공간이 없다고 느끼거나 자신을 축소시킬 수 있다. 반대로 현전을 너무 조심스럽게 드러내면 내담자는 치료사에게 자신이 보이지 않고 들리지 않거나 자신에게 관심이 부족하다고 느낄 수 있다. 때로 우리가 실수할 수 있지만, 우리의 현전이 과하거나 부족한지에 대한 내담자의 반응에 계속 주의를 기울이고 내담자의 비언어적 의사소통을 감지하고 관찰한다면 다음 단계에 필요한 것이 무엇인지 알 수 있다. 예를 들어, 치료사가 자신의 현전을 드러내야 할 순간에 이를 억제하면 공기가 무거워질 수 있다. 반대로 지나치게 현전을 강조하면 내담자의 몸이 뒤로 물러나고 안색이 조금 창백해질 수 있다. 이러한 조율 실패의 순간을 감지하는 것은 종종 그 자체가 치료적일 수 있다.

현전은 단지 함께 있고 언어적으로 반응하는 것 이상이다. 그것은 인지적으로, 정서적으로, 영적으로, 당신의 모든 것과 함께 충분히 체화된 방식으로 가용한 상태로 존재하는 것이다. 덴햄 보한(2010: 39)은 현전을 "에너지적 가용성과 유연한 반응성"이라고 설명했는데, 이러한 체화된 현전은 모든 감각의 참여를 포함하며, 투명성을 가지고 자신을 드러내면서 관심과 호기심을 가지고 관계의 사이로 들어가도록 우리를 지원한다. 대화적 게슈탈트 치료사로서 작업한다는 것은 "은유나 관념으로가 아니라 실제로 맥박이 뛰고 몸짓을 하며 숨을 쉬는 동반자로서 자기 자신의 체화된 현전을 인식하도록 훈련해야 함을 의미한다. 우리는 공명을 통해서 내담자와 연결되고 그들이 변화 과정에서 자신의 경험을 충분히 표현하도록 돕는다"(Clemmens, 2012: 48). 이러한 방식으로 타인을 만나는 것, 자기를 사용하여 타인을 위해 현전하는 것은 과거의 관계적 단절을 치유하는 잠재력을 가지고 있다. 보이지 않는다고 느꼈던 여성이 보이고, 관심 받을 가치가 없다고 느꼈던 남성이 관심을 경험하며, 한 번도 경험을 타당화 받지 못했던 아동이 자신의 경험을 인정받게 된다.

부버는 관계적 치료사는 **초연한 현전**(detached presence)을 발달시킬 필요가 있다고 제안하였다. 그는 이 역설적인 입장을 제안하면서 치료사는 관계 안에 온전히 현전하는 동시에 그 순간에 일어나는 것에 대해 성찰할 수 있어야 한다는 것을 언급하고 있다. 나는 이 과정을 현전과 자기 감찰 사이를 매우 빠르게 오가는 것으로 보는데, 자기 감찰을 하는 치료사는 관계 위로 '헬리콥터'처럼 올라가서 그 순간 무엇이 일어나고 있는지를 성찰한다. 이것은 어떻게 현전이 존재(being)와 행위(doing) 둘 다를 포함하는지에 대한 한 예이다. 이러한 변증법은 현전을 실천하는 예술에서 반복해서 나타난다. 부버는 언어(speech)를 자연(nature)과 작업(work)이라는 개념으로 설명하였는데, 즉 언어는 "자라는 것과 만들어지는 것, 두 가지 측면이 있다. 그리고 대화를 할 때는 깊은 신뢰의 분위기 속에서, 항상 두 가지 측면의 통합을 새롭게 이루어 내야 한다."라고 하였다 (1992: 79).[43]

43 역자 주: 부버의 말은 자연스럽게 발생하는 것(자연)과 의도적으로 만들어 내는 것(작업) 사이의 균형과 통합이 필요함을 의미한다. 즉, 대화에서 자연스러운 반응과 의도적인 노력은 서로를 보완하며 통합되어야 한다.

72 확인

확인은 한 개인의 존재 전체를 인정하고 이것을 상대방과 소통하는 것이다. "포함이 상대방을 온전히 받아들이는 자세인 반면, 확인은 이를 전달하는 행위이다"(Cole & Reese, 2018: 24). 이러한 대화의 다른 측면들을 개별적으로 바라보는 것은 잘못된 분리를 만들어 낸다. 그러나 실제로 포함, 현전, 확인 사이의 경계는 명확히 구분되지 않을 수 있다. 예를 들어, 내가 현전을 실천하는 것이 곧 확인의 행위일 수 있다. 각각의 다른 측면들은 심혈관계의 다양한 구조와 마찬가지로 서로 유기적으로 작동하지만, 전체를 이해하려면 이러한 구조들이 어떻게 기능하는지 이해할 필요가 있다. 마틴 부버는 인간 중심 접근의 창시자인 칼 로저스와의 대화에서, 확인이란 "상대방의 전체 가능성을 수용하고, 나아가 그의 가능성에 결정적인 변화를 만들어 내는 것"(Buber, 1999: 266)이라고 말하였다. 지금-여기에서 일관되게 상대방의 잠재력에 대한 믿음을 전달하는 것은 그 사람의 미래 삶의 궤적을 변화시킬 수 있는 능력을 가지고 있다는 것이다. 확인은 진정으로 변형적일 수 있는데, "현재에는 미래에 무엇이 될 수 있는지가 숨겨져 있다"(Buber, 1999: 243).

타인을 확인하려면, 우리의 판단과 선입견에 괄호치기를 하는 동시에 우리 자신의 존재에 대한 알아차림을 유지하면서 그의 현상학적 세계에 들어가야 한다(Hycner & Jacobs, 1995). 확인은 나-너 순간 속에 이루어지지만, 치료의 절정 순간에만 국한되지 않으며 대화적 태도의 본질 안에서 지속된다. 내가 타자성에 대한 존중과 감사, 그들의 가능성에 대한 믿음, 동등한 태도를 가지고 만나면, 내담자는 자신이 인간으로서 확인받는다고 느낄 수 있을 것이다. 우리는 고유성, 분리성, 차이, 수용 및 연결성을 모두 포함하여 타인의 개별적인 존재를 인정해야 한다. 많은 사람에게 확인의 필요성은 너무나 커서, 만약 자신의 존재에 대한 확인을 얻지 못하면, 상대방이 자신에게 기대할 것이라고 상상하는 모습에 자신을 맞추어 가며, 형편없는 가짜 확인을 추구할 것이다. 발달적으로 확인이 부족했던 내담자는 치료실에서 '좋은 내담자'가 되는 방법을 찾고 있을 수 있다. 치료사는 자신이 어떻게 이러한 과정을 무심코 지지할 수 있는지를 고려해야 한다.

삶에서 우리는 종종 조건부로 '확인된다.' 예를 들어, 좋은 운동선수, 좋은 아들/딸, 좋은 부모, 최선을 다하는 사람, 좋은 치료사 등으로 확인받는 것이다. 이러한 조건부 '확인'은 '확인하는' 사람의 인식에 맞추어 얼마나 역할을 잘 수행하느냐에 따라 이루어진다. 이 과정은 치료에서도 병렬적으로 일어날 수 있는데, '좋은 내담자'가 자신이 누구인지가 아니라 무엇이어야 하는지에 대해 '확인받는' 상황과 유사하다. 그렇다면 우리는 어떻게 모든 경계를 넘어 내담자를 확인할 수 있을까? 확인은 내담자의 행동이 아니라 존재에 대한 것이다. 따라서 치료사는 내담자가 하는 일을 반드시 승인하지 않고도, 때로는 도전하기도 하면서, 내담자의 존재를 확인할 수 있다.

다른 사람을 확인하는 데에는 두 가지 행위가 있다. 첫째, 상대방을 향해 다가가는 의지적인 행위가 필요하며, 이는 치료사의 배경에 확인하고자 하는 의지가 있어야 가능하다. 둘째, 확인의 행위는 은총으로 성취되며 억지로 강요될 수 없다. 이러한 만남을 통해 과거의 관계적인 균열이 치유될 수 있다. 우리가 게슈탈트 이론 및 대화적 태도와 일치하려면, 확인은 한 번 실행하고 넘어가는 행위가 아니라 지속적인 과정이 되어야 한다. 이는 전체 치료 상황에 스며들어야 하는 관계적 태도이다. 내담자가 소외감, 수치심, 죄책감을 느끼거나, 또는 그냥 잘못됐다고 느끼는 그런 불가피한 순간에 내담자를 지지하기 위해서는 넓게 퍼져 있는 포괄적인 확인적 태도가 필요하다.

확인은 코헛이 '반영(mirroring)'이라고 기술한 것과 많은 공통점을 가지고 있는 것으로 보인다. 그러나 자기 심리학의 반영은 다음에 요약된 부버의 확인의 범위에는 미치지 못한다. 부버는 "나는 다른 사람의 삶의 경험에 접근하여 그를 그만의 고유한 존재로 존재하게 하고, 그 존재를 타인, 즉 '너'로서 확인하려고 한다."(Orange, 2010: 27)라고 하였다. 인정(appreciation)은 확인과 혼동될 수 있는 또 다른 개념이다. 인정은 확실히 치료적일 수 있지만 행위에 초점을 맞춘다는 점에서 확인과 다르다. 인정이 확인을 지원할 수 있지만, 확인은 타인의 존재를 확인하는 지속적인 과정인 반면, 인정은 주로 행위에 관심을 두고 있다.

초기 발달 단계에서 확인의 결핍은 '정신건강 문제' 또는 '정신병리'와 밀접한 관련이 있고, 하이스너(1993)는 이를 초기 대화가 중단되어 발생하는 결과라고 하였다. 트루브(Trub, 1952)는 이러한 박탈로 인한 내사된 배경이 만성적인 반전을 형성하는 비극을 묘사하였는데, 타인을 향하고자 하는 가장 깊은 열망을 누구도 들어주지 않을 때 아동에게 가능한 유일한 대안은 자신의 목소리를 안으로 삼켜 버리는 것이다. 이러한 수동적인 잔혹 행위를 완전히 복구하는 것은 치료사의 능력을 넘어서는 것일 수 있다. 그러나 우리는 오랜 트라우마 속에서도 내담자를 생존하게 한 창의성을 포함하여 지금 이 순간 존재하는 그대로 내담자를 확인할 수 있다.

73 대화에의 전념

로라 펄스가 마틴 부버와의 만남을 통해 게슈탈트 치료에 가져온 개념을 바탕으로, 현대 게슈탈트 치료사인 하이스너, 제이콥스, 욘테프는 사이에 대한 헌신과 항복, 즉 대화에의 전념이라고 불리는 대화의 요소를 발전시켰다. 부버 및 다른 이론적 아이디어를 게슈탈트 치료에 도입하는 것이 게슈탈트를 희석시킨다는 생각에 대하여, 욘테프는 "관계적 게슈탈트 치료는 외부 요소를 환영하는 특징을 가지고 있다."라고 단호하게 말한다(Yontef, 2009: 43). 이러한 외부 요소들이 게슈탈트 접근 방식에 매끄럽게 통합되려면 상황적-현상학적 철학에 잘 부합해야 하는데, 부버의 시적 글쓰기와 대화에 대한 사유는 이러한 통합을 가능하게 한다.

대화에의 전념은 치료사가 내담자와 함께 "좁은 능선을 걸을" 준비를 하는 것이다(Hycner, 1993: 14). 부버는 이를 "표현할 수 있는 확실한 지식은 없지만, 아직 드러나지 않은 것을 만날 확실성만이 존재하는 심연 사이"(Buber, 1965a: 184)를 걷는 것과 같다고 표현하였다. 이러한 전념은 타인의 현상학적 세계로 들어가는 것을 의미하며, 이는 결국 우리가 이전까지 확고하다고 믿었던 것에 대한 인식이 흔들리거나 균형을 잃고, 때로는 급진적으로 도전받을 위험을 감수하는 일이기도 하다. 만약 우리가 어느 누구의 현실도 다른 사람의 현실보다 더 혹은 덜 타당하지 않다는 것을 완전히 받아들인다면, 우리가 이상하거나, 신경증적이거나, 혹은 정신증적이라고 생각하는 현실도 나의 현실만큼이나 타당하다는 결론에 이르게 된다. 나는 영국 국립보건서비스의 2차 정신과 치료 기관에서 게슈탈트 치료사로 일할 때 경험하였던 몇 가지 작업을 기억한다. 나는 몇 년 동안 존이라고 부르는 한 남자를 만났는데, 그는 환촉과 연결된 편집증적인 '망상적 사고'를 경험하고 있었다. 그는 문자 그대로 악마를 등에 업고 있다고 믿었고 우리가 증상이라고 부를 수 있는 수많은 경험과 편집증적 사고를 가지고 있었기 때문에 편집성 조현병 진단을 받았다. 우리는 편안한 사무실이 아니라 항상 그의 원룸 아파트 바닥에 앉아서 만났는데, 안정적인 만남의 일정을 확립하기까지 1년이 넘는 인내심이 필요하였다. 마침내 우리가 정기적으로 만나기로 하고 그의 신뢰를 얻기 시작하였을 때, 그는 점점 더 솔직하게 자신의 경험을 나와 공유하기 시작하였다. 나는 벽에 도청기가 있다거나 등에 악마가 올라타 있다는 그의 믿음을 강화하지는 않았지만, 열린 마음으로 우리의 대화에 전념하였다. 일주일에 적어도 두 번 존을 만나면서 나는 믿을 수 없을 만큼 이 남자를 좋아하게 되었고 그를 사랑하게 되었다. 이는 그런 환경에서 일하면서 느끼는 감정은 아니다. 존과의 대화에 전념하고 그의 현실을 인정하며 대담하게 우리 관계의 사이로 들어감으로써, 시간이 지남에 따라 그가 세상을 보는 시각이 어떻게 형성되었는지 이해하기 시작하였다. 그는 이해받는다고 느꼈고 놀랍게도 심각한 '증상'이 가라앉으면서 때때로 나를 향해 다가오기 시작하였다. 여러 회기 후에 나는 내가 믿는 현실에 의문을 품게 되었다. 변화된 것은 존만이 아니었다. 대화는 말을 넘어서 타인에게 가 닿고 "명확히 정의하거나 설명할 수 없는 미학적 특성을 지니며, 나의 영혼을 흔들고 나를 완전히 몰입하게 한다"(Korb, 1999). 우리가 이러한 방식으로 마음이 흔들리지 않는다면, 이는 대화에 전념하고 있지 않다는 것을 의미할 수도 있다.

나의 상황은 내 세계와 나의 대화이다. 나는 이러한 대화에 전념하며, 만약 전념하지 않는다면 내가 지각하는 것을 믿지 않는 파편화된 상태일 것이다. 마찬가지로, 치료적 관계에서 내담자의 세계관을 충분히 이해하려는 태도(반드시 동의해야 하는 것은 아니지만)에 전념하지 않는다면, 이는 일종의 미친 짓과도 같다. 대화에 전념하는 것 대신 무엇을 할 것인가? 상대방을 '그것'으로 대하고, 대상화하고, 구조화하려고 하고, 유아화하고, 독립적이면서도 서로 연결된 동료 인간이 아닌, 그저 다른 무엇으로 대하는 것이다.

74 조율

나는 심하게 알코올을 남용하는 젊은 남자와 치료를 하고 있었다. 첫 회기에서 그는 자신이 무엇을 **하든** 한 번도 부모에게 받아들여진 적이 없다고 하였다. 부모에게 행동적 확인을 얻으려고 노력했지만 실패하자, 그는 또래에게 확인을 얻으려 하였다. "나는 내가 술을 잘 마신다는 것을 깨달았고, 그래서 계속 술을 마셨어요." 나는 마음 깊이 슬픔을 느끼며 조용히 말했다. "하지만 당신은 여전히 그들에게 보이지 않았군요." 그는 처음에는 놀란 듯하다가 울음을 터뜨렸다. 이것은 치료사가 내담자의 정서적 풍경에 맞춰 가는 정서 조율의 한 예이다. 정서 조율은 시간을 두고 감정 상태 전반에 걸쳐 반복되어야 하며, 특히 발달적으로 무시되었던 영역에 주의를 기울여야 한다.

내담자의 세계 내 존재에 대한 조율은 자기 발달에 필수적인 참여(engagement)를 촉진한다. 조율은 포함을 실천하는 과정에서 중심적인 역할을 하며 체화된 경험이다. 앞의 예에서 나는 내 몸의 한 부분에서 슬픔을 느끼거나 단지 생각만 한 것이 아니었다. 오히려 애도의 물결과 같은 감각이었다. 당신은 자신의 조율 스타일이 있을 것이고, 이는 사람과 상황에 따라 달라질 것이다. 그러나 우리는 내담자의 관계적 장에서 벗어나 우리의 상황에 맞추어 '조율할' 가능성이 있다는 것을 인식해야 한다. 그러나 이러한 조율 실패를 슈퍼비전에서 다룬 후 서둘러 무시해서는 안 된다. 공동 창조와 지속적인 관계 주제의 시각으로 바라보면 치료적 파열이 일어난 시점은 가치 있는 정보를 제공하며, 내담자의 과거 관계적 파열이 어떤 경험이었을지에 대한 통찰을 제공할 수 있다. 우리는 내담자와의 조율 시도가 실패한 경우뿐 아니라 성공한 것처럼 보이는 경우도 추적하고, 이를 치료 관계 이상의 더 넓은 맥락에서 고려해야 한다. 이러한 경험들을 장 사건으로 볼 필요가 있다. 유용한 자기 슈퍼비전 질문은 다음과 같다. 어떤 패턴이 반복되고 있는가? 이

전에도 비슷한 방식으로 내담자를 놓친 적이 있는가? 이 내담자와 좀 더 조율하기 쉬운 감정 상태는 어떤 것인가? 이것은 치료사로서 나에게 익숙한 패턴인가?

치료사가 내담자의 경험에 조율하는 데 도움이 되는 몇 가지 실험적 기법이 있다. 한 가지 실험은 내담자와 유사한 자세를 취해 보는 것으로, 내담자의 앉는 방식이나 움직이는 방식을 '시도해 보는' 것이다. 모든 실험과 마찬가지로, 우리는 배경을 준비해야 하고 실험으로 인한 수치심의 가능성, 노출의 특성에 주의를 기울여야 한다. 치료사는 특정한 감각이나 긴장하는 부위에 주목하고 피드백함으로써 내담자가 자신의 몸을 유지하는 방식, 움직이고 호흡하는 방식을 반영할 수 있다. 우리는 자신의 몸을 유지하는 습관적인 방식을 알아차릴 필요가 있고, 내담자에게 그들이 무엇을 느껴야 한다고 말하지 않도록 주의해야 한다. 대신 치료사는 자신에게 일어나는 알아차림을 잠정적으로 공유하고 이것이 내담자에게 공명하는지 확인해야 한다. 예를 들어, 내담자의 자세를 모방하면서 치료사는 특정 신체 부위에서 긴장이나 어색함을 느낀다거나, 작아지거나, 구부정해지는 느낌을 받는다고 공유할 수 있다. 또는 내담자가 방에 들어오는 방식과 똑같이 치료사가 걷고 난 후, 자신이 받은 인상을 이야기할 수 있다. 항상 그렇듯이 이러한 실험은 대화에서 자연스럽게 나와야 하며, 처음에는 즉시성에서 벗어나서 나-그것 관계로 이동한다. 그러나 더 큰 즉시성(immediacy)을 위한 배경을 형성하는 촉진적인 요소가 될 수 있다. "체화된 현전과 부재(해리)에 대한 조율은 치료에서 생생한 연결감을 제공할 수 있다"(Orange, 2010: 64).

우리는 행동에는 다양한 문화적 의미가 있다는 것을 인식해야 한다. 문화적 조율 실패의 전형적인 예시는 개인 공간, 시선 접촉, 신체 움직임의 의미에 대한 잘못된 가정에서 비롯된다. 그 의미는 문화마다 극명하게 다를 수 있다. 이러한 가정을 극복하기 위해 우리는 내담자와의 관계에서 우리의 감각 및 신체 반응에 주의를 기울임으로써 내담자 경험에 대한 감각 느낌을 얻을 필요가 있다. 또한 치료실 밖에서 스스로 문화적 차이에 대해 배워야 할 책임이 있다.

정서 조율은 상대방의 필요를 인식하고 그러한 필요에 반응하는 움직임이다. 이는 대화를 향한 한 걸음이지만 최종 목적지는 아니다. 지속적인 치료에서 우리는 대화적인 관계를 향해 나아가고 이를 유지하기 위해 끊임없이 내담자에게 재조율해야 한다.

스파뉴올로-롭(2019a, 2019b)은 조율과 유사한 과정을 설명하기 위해 미학적 관계 지식이라는 용어를 사용한다. "치료사는 회기 동안 내담자와 공명한다. 치료사의 감각/지각 행위는 내담자 경험과의 동일시나 단순한 공감뿐 아니라 공명도 포함한다"(Spagnuolo-Lobb, 2019b: 381). '공명(resonance)'이라는 용어의 사용은 특히 흥미롭다. 만약 방의 양쪽 끝에 두 개의 바이올린을 놓고 한쪽의 바이올린에서 'A' 줄을 당기면 다른 바이올린이 공명할 것이다. 아마도 세상은 관계 맺고, 공명하고, 조율하기 위해 만들어진 것일지도 모른다. 우리가 귀를 기울일 수만 있다면 말이다.

75 지속적인 관계 주제

포인트 37에서 논의하였듯이 욘테프(1993), 필립슨(2002), 멜닉(Melnick, 2003) 등 정신분석의 전이와 역전이 개념을 게슈탈트 치료에 도입하고 통합하려는 시도가 많이 있었다. 이러한 용감한 시도에도 불구하고 이 개념의 도입은 부분적으로만 성공적이었다. 전이 개념이 게슈탈트 치료와 잘 어울리지 않는 이유가 여러 가지 있다고 생각한다.

- 전이에 대한 전통적 관점은 과거에 더 초점을 맞추며 현재에 투사되는 과거의 관계에 주목하는 반면, 게슈탈트에서는 과거가 현재를 조형하는 방식에 관심을 가지면서도 현재에서 다음으로 이어지는 과정에 더 중점을 둔다.
- 전이에 대한 고전적 관점은 모든 경험이 현재 상황에서 형성된다는 장 이론적 접근과 다르다. 만일 당신이 나를 아버지와 같은 존재로 인식한다면 그것은 지금 일어나고 있는 일이고 공동 창조된 것이다.
- 게슈탈트(및 기타 분야)에서 '전이'라는 용어는 너무 광범위하고 흔하게 사용되어 와서, 이 용어를 언급할 때 실제로 무엇을 의미하는지 혼란스러울 수 있다.
- '전이'라는 용어는 불필요하다. "전이 개념이 포괄하고자 하는 인간관계의 복잡성이 **치료적 상황에만 국한되지 않기 때문이다**"(White 2008: 13; Jacobs, 2017: 9에서 인용).

대안적 관점을 제안하지 않고 이론을 해체하는 경향이 있을 수 있다. 그러나 제이콥스(2017)는 전이에 대한 반론을 제기하면서 치료 관계의 역동을 지속적인 관계 주제(Enduring Relational Theme: ERT)의 렌즈를 통해 보는 것이 게슈탈트의 상황적-현상학적 세계관에 부합한다고 제안한다. 나는 이것이 관계 장 안에서 내담자와 치료사 사이에 일어나는 과정을 더 구체적으로 설명하는 것이라고 생각한다.

현상학자 메를로-퐁티(1962/2014)는 살아 있는 현재가 과거와 미래를 내포하고 있다고 주장한다. 따라서 우리의 과거에 의미 있었던 인물과 경험들은 미래에 대한 기대를 형성하며 현재 순간에 드러난다. 이러한 지속적인 관계 주제들은 내담자가 지금까지의 경험의 주제 구조에 치료 상황을 동화시키는 조직화 활동으로 이해되어야 한다. 관계 주제가 나타나는 것은 세상과 내담자의 관계에 대한 스냅사진으로 볼 수 있다. 따라서 관계 주제가 나타날 때 변형적 경험의 기회가 생긴다. 이는 내담자가 다른 관계 상황을 만남으로써 과거 상처를 최소한 부분적으로 복구할 수 있는 기회이다. 개인의 인간성을 포용하고 지속적으로 나-너 태도를 유지하는 대화적 관계에서 새로운 ERT가 형성될 수 있다.

자유와 선택을 제한하는 심각하고 문제가 많은 ERT는 그 뿌리가 내사된 배경에 있는 경향이 있으며, 내사된 배경은 접촉 조절의 층 아래에서 보호되고 있을 가능성이 있다. 이러한 자신에 대한 체화되고 깊게 침전된 믿음은 매우 학대적이거나 외상적인 배경을 가진 사람들에게서 종종 발견되는데, 이는 현재로서는 이미 시대에 뒤떨어진, 과거 특정 시점의 상황에 대한 창조적 적응으로 인식될 필요가 있다. 예를 들면, '나는 사랑받을 자격이 없다' '나는 잘못됐다' '나는 관심을 받을 가치가 없다'와 같은 믿음이다. 이러한 믿음이 처음에는 자기 자신에 대한 것처럼 보이지만, 사실은 항상 다른 사람과의 관계를 나타낸다. 항상 모든 주제에는 타인이 포함되어 있다. 예를 들어, 내담자가 '나는 멍청하다'라고 말할 경우, 내담자는 이러한 발언이 관계 주제를 암시한다고 인식하지 않을 수 있지만 이를 인식하면 탐색의 가능성을 열 수 있다. "누군가 똑똑한 사람이 없으면 멍청한 사람도 있을 수 없다"(Jacobs, 2017: 11). 누구도 빈 공간에서 잘못되거나, 사랑스럽지 않거나, 유해할 수 없다. 이러한 메시지는 말로 전달되었을 수도 있고 삼투현상과 같이 흡수되었을 수도 있는데, 이는 환경이 그 사람을 그런 방식으로 보았다는 것을 말해 준다. 이러한 ERT는 과거 장에서는 기능을 했지만, 이제 내담자는 현재 장에서 이러한 존재 방식을 지속할지 선택을 마주하고 있다. 내담자는 아마도 선택이 있다고 느끼지 않거나 알아차리지 못할 수도 있지만 여전히 선택이 존재한다. 치료사로서 우리가 해야 할 일의 하나는 내담자가 자신의 경험을 이해하도록 돕는 것이다. 그래서 그 경험이 그들의 정체성의 통합된 일부가 되고, 그들이 어떤 사람이 될 수 있는지를 알도록 하는 것이다. 우리는 유해하거나 유독하다고 간주하는 것에 대해 불가능한 '외과적 제거'를 하려는 것이 아니다. 대신에 우리는 다른 관계 경험, 즉 신뢰받고 있는 그대로의 자신으로 존중받는 경험을 제공하여 다른 ERT가 발달하도록 돕고자 한다. 이것은 세상에서 자신이 어떻게 만나질 것인지에 대한 내담자의 기대를 변화시키고, 기존의 ERT에 대한 알아차림을 증진하는 동시에 현재와 접촉할 수 있는 능력을 향상시킨다.

76 자기 개방

치료사로서 자기 개방 여부는 선택 사항이 아니다. 선택할 수 있는 것은 얼마나 자기를 개방할 것인가이다. 자신을 표현하는 방식, 억양, 옷, 치료실 공간의 색상 등은 우리가 스스로를 드러내는 몇 가지 예시이다. 빈 스크린이 되는 것은 불가능하며 게슈탈트 치료에서 바람직하지도 않다.

정신분석에서 발전해 온 게슈탈트는 정신분석 접근에서 취하였던 중립성과 절제에 반대하였다. 그러나 오늘날에는 진실이란 발견되는 것이 아니라 공동 창조된다는 인식을 게슈탈트와 공유하는 정신분석 분야들도 있다. "개인적인 자기 개방을 최소화하려는 노력은 구시대적이며, 분석가는 자신의 관련 경험을 내담자가 충분히 활용할 수 있도록 해야 한다"(Renik, 2004: 1056). 이러한 치료적 태도는 대화와 포함에 대한 새로운 가능성을 열어 주지만, 동시에 치료사가 힘을 남용할 가능성도 더욱 커지게 한다. 그러나 연구에 따르면 치료사의 신중한 자기 개방은 내담자의 성장을 지원한다(Myers & Hayes, 2006).

그렇다면 언제 표면상으로 드러나는 것 이상의 자기 개방을 해야 하는가? 광범위하고 포괄적인 이 질문에 대한 답은 간단하다. 상황에 따라 다르다! 본질적으로 대화를 위한 것이면 자기 개방을 하고, 내담자를 주요 관계적 초점으로부터 멀어지게 할 때는 일반적으로 자기 개방을 하지 않는다. "대화 지향적인 치료사는 내담자의 접촉을 촉진할지 혹은 중단할지를 판단하여 자기 개방을 구별하고 조절한다"(Resnick, 1995: 4). 우리가 고정된 존재 방식을 가지고 있으면 대화적인 방식에서 멀어지게 된다. 따라서 상황의 요구를 충족할 수 있을 만큼은 접촉 경계의 투과성을 유지하면서도 치료적 틀을 보호하고 남용의 가능성을 방지하기 위해 치료적 경계를 충분히 견고하게 유지해야 한다.

언제 자기 개방을 하는지에 대한 답을 더 자세히 해 보자면, 이는 여러 장 조건에 달려 있다. 장 조건의 몇 가지 예는 대화적 관계의 발달 단계, 내담자와 치료사의 관계 맺는 스타일, 급성 트라우마 경험과 같이 자기 공개가 부적절할 수 있는 요인의 존재 여부 등이다. 자기 개방은 내담자에 대한 타당화, 대화적 실험, 도전, 위계의 평등화, 내담자의 경험에 대한 이해를 전달하는 의사소통 등 긍정적인 방식으로 사용될 수 있다. 잼(Zahm)은 "자기 개방은 치료 과정과 대화적 관계를 개선하고 발전시킬 때만 적절하다."(1999: 28)라고 하였다. 이것이 일반적인 지침이 될 수 있지만 좀 더 장 이론적인 관점을 적용해야 하는 경우도 있다. 데즈먼드(Desmond, 2016)는 치료사의 성적 지향과 관련된 자기 개방이 긍정적으로 사용된 사례를 인용하면서, 이는 치료적일 뿐만 아니라 이자 관계나 집단을 넘어 동성애에 대한 혐오를 극복하는데 있어서 더 넓은 사회적 영향을 미칠 수 있다고 말한다. "치료사가 자신의 성적 지향에 대해 편안해하는 것을 모델링하고 이러한 문제가 모든 사람에게 중요하다는 것을 보여주는 데 있어 자기 개방은 유용할 수 있다"(Richards & Barker, 2013: 137; Desmond, 2016: 49).

아마도 우리 모두는 '당신이 나를 화나게 한다.'와 같이 비난에 더 가깝고 치료에 적합하지 않은 일종의 거짓 자기 개방을 접한 적이 있을 것이다. '나-너' 언어를 사용하는 것은 편향을 막아 주고, 더불어 '너(thou)'와 사이(between)를 더 뚜렷하게 드러낼 수 있다. 반면, 부적절한 시점의 자기 개방이나 치료사의 '나'에 지나치게 초점을 맞춘 자기 개방은 내담자의 전경에서 주의를 딴 방향으로 분산시킬 수 있다. 치료사가 잠시 멈추어 "자신이 무엇을 생각하고, 느끼고, 행동하고, 가치를 두고, 원하는지를 살펴보는"(Brownell, 2018: 217) 성찰적 사고는 부적절한 자기 개방을 방지하기 위해 게슈탈트 치료사가 발달시켜야 하는 기술이다. 그러나 이는 보다 자발적인 존재 방식과 균형을 이루어야 할 것이다.

다양한 유형의 자기 개방이 서로 다른 시간대와 관련될 수 있다. 우리는 지금-여기 반응인 감정, 생각, 감각을 공유함으로써 자발성을 모델링할 수 있다. 또는 내담자가 처한 상황에서 내담자가 어땠을지에 대한 우리의 상상이나 우리가 본 어떤 잠재력을 공유할 수도 있다. 우리는 내담자와의 과거 치료 회기에서 기억하는 내용을 반영함으로써 연속성이나 변화를 강조하거나, 우리 자신의 과거 경험을 반영할 수도 있다. 이는 내담자의 경험을 정상화하는 기능을 갖는다. 내가 만났던

한 내담자는 조현병 진단을 받은 어머니 밑에서 자랐다. 그녀는 자신이 혼잣말하는 것을 조현병이 발병하는 것으로 생각하여 매우 걱정하였다. 내가 나도 종종 큰 소리로 혼잣말을 한다고 공개하자 그녀는 진심으로 놀라워하였다.

로라 펄스는 자기 개방에 대해 다음과 같은 포괄적인 가이드라인을 제시하였다. "나는 내담자가 스스로 다음 단계로 나아갈 수 있도록 돕는 만큼, 현재의 역기능적 상황에서 위험을 감수하는 데 필요한 지지를 확장할 수 있는 만큼의 알아차림만 언어적으로 공유한다"(Perls, 1992: 119). 나는 펄스의 철학에 동의하지만, 그녀가 관계의 한쪽 극만 다루고 있고 더 넓은 논의가 필요하다고 생각한다. 때로 치료실 밖에서 일어났던 일이 치료사에게 너무 압박이 되서 내담자와 함께 현전할 능력을 방해할 때, 또는 내담자가 이러한 외부 간섭에 대한 반응을 알아차리지만 자기 비난 패턴이 있는 경우 자기 개방이 필요할 수 있다. 우리는 모든 상황을 일반화할 수는 없다. 때로는 관계의 발달 단계나 내담자의 특징적인 관계 스타일로 인해 반전을 할 필요가 있을 수도 있다. 우리의 임상적 결정이 무엇이든, 개방하지 않은 반응도 여전히 관계적 장 안에 존재하며 관계에 영향을 미칠 것임을 알아차리고 있어야 한다.

나는 자기 개방과 관련하여 당신이 성장시킬 수 있는 부분이 무엇인지를 고려해 볼 것을 제안한다. 당신이 키워야 할 능력은 자기 노출을 조절하는 능력인가, 아니면 더 개방적으로 표현하는 능력인가? 그리고 이는 관계마다 어떻게 다르게 작용하는가?

77 관계적 전환

게슈탈트 치료에서 '관계적 전환'은 연결과 상호 의존을 강조하는 사고 방식, 작업 방식, 존재 방식을 나타낸다. 이는 과거에 내담자를 좌절시키면서 자기 지지, 자기 조절을 강조했던 것과 대비된다. 이러한 용어와 관련하여 우리가 종종 놓치는 것은 '자기'가 단독으로 존재하는 것이 아니라는 점이다. 게슈탈트 관점에서 자기는 과정으로서의 자기이고, 암묵적으로 관계적이며, "실제적인 현재의 순간과 접촉하는 기능"(PHG, 1951: 371)이다. '실제적인 현재의 순간'은 치료실 벽 안이나 지금-여기의 시간 범위에 국한되지 않는다. 지금 일어나고 있는 것은 과거에서 미래로 이어지며, 관계적 장 안에서 발생한다. 이러한 요소들을 간과하는 것은 때로 게슈탈트 치료를 개인주의적인 방향으로 이끌었는데, 프리츠 펄스가 에살렌에서 했던 작업이 이를 보여 준다. '나'를 고립된 상태에서 독립적으로 존재한다고 보는 관점과 달리, "'나'는 행동의 기원이 아니라 관계적 성취이다"(Gergen, 2009: 133). 이는 나는 항상 '너', 타인과 상황에 연결되어야 한다는 의미이다. "**우리는 무엇보다도 상호 연결되어 있고 상호 의존적이며, 그렇지 않으면 존재할 수 없다**"(Parlett, 2015: 103).

관계적 전환은 종종 1인 심리학에서 2인 심리학으로의 이동으로 설명된다(Joyce & Sills, 2018). 그러나 이것이 장 이론을 기반으로 하지 않는 인본주의 치료에 대해서는 적절한 설명일 수 있지만, 현대 게슈탈트 치료의 관계적 철학을 충분히 설명하지는 못한다고 생각한다. 나는 게슈탈트에서 2인 심리학으로의 움직임이 개인을 유기체적 욕구, 소망, 충동의 집합으로 보는 개인주의적 패러다임에서 벗어나, 관계 '사이'와 공동 창조에 더 큰 초점을 맞추는 쪽으로 이동하는 발달 단계를 나타낸다고 본다. 그러나 내담자와 치료사 '사이'는 장/상황을 구성하는 수많은 다른 '사이' 안에 존재한다. 관계적 게슈탈트 치료는 2인 심리학보다는 상황 또는 장 심리학으로의 이동으로 설명하는 것이 더 정확하다. 즉, 단일한 타인을 넘어 다층적이고 다중적인 영향들이 작용하는 심리학이다.

보다 대화적이고 관계적인 입장으로 나아가면서 균형을 조정할 때, 의도치 않게 실험적 방법과 기법을 평가 절하하는 실수를 범하지 않도록 주의해야 한다. 이는 아기를 목욕물과 함께 버리는 것과 같다. 영국에서 게슈탈트 치료사 및 훈련가로 일하면서 나와 많은 동료가 경험하는 것은, 우리가 움직임과 적극적인 실험을 가르치고 있음에도 불구하고 임상 장면에서의 실제 적용은 감소하고 있다는 것이다. 실험, 신체 작업, 대화가 분리되어서는 안 되며, 이것은 양자택일의 문제가 아니다. 우리는 우리의 몸으로 세계와 대화를 하고 있다. 게슈탈트의 체계적 이론과 방법론은 대화적 관계와 창조적 실험을 통합한다(Yontef & Jacobs, 2010). 관계적 치료에서는 전반적으로 나-너 태도를 유지하면서도 나-그것 관계와 나-너 관계 사이의 리드미컬한 흐름이 필요하다. 이것은 치료사가 매 순간 자발성의 저하와 에너지 변화에 조율하고, 관계 안에서 자신의 위치를 재조정하며, 매 순간 그 관계를 지지함으로써 실현된다. 이렇게 함으로써 치료사는 내담자의 과거에 부족하였었고 현재 필요로 하는 관계를 제공한다. "이런 점에서 증상은 항상 특정한 관계, 즉 더 이상 증상이 필요하지 않은 접촉에 대한 호소이다"(Roubal, Francesetti, & Gecele, 2017).

최근 신경과학 연구에서의 괄목할 만한 발전은 우리의 대인 관계 과정에 대한 이해를 심화시켜 왔다. 대인관계 신경생물학, 사회 및 정서 신경과학은 모두 "우리가 그 안에서 태어나고, 성장하고, 살아가고 있는 관계성을 이해하는 것을 공통의 목표로 한다"(Cozolino, 2014: xvii). 말할 필요도 없이, 이들 분야는 관계를 과학적 관점에서 이해한다는 공통된 특징을 가진다. 이러한 뛰어난 발견들을 축소하려는 것은 아니지만, 대화적 치료는 관계성의 복잡성을 뇌 대 뇌의 문제로 과잉 단순화하는 문화 속에서 환원주의의 위험에 빠질 수 있다. 예를 들어, 거울 뉴런은 관계 장의 한 부분일 뿐이다. 이러한 발견은 특히 심각한 트라우마를 겪은 내담자와의 작업에서 우리에게 정보를 제공하고, 게슈탈트가 통합해 온 많은 관계 지도에 추가적인 '관계 지도'를 그릴 수 있게 해 준다. 이 모든 지도는 우리 앞에 살아 숨 쉬고 있는 인간 존재에게 가까이 다가가게 할 수도, 혹은 멀어지게 할 수도 있는 잠재성을 가지고 있다.

78 파열과 복구

'당신의 모든 소망이 당장 이루어지기를!'이라는 고대 페르시아의 저주가 있다. 훈련 중인 많은 치료사는 내담자와 작업할 때 '잘못 말하면 어떡하지'라는 두려움으로 자신을 마비시킬 수 있다. 나는 이러한 두려움에 내포된 배려에 감동을 받지만, 종종 간과되는 것은 '잘못 말하는 것'이 이야기의 종착점이 아니라는 점이다. 대화적 관계에서 우리가 내담자와 항상 완벽하게 조율될 수 있는 것은 아니며, 관계적 파열이 생길 수 있다. 어떤 파열은 작고, 어떤 파열은 그리 작지 않을 수도 있다. 접촉의 의미는 "동화할 수 있는 새로움에 다가가는 것"(PHG, 1951)이다. 우리가 타인과 만나면서 새로움에 접근할 때는 필연적으로 불확실성, 흥분, 그리고/또는 불안이 동반될 것이다. 우리를 안내할 이론과 지도를 가지고 있을 수 있지만, 모든 새로운 인간 간의 만남에서 미지의 영토를 여행하면서 몇 번은 '잘못된' 선택을 할 가능성이 있다. 우리의 습관적인 접촉 조절 방식에 주의를 기울이는 것은 내담자와의 관계에서 습관적인 방식으로 돌아가는 경우를 줄여 준다. 그러나 치료사로서 우리의 과업은 모든 조율 실패를 제거하려는 불가능한 노력을 하는 것이 아니라, 그것이 일어나는 것을 알아차리고 우리가 알아차린 것을 내담자가 알게 하는 것이다. 치유는 잘못된 조율의 복구와 이어지는 재조율을 통해 이루어진다. 이러한 상호작용 과정을 통해 내담자와 치료사는 새로운 이해를 얻을 수 있고 치료 관계가 깊어질 수 있다. 우리는 내담자에게 자신의 배경을 재구성할 기회를 제공한다.

초기 트라우마를 겪은 사람들을 포함하여 양육 과정에서 반복적인 만남의 실패로 고통받은 내담자들은 양극성을 발달시킨다. 이 극의 한쪽 끝에서 그들은 다시 실패할 것이고 과거의 잘못된 조율이 반복될 것이라고 예상한다. 이는 고정된 게슈탈트를 강화시킨다. 극의 반대편 끝에는 그들이 만나질 것이고 과거의 관계 상처가 마침내 상대방에게 인식될 것이며 그들이 진정으로 보일 것이라는 절박한 희망이 있다. 파열이 일어날 때 종종 내담자들은 알아차림 가장자리에 있거나, 혹은 너무 익숙한 일이라 알아차리지 못한다. 치료사는 목소리가 아주 약간 작아지는 것, 창백함, 시선 접촉의 질과 같은 신체 과정에 섬세한 주의를 기울일 필요가 있고 단계적으로 재조율을 조정해야 한다. 이는 심하게 굶주린 사람에게 갑자기 잔치상을 차려 주지 않는 것과 같다. 알아차림 밖에 있는 복구되지 않은 파열은 내담자가 갑자기 정당한 이유 없이 치료를 그만두고 싶어 하는 것 같은 행동화의 형태로 종종 나타난다(Cole & Reese, 2018). 그러나 내 경험상 이런 과정은 파열이 포착되고 내담자가 보이고 만나지는 순간에도 일어날 수 있다. 과거의 파열이 반복되는 것을 두려워하는 동시에, 특히 수치심이 있는 경우에는 보여지고 조율되는 것에 대한 두려움도 존재한다.

건강한 모-유아 관계는 파열과 복구 주기가 작동하는 아름다운 예가 될 수 있다. 이러한 관계를 관찰하면 조율 실패와 뒤따르는 복구, 즉 관계적인 파열과 복구의 주기가 연속적으로 일어나는 것을 볼 수 있다. 복구 과정에서 건강한 접촉이 회복되면 상호 연결이 재건되고, 파열 당시의 수치심이나 이와 관련된 감정들은 아동의 존재 방식에 대한 비난이 아니라 조절될 수 있는 참을 만한 감정 상태로 경험된다. 아동은 파열된 상호작용이 회복될 수 있다는 것을 체화된 방식으로 배운다. 반대로, 파열이 반복적으로 인식되지 않거나 아동이 이에 대해 비난을 받는 경우에는 상황적 파열이 내면화된다. 어쩌면 수년 후, 그 아동은 성인이 되어 자신의 과거 파열로 인해 현재 장에서도 단절감을 느끼며 치료실 문을 열고 들어올지 모른다. 우리의 임무는 이러한 알아차림 밖의 단절감을 지금-여기 상황과의 연결 경험으로 전환하는 것이다. 이것을 성취할 수 있는 방법 중 하나는 우리가 치료적 관계 사이에서 발생하는 관계 파열을 인지하고 인정하며 경우에 따라 사과하는 것이다. 치료사가 주의를 기울이고 꾸준하게 내담자와 함께 복구의 과정에 전념하면, 유해한 수치심과 과거의 관계 파열의 상처를 치유할 수 있는 잠재적 기반을 구축해 갈 수 있다.

우리가 관계적 파열을 이자 관계의 관점에서 확장하여 더 넓게 바라본다면, 개인주의적 사회가 수치심과 같은 감정을 내면화하는 데 어떤 문화적 영향을 미칠 수 있는지를 인식하게 된다. 휠러(Wheeler, 2000)는 이러한 문화적 존재 방식과 이것이 어떻게 소속감의 장에 파열을 초래할 수 있는지를 깊이 있게 논의한다. 또한 복구와 재연결은 게슈탈트 방식의 전체론, 소속감, 돌봄을 통해서 가능하다고 주장한다.

79 관계를 살아가기

관계를 살아간다는 것은 단지 그것에 '대해 이야기하는 것'이 아니다. 관계를 살아가는 것은 지금 여기에서 이루어지며, 현재 중심의 관계 맺음을 특징으로 한다. 치료사는 이러한 관계를 모델링하는 데 앞장설 필요가 있다. 다시 말해, 내담자가 우리에게 다가올 수 있도록 접촉 경계를 부드럽게 해야 하며, 이는 나-너 관계가 출현할 수 있는 배경을 구축하기 위해 필요한 과정이다. 그러나 이것은 위험하게 느껴질 수도 있다. 사이(between)에 항복할 때 우리는 자신의 경계가 완전히 소멸될 것 같은 위험을 느낄 수 있다. 이러한 항복은 오래된 자기 이미지에 대한 상징적 죽음을 경험하게 하며, 이는 상징적 재탄생을 위한 공간을 열어 준다(Jacobs, 1995). 우리는 우리의 자기 이미지를 포기하고, 지금-여기의 관계에서 출현하는 자기와 접촉한다. 이 출현하는 자기는 우리가 만나는 모든 관계에서 다르게 실현되며, 만남 안에서만 발견될 수 있다.

내담자와 살아 있는 관계를 맺을 때 우리의 이론적 개념들은 배경에 머물러야 한다. 타인과의 경험에 우리 자신을 열어 갈 때, 개념과 이론적 구성 요소들은 열어질 필요가 있다. 내담자 및 그들의 상황과의 관계를 직접 경험하며 살아갈 때, 나는 부버(1958)가 말한 '초월적(noetic)' 세계, 즉 진정성, 현전, 실존의 세계를 위한 배경을 창조하는 것이다. 이러한 용어는 오늘 아침에 수련생과 나누었던 대화를 생각나게 한다. 우리는 자기-대상 항상성의 의미를 명확히 하면서, 심리치료 이론이 종종 경험 자체와는 거리가 먼 혼란스러운 언어로 제시될 수 있음을 논의하였다. 그러나 이론을 실제에 적용할 때는 종종 명확하고 구체적인 이해가 필요하다. 치료사가 "당신에게 방금 무슨 일이 일어났는지 궁금해요."라고 말하는 것은 내담자에게 손을 내밀어 "두 명의 불확실한 사람 사이의 대화를 환영하는 것이다. 접촉을 의도한 경우, 이러한 질문은 치료 과정이 '어떻게 작동하는지에 대한 구조(how-structure)'를 보여 주는 예시이다"(Bloom, 2010: 13). 또한 이는 관계에 생생함을 불어넣고, 즉각적이고 포괄적이며, 게슈탈트 치료의 관계 윤리의 예시가 된다.

덴햄 보한(2005)은 모든 살아 있는 관계에 존재하는 의지(will)와 은혜(grace)의 변증법을 논의한다. 이것은 치료사가 '존재하면서 행동하고' '행동하면서 존재해야' 한다는 것과 관련된다. 여기서 의지는 지향적인 행동이나 주도성을 갖는 것이고, 은혜는 수용성과 항복을 의미한다. 치료자로서 우리는 존재의 상태에서 의지를 가지고 적극적으로 행동해야(wilfully active in our being) 하며, 내담자에게 다가가는 동시에 이러한 의지의 행동을 균형 있게 조절하면서 내담자가 관계적 간극을 넘어 우리에게 다가올 수 있도록 충분한 공간을 허용해야 한다. 이러한 공간에서 우리는 내담자를 은혜롭게 받아들일 수 있는 상태로 존재해야 한다. 실스, 랩워스와 데즈먼드는 인류에 대해 "우리는 '존재하는 인간(human beings)'이라기보다 '행위하는 인간(human doings)'에 더 가깝다."(Sills, Lapworth, & Desmond, 2012: 181)라고 지적한다. 전체 인류를 이런 식으로 규정하는 것은 다소 극단적일 수 있지만, 서구 문화에서 은총은 문화적으로 부조화스러운 특성이다.

살아 있는 관계에서 치료사와 내담자는 분리된 개체로 간주되지 않으며 함께 대화적 창조 행위를 이룬다. 관계에서 발생하는 것의 원인은 외부에서 찾는 것이 아니라 관계 내에서 탐색된다. 예를 들어 보겠다. 상담 회기에서 내담자가 종종 과거에 소외되는 느낌(feeling of being missed)을 받았다고 말한다. 이제 치료사는 이러한 경험이 어디에서, 누구에 의해 일어났는지, 소외되는 느낌이 내담자에게는 어떤 것인지를 탐색할 수 있다. 이 모든 탐색은 치료 과정의 특정 시점에 의미가 있을 수 있다. 그러나 치료사와 내담자가 현재의 모험으로서 관계를 살고자 한다면, 치료사는 이 관계에서 일어나는 일에 초점을 맞출 필요가 있다. 그러면 개입은 '나는 어떻게 당신을 소외시키나요?'와 같은 형태로 이루어질 수 있다. 또는 치료사가 어떤 영향을 받았는지에 대한 자기 개방, 내담자를 어떻게 놓쳤을까에 대한 직관적인 추측을 공개하는 것과 같이 보다 즉각적인 개입이 가능한 반응을 할 수 있다. 처음에는 많은 내담자가 이러한 개입에 편향 반응을 보인다. 그러나 개입을 지속함으로써 우리는 살아 있는 관계에서 출현하는 관계 패턴을 탐색할 수 있고,

이러한 패턴은 내담자의 세계에 근본적인 변화를 가져올 수 있는 잠재력을 가진다. 치료사로서 우리는 모든 에너지는 그 조절 방식이 어떠하든 관계적이라는 알아차림을 유지할 필요가 있다. 그렇지 않으면 살아 있는 관계적 심리학에서 멀어져 개인주의적 심리학으로 빠져들게 된다(Lichtenberg, 2012).

Part 4

되어 가기

여정을 따라 나타나는 전환

80 게슈탈트 실험

내담자가 상황에 따라 자신을 조직화하는 방식은 게슈탈트 창시자들이 "**안전한 응급 상황**"(PHG, 1951: 65)이라고 명명한 상황을 만나면서 도전할 수 있다. 안전한 응급 상황은 내담자가 치료실 안에서 다양한 존재 방식을 실험할 수 있는 환경이다. 우리는 내담자에게 영향을 미치는 전체 장을 인식하는 동시에, 치료사의 반응(공개 여부와 상관없이)을 포함하여 내담자의 상황에서 전경이 되는 요소에 초점을 맞추어 작업한다. 모든 실험은 이러한 요소와의 관계 속에서 창조될 필요가 있지만, 치료사는 초점과 방향의 변화에 열려 있어야 한다. 실험을 제안하고 추진할 때 우리는 다음 단계에 무엇이 일어날지 알지 못한 채 한 발을 내딛게 된다. 만약 우리가 창조적 실험을 형식화한다면, 그것은 더 이상 창조적이거나 실험적인 것이 아니고 이미 처방된 행동 수정으로 변질된다. 게슈탈트 실험에서는 미리 결정된 방향이 아니라, 경험된 알아차림이 행동으로 이어진다(Melnick & Nevis, 2012).

실험은 내담자가 **익숙한 경계**를 넘어 모험할 수 있도록 설계되며(Polster & Polster, 1973), 다른 존재 방식을 탐색할 수 있는 지지적인 환경을 창조하여 습관적인 행동에서 벗어나게 한다. 실험은 내담자가 자신의 현재 존재에 대한 알아차림을 증진하고, 현재의 경험이 과거의 경험에 의해 어떻게 형성될 수 있는지를 탐색하도록 설계된다. 창조적 실험의 한계는 내담자과 치료사 간의 치료적 관계 속에서 결정되며, 도덕적 · 윤리적 경계를 포함한 기존의 장 조건에 의해 형성된다.

게슈탈트 실험은 우리가 경험을 통해 더 깊은 수준에서 체화된 방식으로 배운다는 신념에 기초한다. 이러한 학습은 잘못된 방향이나 막다른 길에 이르는 것처럼 보일 수도 있지만, 이 모든 것은 실험에 적극적으로 참여하는 과정의 일부이다. 게슈탈트 실험은 해결 중심적인 접근이 아니므로 반드시 효과적일 것이라는 보장은 없지만, 그 과정에서 해결로 이어질 수도 있다. 토머스 에디슨이 전구 실험을 하면서 "나는 실패하지 않았다. 다만, 효과가 없는 만 가지 방법을 발견한 것뿐이다."라고 말하였고, 결국은 우리의 삶을 바꾸게 된 것처럼 말이다. 대부분의 내담자는 이보다 더 적은 시도로 실험을 통해 변화한다!

게슈탈트 치료에서의 모든 실험은 내담자의 관계적 장에 대한 현상학적 탐색으로서, 대화에서 자연스럽게 나타나야 한다. 그렇지 않으면 우리는 "공동 출현하는 수평적인 과정이 아니라, 기술-합리적(techno-rational)이고 미리 결정된 '해결책'을 적용하게 될 가능성이 높다"(Denham-Vaughan, 2010: 37). 때로 치료사는 자신의 전문성과 창의성을 활용하여 실험을 구성하기도 하고, 다른 경우에는 내담자와 치료사가 함께 실험을 설계하기도 한다. 치료사와 내담자 사이에 합의가 이루어져야 하고, 실험의 단계는 적절한 수준으로 조정되어야 한다. 이는 내담자에게 충분한 도전이 되지만 지나치게 어려울 정도는 아닌 적당한 수준이어야 함을 의미한다. 마치 당신이 피아노 연주를 배우고 있다면 쇼팽을 연주하기 전에 음계와 간단한 멜로디부터 연습하는 것과 같다.

실험은 복잡하고 극적일 수 있으며, 신체적 · 감정적 표현을 촉진하기 위한 다양한 '도구'를 사용할 수도 있지만, 실험의 성공은 표현의 강도로 측정되지 않는다. 효과적인 실험 중 일부는 내담자에게 불편한 감정과 함께 머물러 보라고 격려하거나, 작은 움직임을 더 진전시키거나, 다른 자세를 취해 보도록 권하는 등 단순하다.

게슈탈트에서는 사건의 원인을 고립된 행동 특성에서 찾는 것이 아니라 행동과 환경 간의 관계에서 찾는다(Lewin, 1936). 아무리 창의적인 실험이라도 단 하나의 고립된 실험에서 '해답'을 찾지는 못할 것이다. 실험은 치료 관계의 배경에 녹아들 유용한 전경적 연습(figural exercise)이다.[44] 예를 들어, 권위자에 대한 분노를 표현하도록 촉진하는 실험은 강한 감정을 표현하는 것과 관련된 내담자의 장을 재구성하게 할 수 있다. 이러한 변화는 새로운 체화된 알아차림이 과거의 창조적 적응을 대체하면서 배경에서 일어난다.[45]

---

44 역자 주: 실험은 치료 과정에서 치료사와 내담자 사이의 관계에 깊이 녹아들어, 그 관계의 일부가 되며, 이를 통해 내담자의 변화를 촉진하는 도구로 작용한다는 의미이다.

45 역자 주: 내담자가 새로운 알아차림을 통해 자신의 내면적 토대에 변화를 일으키고, 이를 통해 과거에 대처했던 방식이나 태도를 새롭게 조정하게 된다는 것을 설명한다.

81 실험과 도전

다음 글을 읽기 전에, 잠깐 '게슈탈트 실험'과 '도전'이라는 말을 들었을 때 어떤 이미지가 떠오르는지 생각해 보기를 바란다. 당신은 이 용어들과 관련해서 어떤 선입견을 가지고 있는가?

> 성공한 사업가인 리디아(Lydia)는 첫 치료 회기에 힘찬 모습으로 도착하였다. 그녀는 방으로 성큼성큼 들어와 소파 가장자리에 꼿꼿하게 앉았다. 줄무늬 정장은 그녀의 곧은 자세를 더욱 부각시켰다. 그녀는 전에 치료를 받은 적이 있고 다양한 상담 접근에 대해 알고 있다고 말하였다. 나는 "그러면 왜 게슈탈트 치료사에게 치료받으려고 생각하게 되었나요?"라고 물었다. 그녀의 답변은 신속하였다. "난 도전을 받고 싶어요!" 나는 그녀에게 소파에 등을 기대도록 하고 팔과 등이 지지받는 것을 느껴 보라고 안내하였다. 그녀는 이러한 움직임을 어려워하였다. 그녀가 가구에 기대는 것을 거부하며 뻣뻣하게 앉아 있을 때, 나는 또 다른 질문을 던졌다. "그렇다면 당신에게는 어떤 것이 도전이 될 수 있을까요?" 그녀는 입가에 떨리는 미소를 지었고 눈가는 촉촉해지기 시작하였다. 그녀의 부드러워지는 듯한 모습은 나를 그녀의 내면으로 초대하는 것 같았다.

성장과 도전은 다양한 형태와 방식으로 나타난다. 치료의 예술 중 하나는 내담자의 고군분투와 어려움의 배경을 존중하면서도 성장 경계에 충분한 압력을 가해 변화를 촉진하는 것이다. 앞에서 설명한 것과 같이 내담자에게 도전하는 것이 반드시 거친 직면이나 내담자를 강한 감정으로 '들어가게' 하는 것을 의미하지는 않는다. 모든 실험은 충분히 지지하는 환경에서 관계 속에서 출현해야 한다. 내담자의 상황과 그에 대한 인식을 존중하는 대화를 통해 지지적인 배경을 구축함으로써, 우리는 내담자의 성장을 촉진할 수 있는 조건을 창조한다.

게슈탈트의 장 관점은 우리가 환경과의 관계에서 공동 창조한 풍경이 우리의 자기감과 우리에게 무엇이 가능하며 불가능한지에 대한 감각을 형성한다는 것을 알려 준다. 우리는 새로운 경험을 바라볼 때, 바로 이러한 경험의 렌즈를 통해서 바라본다. 건강하게 기능할 때는 이 새로운 경험을 사용하여 우리가 원래 가지고 있던 지도에 의문을 던지고 재평가를 한다. 치료에서 세심하게 단계별로 이루어지는 실험과 도전, 즉 **안전한 응급 상황**의 창조는 내담자의 현재 상황에 대한 재적응을 촉진할 수 있다. 이는 우리의 **서사적 자기**, 즉 우리가 이 세상에서 누구인지에 대해 스스로에게 하는 이야기를 재평가할 기회를 제공한다.

고정된 게슈탈트는 내담자에게 불모지에서 사용할 수 있는 유일한 지지였을 수 있고, 당시에는 자신을 위한 소중한 동맹이었을 것이다. 설령 유효기한을 한참 넘겼다 하더라도 깊이 뿌리박힌 체화된 신념을 단순히 말로 바꾸기는 쉽지 않다. 관계 속에서 경험적으로 형성되었던 고정된 게슈탈트는 **내담자와 함께** 실험을 세심하게 구성함으로써 다시 관계 속에서 경험적으로 해체될 수 있다. 그렇게 함으로써 새로운 경험이 형성되고 현실이 구성될 수 있는 공간이 마련된다. 내담자와 치료사 모두의 과제는 고정되고 시대착오적인 존재 방식에 도전하고, 변형으로 이어지는 실험을 촉진하는 상황을 창조하는 것이다.

익숙한 것에서 벗어나는 것은 흥미롭기도 하지만, 종종 불편할 수 있고 위협적이거나 자신의 세계가 붕괴될 것 같이 느껴질 수도 있다. 따라서 익숙한 경계에서 벗어나려고 하면, 변화에 저항하게 되면서 접촉 경계가 경직되고 삶을 축소하는 익숙한 상황에 머무르게 될 수 있다. 새로운 것과의 접촉은 **'항상 그래 왔던 나, 그리고 앞으로도 항상 그러할 나'**라는 고정된 신념으로 굳어지면서 조절된다. 이런 사람들에게는 환경의 변화는 재앙처럼 느껴질 수 있다. 거품 안에서 구축된 안전한 세계에 대한 환상이 위협받기 때문이다. 변화가 일어나려면 내담자가 공간을 채우지 않고 익숙한 것을 놓아주는 순간이 있어야 하고, 이러한 움직임은 관계적으로만 구축될 수 있는 견고한 배경을 필요로 한다. 게슈탈트에서 이러한 공간은 종종 **충만한 공백**(fertile void)으로 묘사되지만, 이 공간이 무의미한 상태가 될 수도 있음을 인정한다. 이 상태는 불확실성을 특징으로 하며, 미지의 세계로의 한 걸음이다. 이는 "존재의 공허함을 경험함으로써 창조적 에너지가 흐르고 새로운 이해가 지속적으로 나타난다. 충만한 공백은 모든 것이 출현하는 미분화된 장이다."(EAGT, 2019: 4)라는 믿음에 기반한 상태이다.

내담자뿐 아니라 치료사에게도 공백 상태에 머무는 것은 종종 도전이 된다. 우리는 행동하는 문화(doing culture) 속에 살지만, 이미 채워진 공간에는 아무것도 들어갈 수 없다.

82 실험적 방법

실험은 게슈탈트의 주춧돌 중 하나이며 일부 게슈탈트 치료사는 실험을 장 이론, 현상학, 대화와 함께 네 번째 기둥이라고 생각한다. 실험의 기회가 생기면, 이를 위한 방법론이 필요하다. 필립슨(2001: 160)은 알아차림을 동반한 실연(enactment), 과장하기, 반대로 하기의 세 가지 실험 방법을 논의하였다. 이 세 가지 실험 세트는 다음에 나와 있는 것처럼 동일한 실험의 서로 다른 단계로 구성될 수도 있고, 세 가지 방법 중 하나에 초점을 맞출 수도 있다. 다음의 예시에서는 내담자가 '부분적으로 투사하고 있는'(Perls, 1969) 성격이나 특징을 확인하는 데서 시작해서, 그것을 실연함으로써 알아차림을 증진하는 작업을 한다.

내담자: 당신은 정말 강한 사람이에요.

치료사: 그 말을 다시 한번 반복하는데, '당신은'을 '나는'으로 바꿔서 해 보세요. 한번 해 보고 어떤지 봅시다.

내담자: 나는 강한 사람이에요. (**빠르게 말한다.**)

치료사: 정말 빨리 말했네요! 어려울 수도 있지만 그 말을 할 때 숨을 들이마시고 천천히 해 보세요. (**시범을 보인다.**) '나는 정말 강한 사람이에요.'

내담자: (**실험을 계속한다.**) 나는 정말 강한 사람이에요. (**낮은 목소리로 말한다.**)

치료사: 좀 더 크게 할 수 있겠어요? 일어서서 할 수도 있고 가슴에 좀 더 공간을 만들기 위해서 어깨를 펴는 건 어떤가요. (**내담자를 지지하기 위해 일어서서 다시 자세를 모델링한다. 손을 배 위에 대고 숨을 들이마신다.**)

내담자: (**일어서서**) 나는 강한 사람이에요……. 나는 정말 강한 사람이에요. (**치료사의 격려로 더 똑바로 서서 확신을 가지고 반복한다.**)

실험에는 많은 선택지가 있다. 내담자가 치료사를 강하다고 보는 경험에 초점을 맞추어 현상학적 탐색을 더 할 수도 있고, 치료사의 제안을 흔쾌히 따르려는 내담자에게 도전할 수도 있다. 종종 이러한 선택의 기로에 서게 되며, 치료의 방향은 치료 관계의 배경에서 드러나는 성장 가능성(growing edges)에 따라 결정될 것이다. 이 내담자는 자기 주장을 하기 어려웠던 배경을 가지고 있다.

이제 우리는 과장으로 초대하는 단계로 이동한다.

치료사: 그러니까 당신은 정말 강한 사람이군요!

내담자: 음…… (**뒤로 물러나 앉으며 에너지가 가라앉는다.**) 글쎄요. 그 느낌이 오래 가지 않아요. 기운이 빠지는 것 같아요.

치료사: (**자신도 의자에 축 늘어진다.**) 자, 그럼 제대로 늘어져 봅시다. 정말로 드러누워 봐요. 몸을 의자에 눕히세요.

내담자가 반응을 과장할 때 지지가 필요할 수도 있지만, 여기서는 지면의 부족으로 지지가 주어진 것으로 간주하겠다.

내담자: (**의자에 '털썩 눕듯이 앉고' 약간 에너지를 회복한다.**) 당신은 마치 내 상사가 나에게 이래라저래라 하는 것 같이 말하네요. 이렇게 서라, 저렇게 앉아라, 이걸 해라, 저걸 해라.

반대로 하기에서는 내담자에게 타인의 역할을 하도록 요청한다.

치료사: 내가 당신에게 이래나 저래라 하고 싶지는 않지만, 제안을 하나 할게요. 저쪽 의자에 앉아서 당신의 상사가 되어 보세요. (**반대로 하기에서 내담자가 같은 의자에 앉지 않는 것이 중요한데, 경계 혼란을 초래할 수 있기 때문이다.**) 무엇이 떠오르는지 보세요. 여기 레이첼(**빈 의자**)에게 무엇이든 떠오르는 것을 말해 보세요.

내담자: (잠시 생각한 후 **의자를 바꾸고 상사의 자세를 취한다.**) 레이첼, 나이젤(Nigel)에게 피드백 받았어요? 그리고 다음 주 화요일 미팅 잊지 마세요. 아직 처리되지 않은 평가들도 있어요. (**그러다 갑자기 일어나 레이첼의 의자에 옮**

겨 앉는다.) 입 닥쳐! 나는 8년 동안 이 일을 해 왔어. 내가 뭘 해야 되는지 잘 알고 있다고!

이 사례는 필립슨(ibid.)이 말한 세 개의 실험 방법을 보여 주기 위한 가상 회기의 요약본이며 실제로는 이렇게 빠르게 진행되지 않을 것이고 그것은 바람직하지도 않다. 실험의 기능은 현재 순간의 알아차림과 접촉을 증진하는 것이다. 실험은 어떻게 해야 하는가(what should be)가 아니라 어떻게 될 수 있는가(what could be)라는 가능성을 탐색할 수 있도록 돕는다. 여기에 제시한 예는 세심하게 조정된 실험이다. 실험을 조정할 때 우리는 낯섦과 익숙함의 변증법을 고려해야 하고 접촉 경계에서 에너지를 유지해야 한다. 낯섦-익숙함의 연속선에서 너무 멀리 나아가면 내담자는 철수하고 수치심을 느낄 수 있다.

나는 가장 효과적인 게슈탈트 실험 중 일부는 가장 단순한 것임을 발견하였다. 예를 들어, 불안과 공황 발작의 고통을 호소하는 내담자가 급하게 들어온다. 자신이 어떤 영향을 받고 있는지 여러 가지 예를 급히 들며 그의 호흡이 빨라진다. 치료사는 멈춰서 숨을 쉬라고 권할 수도 있지만, 세심한 주의를 기울인다면 내담자가 주제를 변경할 때 숨을 내쉬지 않는다는 것을 알아차릴 수 있다. 환경과의 접촉은 들이마시는 것뿐 아니라 내쉬기도 포함한다. 숨을 내쉬는 것은 끝맺음 또는 완결감을 준다. 불안과 관련된 생리적 증상은 산소 흡입량이 많아짐에 따라 증가한다. 따라서 '숨을 들이쉬세요.'라는 개입으로 숨을 들이쉬는 것에만 주위를 기울인다면 오히려 불안을 증가시킬 수 있다.[46]

욘테프와 슐츠(Yontef & Schulz, 2016: 17)는 실험의 이유를 다음과 같이 제시한다.

- 알아차림을 명확하고 선명하게 한다.
- 주변부의 것을 초점화된 알아차림으로 가져온다.
- 알아차리지 못한 것을 알아차리게 한다.

46 역자 주: 여기서 가장 단순한 것이란 내담자의 호흡 패턴을 세심하게 알아차리는 것을 말한다. 이를 통해 내담자가 자신의 호흡과 불안의 관계를 직접 경험하고 이해할 수 있도록 돕는 것이 게슈탈트 실험의 핵심일 수 있다.

- 알아차림을 차단하는 것을 알아차리게 한다.
- 새로운 사고, 감정, 행동 방식을 실험한다.

실험은 그 자체로 하나의 기법이고 치료적 관계를 나-그것 관계로 전환한다. 따라서 치료사는 나-너 태도를 유지할 책임을 가져야 한다. 비록 게슈탈트에서 알아차림을 촉진하기 위해 기법을 사용하지만, 우리는 기법 중심의 접근을 취하지 않는다. "기법은 사람과 사람 사이의 **관계**에 기반해야 한다"(Hycner, 1993: 4).

83 양극성과 상전/하인

양극성 이론은 알아차림 안에 있을 수도 있고 밖에 있을 수도 있는 상반되는 힘들의 집합에서 시작된다. 우리가 가지고 있는 모든 특성은 연속체의 한쪽 끝에 있으며, 반대쪽 끝 역시 잠재성으로서 우리 안에 존재한다. 우리에게 사랑할 수 있는 능력이 있다면 증오할 능력도 있는 것이다. 그러한 특성을 상상할 수 있다는 것은 곧 그러한 그림자가 존재함을 증명해 준다. '물고기는 자신이 젖어 있다는 것을 모른다.'라는 중국 속담은 알아차림을 위해서는 대비(contrast)가 있어야 한다는 것을 보여 준다. 빛이 존재하려면 어둠이 있어야 하듯이, 그림자가 존재해야 반대 극이 존재한다. 극성은 서로 필연적으로 연결되어 있기 때문에, 반대 극이 없으면 존재할 수 없다. 만약 이 연결이 인식되지 않으면, 부인된 극성은 우리가 알아차리지 못한다 해도 여전히 표현되려고 할 것이다. 그림자 속성을 부인하는 것은 끔찍한 결과를 초래할 수 있고, "한쪽 극과 지나치게 동일시를 하면 다른 극성을 완전히 소멸시키기 때문에 근본주의, 테러리즘, 대학살의 선행 조건이 될 수 있다"(Evans, 2007: 96).

양극성은 다양한 분야에 적용될 수 있다. 자기의 양극성(Zinker, 1977), 치료 과정의 양극성, 접촉 방식의 양극성(포인트 25 참조), 문화적 장의 양극성 등이 그 예이다. 이 이론이 적용되는 곳이면 어디에서나 음양의 법칙이 성립된다. 즉, 어둠 속으로 깊이 다가갈수록 빛에 더욱 가까워지고 그 반대도 마찬가지이다. 또한 빛은 어둠의 속성을 포함하고 있으며 어둠은 빛의 속성을 포함한다. 우리는 모두 어느 정도는 인간적인 특성과 잠재성 중 일부를 소유하지 않음으로써 우리의 자기 개념을 제한한다. 접촉은 항상 연결-철수, 참여-고립, 분리-융합(Merleau-Ponty, 1962/2014)과 같은 양극 행동으로 구성된다. 극들은 연속선상에 놓여 있고 각 연속선을 따라 이동할 수 있는 능력이 클수록 현재 삶의 다양한 상황에 창조적으로 적응할 수 있는 능력도 커진다.

자기 개념과 관련된 양극성(Zinker, 1977)의 예는 다음과 같다.

명석함 ———————————————— 어리석음
친절함 ———————————————— 잔인함
이타심 ———————————————— 이기심
유연성 ———————————————— 경직성
따뜻함/친근함 ———————————————— 차가움/냉담함
관심 ———————————————— 무정함

앞서 제시한 극성을 활용하여 당신만의 양극성을 더 생각해 볼 수 있다. 어떤 특성은 하나 이상의 반대 특성을 가지고 있기도 하고, 내가 제시한 반대 특성 중 일부에 동의하지 않을 수도 있다.

맥퀸(MacKewn, 1997)은 게슈탈트 치료사로서 활용할 수 있는 유사한 양극성을 제안하였는데, 이는 다음과 같다.

훈련된 ———————————————— 초보의
이론적인 ———————————————— 비이론적인
단순한 ———————————————— 복잡한
공감적인 ———————————————— 냉철한
정돈된 ———————————————— 혼란스러운
체계적인 ———————————————— 자발적인
현재 과정을 트래킹하기 ———————————————— 장의 다른 요소를 가져오기

건강한 기능은 극성을 확장하고 양극성 사이의 연속체의 범위를 넓힘으로써 달성된다. 우리는 변화하는 상황에 민감하게 대처하면서 상반된 양극성 간의 긴장 사이에서 서 있을 자리를 찾아야 한다. 우리는 극성 사이의 연속체를 확장함으로써 알아차림을 증진하여 완전하고 구별된 경험을 위한 공간을 만들어 낸다.

프리츠 펄스는 그가 상전(topdog)/하인(underdog)이라고 말한 특별한 양극성 작업을 하였다(Perls, 1969). 상전은 무엇을 해야만 한다는 목소리로, 종종 내사된 내용들을 포함한다. 하인은 더 자발적이고 반항적이며 충동적이다. 이 대립적인 대화의 예는 다음과 같다.

상전: 나는 체육관에 가서 몸을 단련해야만 해.

하인: 그런 건 신경 쓰지 마. 난 와인이나 마시면서 햇살 아래 누워 있고 싶다고.

이름에서 알 수 있듯이 상전은 더 강력한 부분으로 나타나는 반면, 하인은 희생자 같은 외관 뒤에 자신의 힘을 감추고 있다. 당신은 아마도 이러한 '분열'이 두 의자를 활용하는 게슈탈트 실험에 적합하다는 것을 알 것이다. 펄스는 내담자에게 각 부분을 역할 연기하면서 이러한 분열을 실연하도록 격려할 때, 갈등에서 언급되는 말의 내용뿐 아니라 대화 과정, 특히 한 부분이 다른 부분과 대화하는 방식에도 관심을 기울였다. 대개는 양측 모두에서 빠른 속도로 진행되는 자기정당화가 펼쳐졌고 치료사의 임무는 양쪽을 중재하여 더 큰 통합을 이루고 다른 쪽의 관점을 이해하도록 하는 것이다. 당시 펄스의 훈련생 중 한 명은 "문제를 해결하는 데는 두 명이 필요하고, 해결을 막는 데는 한 명만 필요하다."라는 중요한 교훈을 배웠다고 하였다(Melnick, 2003: 176). 이는 내적 갈등이든 체계 내의 갈등이든, 갈등을 다루는 우리 모두가 명심해야 할 부분이다. 또한 내적 갈등을 겪는 모든 사람은 장 사건의 영향을 받고 있음을 염두에 두어야 한다. 펄스의 상전/하인 양극성 작업 방법론은 반대 극과의 관계에 대한 알아차림이 부족한 모든 분열을 다룰 때도 적용될 수 있다. 양극성은 개인의 이분법을 유지시키는 역할을 할 수 있다. 하지만 건강한 양극성은 상호 보완적이며, 한쪽 극은 다른 극의 존재와 잠재성을 부각한다. 양극이 서로 분리될 때, 그것은 양극 간의 상호 보완적 관계에 대한 이해가 부족함을 나타낸다(Sonne & Toennesvang, 2015).

내담자는 그림자의 특성에 저항적일 수 있고, 그것들을 일방적으로 부정적인 것으로 미리 설정할 수 있다. 나는 이에 대해 다음과 같은 생각으로 이 장을 마치려고 한다. 파리에 살던 작가 기 드 모파상(Guy de Maupassant)은 에펠탑을 혐오하였다. 아이러니하게도 그는 에펠탑 꼭대기에 있는 레스토랑에서 정기적으로 점심 식사를 했는데, 그곳이 시야가 막히지 않고 파리를 내다볼 수 있는 유일한 장소였기 때문이다. 그 안에 들어가기 전까지는 어떤 풍경이 그림자로부터 펼쳐질지 누가 알겠는가?[47]

47 역자 주: 기 드 모파상은 에펠탑이 파리의 경관을 해친다고 생각하였지만, 동시에 에펠탑의 정상에서 파리를 바라볼 때는 이를 즐길 수 있었다. 이러한 모순적인 행동은 우리가 자신의 그림자 측면, 즉 우리가 평소에는 부정적으로 여기거나 인정하지 않으려는 내면의 부분을 탐색할 때 얻을 수 있는 깨달음이나 가치를 상징적으로 보여 준다.

84 두 의자와 빈 의자

잘 알려져 있지만 종종 남용되거나 오해받는 게슈탈트 실험 중 하나는 '빈 의자'이다. 프리츠 펄스는 심리극 작가였던 제이콥 모레노(Jacob Moreno, 1889~1974)의 영향을 받아 빈 의자를 고안하였으며, 이는 그의 정신분석적 과거로부터의 급진적인 전환이었다. 이 기법은 내재화된 갈등을 외재화하고 과거의 문제를 지금-여기 치료실로 가지고 온다. 빈 의자 기법은 "미해결 과제를 완결하고, 양극성이나 분리된 부분을 통합하며, 과거의 영향을 지금-여기로 가지고 오기 위해"(Mann, 2014: 194) 다양한 방식으로 사용될 수 있다. 다음 중 어떤 것이라도 빈 의자 위에 앉게 할 수 있다. 내담자 삶(과거나 현재)에서 중요한 타인, 내담자가 소외시킨 특성, 내담자 내부의 분열, 딜레마, 삶의 선택 등이 그것이다. 이러한 실험을 제안할 때 중요한 것은 내담자와 치료사 간의 관계적 기초가 충분히 구축되어 있고, 치료사가 실험을 미리 구성하는 것이 아니라 대화적이고 현상학적으로 출현하도록 하는 것이다. 내담자는 의자에 누가 혹은 무엇이 놓이든 그와 대화를 하도록 초청된다. 만일 적절한 경우라면 물리적으로 그 사람/특성과 자리를 바꾸고 원래의 위치를 바라보며 반응을 할 수도 있다. 지난 포인트에서 논의한 대로, 두 의자 또는 빈 의자 작업은 상전/하인 대화나 개인 내 양극성 대화에 적합하다.

빈 의자 및 이와 유사한 실험들은 펄스의 대단한 혁신이었고 일부 내담자에게는 매우 유용하지만, 이것은 단지 기법이라는 점을 강조하고 싶다. 불행히도 일부 제대로 훈련받지 않은 치료사들과 교육자들이 게슈탈트 치료의 철학적 깊이를 이해하지 못하고 '이것이 게슈탈트다.'라는 오해를 지속시키고 있다. 이는 게슈탈트 치료의 복잡성과 정교함을 평가 절하한다.

빈 의자나 두 의자 실험을 진행할 때는 내담자와 합의가 이루어져야 하고 시작과 끝을 명확히 해야 한다. 실험을 설정할 때 내담자에게 물리적으로 이동하도록 초대하여 다른 심리적 공간으로 들어간다는 것을 나타내면 실험의 시작을 정하는 데 도움이 될 수 있다. 실험을 마칠 때는 경계 혼란을 피하기 위해 빈 의자 위에 더 이상 투사된 특성이나 인물이 있지 않다는 것을 명확히 밝힌다. 실험 중에 치료사는 호흡, 목소리, 근육 경직성, 움직임, 편향적 언어 사용 등을 포함하여 신체 반응과 몰입도를 관찰하면서 내담자의 접촉 수준을 모리터링한다. 이때 떠오르는 감정이나 감각과의 접촉을 증진하도록 초대하거나, '……를 말할 때 목소리가 낮아졌네요.'와 같이 치료사가 알아차린 것을 공유할 수 있다. 양극성 작업을 하면서 각 극을 대표하는 두 의자를 사용한다면, 치료사는 내담자가 해당 극의 입장에서 말하고 있는지를 모니터링해야 한다. 이기성과 이타성이라는 두 개의 극성을 예로 들어 보겠다.

내담자: (이기적인 의자에서 말한다.) 난 당신이 어떻게 생각하든 상관없어요. 내가 원하는 대로 할 거예요……. 하지만 그렇게 하면 당신이 상처받을 것 같아요.

치료사: '그렇게 하면 당신이 상처받을 것 같아요.'라는 말은 이쪽 의자(이타적인 의자)에서 하는 말이네요. 이쪽으로 와서 말해 볼 수 있겠어요? '나는 당신에게 상처를 줄 거야.'라고 좀 더 직설적으로 말해 보면 어떨까요? 어떻게 되는지 한번 봅시다.

여기서 볼 수 있듯이 이러한 실험을 진행하는 동안 치료사는 지시적인 접근을 취하기도 한다.

두 의자나 빈 의자 실험을 촉진할 때, 치료사가 내담자를 충분히 지지할 수 있도록 가용한 상태로 있는 것이 중요하다. 내담자에게 실험은 강도 높은 경험이기 때문이다. 이런 점에서 나는 치료사에게 직접 말하는 것으로 빈 의자를 대체할 수 있다고 제안한 뮐러(Müller, 1993)의 의견에 동의하지 않는다. 스파뇰로-롭(Spagnuolo Lobb)도 "이러한 변화는 관계적 장애물을 상황의 핵심, 즉 현재 관계의 장 안으로 가져올 수 있게 해 준다."(2009: 118)라고 하였다. 내담자가 접촉을 조절할 수 있는 다양한 방법을 탐색할 때 치료사에게 직접 말해 보라고 초대하는 것은 때로 유용한 개입 방법일 수 있다. 그러나 이러한 대화가 길어지면 치료사가 내담자에게 제공할 수 있는 즉각적인 지지가 약화될 뿐만 아니라, 잠재적으로 치료사와의 경계 혼란을 일으킬 수 있다. 치료사가 모든 범위의 정서 반응의 수신자가 되고, 학대자에서 거부하고 방치하는 부모에 이르기까지 다양한 역할을 하였다가, 이후에는 지지적인 역할로 다시 전환해야 하는 상황에 놓일 수 있기 때문이다.

두 의자나 빈 의자 실험을 선택할 때, 다른 실험에서와 마찬가지로 지속적인 변화란 전경 실험에서가 아니라 치료적 관계라는 배경에서 일어나는 것임을 인식할 필요가 있다. 실험은 배경에 스며들고, 내담자-치료사 관계와 그들이 만나는 장을 변화시킨다.

85 과제와 연습

게슈탈트 치료에서 실험은 치료 회기에 국한될 필요가 없다. 게슈탈트 치료의 목표는 현재 상황에 대한 알아차림을 증진시킴으로써 시대착오적인 창조적 적응을 갱신하는 것뿐 아니라, 대안적 지지를 발견하고 기존의 지지를 충분히 활용할 수 있도록 내담자의 알아차림 연속을 확장하는 것을 포함한다. 어떤 면에서 우리는 치료사가 필요 없게 만들려고 노력한다고 말할 수 있다. 치료의 목적은 내담자가 치료실에서만 치료사와 멋진 접촉을 하는 것이 아니다. 치료에서 알아차림이 증가함에 따라 나타나는 새로운 관계 기술과 능력은 연습이 필요하며 치료 공간을 넘어 확장되어야 한다. 그러나 이러한 연습에는 함정이 있을 수 있다. 예를 들어, 자기 주장 능력을 막 발견한 내담자는 공격적이거나 과도하게 자기 주장을 펼칠 수도 있으며, 그로 인해 적대적 반응을 경험할 수 있다. 치료 밖에서 새로운 존재 방식을 연습하고 나면, 내담자는 그들이 했던 시도와 반응을 치료실의 담아 주는 환경 안에서 치료사와 함께 재평가할 수 있다.

과제는 행동주의자들의 영역이라고 잘못 인식될 수 있지만, 수십 년 간 게슈탈트 치료사들의 실험 레파토리 중 하나였다(Feder, 1978; Yontef, 1993, 2007; Resnick, 2004; Brownell, 2012; Crocker, 2013 등). 새로운 행동을 실험하는 것은 내담자의 알아차림을 증진하는 데 있어서 게슈탈트 치료의 중요한 부분이다. 내담자에게 과제를 내주는 몇 가지 이유는 다음과 같다.

1. 그들은 상황 안에 있고, 그 상황에 대한 불만족/문제 때문에 치료를 받으려 했을 것이다.
2. 우리가 과제와 연습을 사용하지 않는다면, 그들의 상황 중 일부를 분리하고 기회를 제한하게 된다.

3. 치료는 시간 제한적이다. 회기 사이의 시간을 활용하는 것은 효율적이다.
4. 과제는 회기에서 완성된 실험의 연장선일 수 있다. 실험의 수준이 점진적으로 높아지는 것이다.
5. 과제는 치료실 밖의 내담자의 삶과 치료실 안의 삶을 연결시켜 준다.
6. 어떤 식으로든 일이 '잘못될' 경우, 내담자는 치료사의 지지를 받을 수 있다.

새로운 존재 방식을 내담자의 더 넓은 상황에서 '실험하지' 않으면 다음과 같은 위험들이 발생할 수 있다.

- 고정된 게슈탈트가 형성된다. 예를 들어, 실제 상황에서의 다양한 장 조건이나 원래의 창조적 적응이 현재 상황에 여전히 유용할 가능성을 고려하지 않고, '나는 주장적이야.'와 같은 고정된 게슈탈트가 형성될 수 있다.
- 내담자가 장의 일부 요소로부터 부정적인 반응을 경험하여 철수한다. 예를 들어, 파트너가 '당신은 그 치료사를 만나고 나서 변했어.'라고 비판적으로 말할 수 있다.
- 의도치 않게 치료실 안과 밖에서의 관계 사이에 인위적인 구분을 강화하거나 촉진할 수 있다.

우리가 특정 결과를 얻으려는 목적으로 회기에서 실험을 제안하지 않는 것과 마찬가지로, 과제에도 같은 원칙이 적용된다. 과제는 대화에서 출현하는 것이어야 한다. 실험은 그저 실험일 뿐이며, 항상 어디론가 이끌어 주긴 하지만 그게 어디일지는 모른다. "심리치료에서 과제는 내담자가 자신의 성장의 확장 지점에 머무를 수 있도록 돕는 한 가지 방법이다"(Smith, 1998: 17). 모든 실험과 마찬가지로, 과제는 내담자가 처한 특정한 상황에 맞아야 한다.

86 꿈 작업

프리츠 펄스는 꿈을 "통합에 이르는 왕도"(Perls, 1969: 66)라고 하였고, 개인이 세상에서 존재하는 방식에 대한 실존적 메시지라고 보았다. 그는 꿈에 포함된 모든 것은 꿈꾼 이의 한 측면을 드러내는 것이라고 보았고, 이에 따라 그의 꿈 작업 방식은 투사를 다루는 방법론을 따랐다. 이 방법은 내담자가 일인칭 시점으로 꿈의 여러 측면이 되어 이야기하고, 때로는 꿈의 다른 측면과 대화하도록 하는 것을 포함한다. 폴스터와 폴스터는 이런 방식으로 펄스가 꿈 작업을 한 멋진 예를 공유하였다. 꿈에서 내담자는 치료 회기 후에 공원을 산책한다.

> 그는 승마길(bridle path)[48]을 따라 공원으로 들어간다. 그래서 나는 그에게 "이제 승마길이 되어 보세요."라고 말하였다. 그는 화가 나서 대답하였다. "뭐라고요? 다들 내 위에 대고 똥이나 싸게 두라고요?" 그는 진정으로 꿈 속의 상황과 동일시하고 있었다(Polster & Polster, 1973: 266).

게슈탈트 치료사의 임무는 꿈이 내담자에게 현재 시점에서 어떤 독특한 의미를 가지고 있는지를 알아차리도록 촉진하는 것이지, 꿈을 해석하는 것이 아니다. 우리는 모든 가정에 괄호치기를 해야 한다. 등대, 터널, 검은 고양이, 마녀와 같은 요소들이 우리에게 무엇을 상징하는지와 상관없이, 내담자가 의미를 찾아 가야 한다.

꿈을 투사로 보고 접근하는 것은 꿈 작업의 한 가지 방법이며 하나의 관점일 뿐이다. 이사도어 프롬(Isadore From)은 꿈을 반전으로 보고 작업하였으며, 반전이란 무언가를 중요한 타인에게 표현하지 않고 내부로 돌리는 것으로 이해하였다.

48 역자 주: 말을 타고 다닐 수 있도록 만들어진 길을 의미한다.

우리는 꿈을 접촉 조절의 여러 방식이 결합된 것으로 볼 수도 있다. 진저(Ginger, 2007)는 꿈을 암호화된 기억이라고 보았는데, 특히 기억이 정서적 내용을 담고 있을 경우에 더욱 그렇다. 또한 꿈은 장 사건으로 볼 수도 있으며, 특히 깨어 있는 삶과 꿈 사이에 극명한 대조가 있다면 두 가지를 비교해 볼 수 있다. 크로커(Crocker)는 꿈의 기능을 "유기체의 자기 조절 능력, 그리고 모든 것을 기능적인 전체로 통합하려는 충동의 표현으로 보았고, 꿈을 통해 자기는 소외된 부분들을 통합하고 해결되지 않은 실존적 이슈를 해결함으로써 그것들을 자신의 지속적인 삶에 통합할 수 있게 된다."라고 하였다(2007: 67). 꿈 작업을 어떤 방식으로 하든지 자기의 분리된 부분들을 통합하는 것은 게슈탈트 꿈 작업의 공통적인 목표이다. 자기를 과정으로 보는 관점에서는 분리된 부분들이 고립된 내담자 내에 존재하는 것이 아니라 상황과의 관계 속에 존재한다고 본다.

꿈 작업의 출발점은 보통 지금-여기 언어를 사용해 1인칭 시점으로 꿈을 이야기하도록 하여 꿈과 관련된 즉시성을 높이는 것이다. 내담자와 함께 꿈 작업을 하기 위한 몇 가지 지침은 다음과 같다.

- 꿈을 꾼 직후의 느낌을 확인하라.
- 내담자에게 어디서부터 시작할지 선택하도록 하라.
- 내용보다는 꿈을 말하는 과정과 꿈의 과정에 머물라. 꿈의 분위기와 '맛(flavour)', 그리고 그것이 당신에게 어떤 반응을 일으키는지에 주목하라.
- 에너지가 가장 많은 곳에서 시작하되, 에너지의 변동이 있는 지점을 주목하라. 높은 에너지가 항상 가장 중요하거나 관련성이 있는 것은 아니다.
- 강력한 경험이 불러일으켜질 수 있으므로 회기 종료 시 내담자를 안정화하고 정리할 시간을 충분히 남겨 두라.

치료에서 꿈 탐색을 촉진하는 몇 가지 방법은 다음과 같다.

1. 빈 의자 실험 등으로 꿈 전체와 대화를 설정한다.
2. 앞에서 논의한 바와 같이 꿈의 요소들을 내담자의 투사된 부분으로 보고 작

업한다.

3. 꿈을 재현한다. 이것은 보통 그룹에서 이루어지며, 꿈의 다양한 부분과 연결될 수 있는 그룹 구성원들의 특성에 주의를 기울인다. 꿈의 재현은 1:1 치료에서 조개껍데기나 모래 상자와 같은 창의적인 매체를 사용하여 이루어질 수도 있다.
4. 완료되지 않은 꿈은 '그러고는 잠이 깼어요'라는 부분 이후를 치료에서 계속 이어가게 할 수 있다. 내담자에게 1인칭 시점으로 계속하도록 초대한다.
5. 내담자가 꿈을 이야기하거나 회상할 때 내담자의 신체 감각과 반응에 주의를 기울인다. 또는 여러 자세를 취하거나 움직이면서 몸으로 꿈을 표현할 수도 있다.
6. 창의적 매체를 사용하여 꿈을 비언어적으로 표현할 수 있다. 찰흙, 물감, 미술 재료 등이 사용될 수 있다.
7. 내담자가 꿈을 기억하지 못하는 경우, 부재한 꿈(absent dream)과 대화하는 실험으로 초대할 수도 있다.

어떤 꿈 작업 방식은 다른 작업 방식보다 더 개인주의적이다. 내담자의 더 넓은 상황과의 관련성 속에서 꿈의 의미를 고려하라.

87 카타르시스와 방출

1960년대부터 1980년대까지 많은 치료사가 게슈탈트 치료의 특징을 극적인 카타르시스라고 여겼으며, 이는 치료보다는 연극에 더 가까웠다. 이들 중 일부는 기법에 대한 기본적인 지식만을 갖춘 경우도 있었다. 반이론적 태도가 형성되었고, '쾅-쾅-쾅 치료(boom-boom-boom therapy)'(Resnick, 1995; Yontef, 1993)라고 불리는 전경 중심의 단순한 접근법이 나타났으며, 이는 빠르고 지속적인 변화를 가져올 것이라는 거짓된 약속을 내세웠다. 게슈탈트 치료의 뿌리를 형성하고 PHG(1951)와 『자아, 허기 그리고 공격성』(Perls, 1947)에 담긴 풍부하고 사려 깊은 접근 방식은 버려졌다. 아이러니하게도 "감정 배출 또는 카타르시스는 극적인 개념과 극단적 개인주의의 조장"(Philippson, 2018: xiv)을 초래하고 이론 연구를 단념시키는 데 상당한 책임이 있는 사람은 바로 프리츠 펄스 자신이었다. 이러한 흐름 속에서 많은 임상가가 게슈탈트의 뿌리에서 멀어지거나, 그 뿌리조차 인식하지 못하는 시대로 접어들었다.

1980년대 중후반에 게슈탈트 집단 치료에 참여하였을 때 내가 경험한 카타르시스의 촉진 방식은 테니스 라켓으로 쿠션을 반복해서 쾅쾅 두드리고, 권위적 인물을 상징하는 빈 의자를 향해 소리를 지르는 것이었다. 그 당시 나는 이 모든 것이 다소 반복적이라고 생각하였지만 순진한 훈련생인 나보다는 다른 사람들이 더 잘 알고 있을 것이라고 가정하였다. 카타르시스는 주로 반전을 되돌리는 것으로 간주되었고 항상 분노와 격분 사이에서 어떤 형태로든 감정을 표출하는 방식으로 진행되었다. 그러나 나의 경우에는 오히려 반전이 좀 더 필요하였을 수도 있다. 나는 그 집단에서 치료사로서 귀중한 교훈을 얻었는데, 내담자가 쉽게 할 수 있는 것보다는 그가 어려움을 겪고 있는 것을 다루어야 한다는 것이다.

이후의 임상적 사고와 신경학적 연구는 분노, 격분, 공격성[49]의 반복적 표출이 실제 공격적 행동을 야기하는 신경 경로를 강화한다는 결과를 보여 주었고(Petzold, 2006), 이는 다수의 연구를 통해 반복 확인되었다(Grawe, 2004; Staemmler, 2009: 73). 부시먼(Bushman)은 앞의 단락에서 묘사된 행동은 "카타르시스 효과를 가져오지 않고, 공격성을 감소시키기보다는 오히려 증가시킨다."(1999: 373)라고 주장한다. 또한 그는 펀치백 치는 것을 즐겼던 사람이 가장 공격적이었다고 말한다. 분노의 억제와 '완전한 표출'이라는 상반된 극은 "둘 다 심혈관 질환의 주요 위험 요인"이다(Power & Dalgleish, 1997: 316).

카타르시스가 정서적 방출(release)을 하게 해 주긴 하지만, 카타르시스는 표면적 사건일 뿐이며, 보다 깊은 치료의 초점은 카타르시스가 필요했던 이면의 이유이다. 확인(affirmation)받고자 하는 욕구, 표현을 억제하는 내사들, 역할로 고정된 존재 방식, 신체적 문제를 초래하는 근육의 경직 등이 가능한 예들이다. 알아차림과 동화가 없고 내담자의 상황에 통합되지 않은 카타르시스는 거의 도움이 되지 않으며, 앞에서 설명한 바와 같이 파괴적일 가능성이 있다. 불꽃놀이는 잠시 주변을 밝힐 수 있지만 위험할 수 있다. 반복 강박이 그 위험 중 하나이다. 한번 폭발이 끝나면 또 다른 폭발을 원하는 중독 과정에 내담자를 내버려 둘 것인가? 카타르시스가 일어나는 동안 생성되는 아드레날린과 천연 아편제를 포함한 신경전달물질은 일시적인 행복감이나 시기 상조의 해소감을 일으킬 수 있고 이는 고정된 게슈탈트가 될 수 있다. 카타르시스 행동을 계속하면 우리는 단지 고정된 게슈탈트를 강화할 뿐이다.

이러한 우려에도 불구하고 감정 표현의 욕구라는 좁은 관점이 아닌 내담자의 전체 상황을 고려한다면, 게슈탈트 치료에서 카타르시스가 존재할 자리가 있다고 본다. 만약 카타르시스가 필요하다고 판단된다면, 그것은 목적지가 아니라 내담자의 치료 여정의 한 단계로 다루어져야 한다. 감정 표현을 둘러싼 강력한 내사가 있을 수 있고, 이는 다양한 접촉 조절 방식을 뒷받침한다. '진정한 남자는 울지 않는다.' 또는 '착한 소녀는 화를 내지 않는다.'와 같은 사회적 내사의 지지를 받는

49 여기서 나는 '공격성'이라는 용어를 PHG에서의 '환경을 공격하는' 유기체의 건강한 기능이 아니라 일반적인 의미로 사용한다.

강력한 가족 내사가 있을 수 있고, 이는 카타르시스의 필요성을 시사할 수 있다. 그러나 동시에, 그런 내사 반대편에는 '내가 화를 내면 관심을 받는다.' '울면 돌봄을 받는다.'와 같은 내사가 있을 수 있음을 알아야 한다. 또한 **카타르시스**라는 용어 자체의 의미도 생각해 보아야 한다. 카타르시스는 정화, 배출, 순화 등으로 정의될 수 있고, '증기 보일러 효과'에 비유되기도 한다(Staemmler, 2009). 이런 극단적 방식으로 카타르시스를 본다면 치료적인 이점은 없다고 생각한다. 그러나 카타르시스를 이런 극단적이고 부정적인 개념으로만 보아야 할까? 또 다른 정의는 자유와 해방이며, 우리가 이 용어를 현재 장에 맞지 않는 오래된 내사에 적용한다면 카타르시스는 훨씬 매력적이고 치료적으로 들릴 것이다.[50] 우리가 카타르시스를 이러한 관점에서 바라본다면 감정을 배출하는 것이 아닌 책임 있는 표현을 옹호하는 것이다.

프리츠 펄스는 "분노의 표현은 삶을 좀 더 편하게 해 주는 가장 중요한 방법 중 하나"라고 말했다(1969: 48). 나는 이에 동의하지 않지만, 이로 인해 한 가지 질문이 생긴다. 표현되지 않으면 그런 감정은 어떻게 되는가? 감정 이면에 무엇이 있는지를 발견하기 위해서는 표현이 필요할 수 있다. 어쨌든 분노나 원망은 관심과 깊이 연결되어 있다. 무관심한 것 혹은 무관심한 사람에 대해서는 분노나 원망을 품을 수 없다.

---

50 역자 주: 카타르시스를 현재 상황과 맞지 않는 낡은 내사로부터 자유로워지고 해방되는 과정에 적용하면, 그것은 단순한 감정 폭발이 아니라 오히려 긍정적이고 치료적인 과정이 될 수 있다는 의미로 해석된다.

88 환경에 대한 공격

잠시 '공격성'이라는 단어를 생각해 보자. 이 단어는 어떤 이미지를 불러일으키는가? 내 컴퓨터에서 유의어로 나오는 것은 폭력, 공격, 적대감, 분노, 전쟁이다. 확실히 긍정적인 것은 없다. 이제 '건강한'이라는 형용사를 붙여 보자. 건강한 공격성, 이것은 용어상의 모순인가? 이것에 대해 잠시 곰곰이 생각해 보라.

PHG는 '공격성'이라는 단어가 대개 부당한 공격을 설명하는 데 사용되지만, 게슈탈트에서는 더 넓은 의미에서 "유기체가 환경과의 접촉을 시작하는 모든 것"(1951: 70)이라는 의미를 포함한다고 하였다. 게슈탈트에서 사용되는 공격성은 통속적 의미가 아니라, 접촉 과정에서 구조를 해체하여 동화시키기 위해 필수한 것이다. 건강한 공격성은 개인을 창조적이고 자발적으로 살게 해주며, 건강한 공격성을 통해 우리는 에너지를 동원하고 조직화하여 필요를 충족시키기 위한 행동을 할 수 있다. 우리는 장에서 건강한 흐름을 유지하기 위해 공격성이 필요하며, 장에서 자기 보호가 필요할 때 스스로를 지키고자 한다. 환경 내에 유해하거나 건강에 해롭거나 원하지 않는 것이 있다면 이를 피하기 위해서 공격적인 행동을 취해야 한다. 밥을 먹기 싫은 아이는 입을 꾹 다물거나 음식을 뱉어 낸다. 성인은 타인의 불합리한 요구를 '뱉어 낸다.' 환경이 건강한 공격적 반응을 지지하지 않으면 우리의 창조적 적응 능력은 접촉 경계의 투과성을 낮출 수 있다. 또는 융합을 통해 갈등을 피하는 방식으로 적응할 수도 있다. 프리츠 펄스(1992a)는 음식의 소화에서와 마찬가지로 심리적 '음식'의 동화에서도 파괴적 과정이 필요하다고 주장하면서 치아 공격성과 정보를 받아들이는 방식의 유사성을 언급하였다. 다음의 실습은 PHG에서 채택한 것으로 내사에 대항하도록 설계되었다.

체험적 실습

어려운 이론서에서 한 문단을 선택하여, 분석하고 해체하고 꼼꼼히 곱씹어 보세요. 각 구문, 각 단어를 비판적으로 분석하세요. 그 단어들이 당신에게 어떤 의미를 갖는지 스스로 해석하고 결정하세요. 당신이 이해하기 어려운 부분은 당신에게 어떤 의미가 있나요? 이때 자신이 똑똑하지 않다고 말하면서 반전(자기공격)하나요? 어쩌면 저자도 이해하지 못하는 것일 수 있습니다.

이사도어 프롬은 공격성을 긍정적으로 기술하면서, 이는 유익하고 창조적이며 자기 표현적인 창의적 힘이라고 하였다. 그는 적대감, 권력에 굶주린 행동, 모든 종류의 전쟁 행위를 초래하는 공격성은 게슈탈트 이론에서 논의된 자유롭고 자발적인 공격성에서 나온 것이 아니라, 억압된 공격성 또는 무력함에 대한 두려움에서 비롯된 것으로, 권력과 통제에 대한 갈망으로 이어진다고 보았다(Miller, 1994).

비록 내가 게슈탈트 이론을 연구한 선구적 사상가이자 학자인 프랭크 스테임러의 작업을 매우 존경하긴 하지만, 그는 2009년에 출간한 책에서 공격성을 통속적 의미로 사용하며 부정적인 용어로 설명함으로써 혼란을 야기하였다. 반면 리히텐베르크(Lichtenberg, 2012)는 '포괄적 공격성'과 '배제적 공격성'이라는 개념을 제시하며 이에 대한 훌륭한 논문을 기고하였다. 그의 논문의 초록은 공격성을 "관계 속에서 나타나는 개인의 역동적이고 강력하며 보호적인 특성"(Lichtenberg, 2012: 145)으로 설명하는 것으로 시작한다. 이어서 그는 장 이론적 관점에서 논의를 전개하며, '공격성으로서의 주도성, 공격성의 대안적 개념으로서의 자기 주장, 공격성으로서의 비판 및 자기 비판, 분열적이면서도 결속적인 형태로 나타나는 분노의 공격성, 긍정적 · 부정적 공격성을 배우는 과정으로서의 양육, 결속적이거나 파괴적인 형태로 가해지는 공격성의 대상이 되는 경험, 그리고 자기 자신을 향한 공격성' 등을 다룬다(ibid.:147). 우리는 에너지를 동원하고, 행동하고, 좋은 접촉을 만들기 위해 공격성이 필요하다. 내가 세계에 대해 공격성을 발휘하는 것은 나의 상황과 연관된 경험의 배경으로부터 선명한 전경을 형성하는 과정에서 핵심이 되는, 전체적인 독창적 미적 구성이다.[51] 게슈탈트는 새로운 욕구가 출현할 때 발생

51 역자 주: 개인은 건강한 공격성을 통해 자신만의 방식으로 세계를 경험하고 해석하며, 자신

하며, 공격적 에너지를 이용하는 능력에 의해 활성화된다. 이 과정을 게슈탈트 주기를 사용하여 개념화하면, 나의 공격성은 나를 행동으로 이끌어 최종 접촉에 이르게 하고, 환경과의 관계에서 만족감을 느끼며 주기를 완료하도록 한다. 나는 내 환경에 공격적으로 접근하며, 마찬가지로 내 환경도 나에게 공격적으로 다가온다. 포괄적 형태의 공격성은 타인을 향해 나아가고 '나'와 '너'를 정의하는 관계 중심적인 과정으로, 대화를 가능하게 해 준다. 불행히도 우리가 건강하지 않은 방식으로 환경(그 결과 우리 자신)에 공격적으로 다가갈 때, 그것은 건강한 공격성이라기보다 전쟁과 같은 성격을 띠고 있다. 모든 공격 행위는 창조적이다. 중요한 것은 그 창조적인 에너지를 어떻게 투자하느냐이다.

게슈탈트 치료만 공격성을 긍정적으로 바라보는 것은 아니다. 관계적 분석가인 벤자민(Benjamin, 1999)은 양육에서 어머니와 아이 사이의 갈등이 지지와 함께 필요하다고 하였다. 우리는 이것을 파열과 복구 과정의 관점을 통해 생각해 볼 수 있다. 리히텐베르크(2012)가 설명한 대로, 비비와 라흐만(Beebe & Lachmann, 2002)도 건강한 유아기 관계에는 지속적인 조화뿐 아니라 파열이 필요하며, 파열은 우리가 게슈탈트에서 논의하는 형태의 공격성을 필요로 한다고 말한다.

의 경험을 바탕으로 자신의 상황에 맞는 명확한 전경을 형성한다. 이는 개인의 삶과 환경에 대한 독창적이고 미학적인 접근을 의미한다.

89 트라우마 작업

트라우마 작업에 대해 논의하기 전에 우리는 이 용어의 의미와 그것이 우리의 작업을 안내하는 데 어떻게 도움이 될 수 있는지 명확히 이해해야 한다. 내 경험상 '트라우마'라는 용어는 광범위하고 느슨하게 적용될 수 있으며, 어떤 경우에는 의미 없는 설명이 되기도 한다. 트라우마는 삶의 일부이며, 누구나 어느 정도는 인생의 어느 시점에 트라우마를 경험하게 된다. 아마도 출생은 우리가 경험하는 첫 번째 트라우마일 것이다! 어린 시절에는 신체적으로나 심리적으로 여기저기 멍과 상처가 생길 수 있는 다양한 상황을 경험한다. 그러나 다행히 충분한 보살핌이 있는 환경에서 그것들을 경험한다면, 아이들은 빠르게 회복하고 경험으로부터 배울 수 있다. 아이들은 나무에 오르고 떨어지는 경험이 필요하다. 아동이든 성인이든, 트라우마 경험은 교통사고부터 온갖 종류의 학대, 괴롭힘, 고문에 이르기까지 다양하다. 모든 트라우마 경험에는 정도의 차이는 있지만 각성 수준의 증가나 감소가 나타난다. 지지적인 배경을 가진 사람이 경험하는 비교적 가벼운 트라우마의 경우, 각성 수준은 극단적이지 않을 가능성이 높고, 만일 그렇다 해도 지속시간이 상대적으로 짧으며 교감 및 부교감 각성 활동이 합리적인 시간 내에 건강한 범위 내로 회복된다. 게슈탈트 경험 주기는 자율신경계 각성 과정을 개념화하는 데 사용될 수 있다(Stauffer, 2010). 초기 단계의 감각과 알아차림, 후반의 만족, 철수, 충만한 공백 단계는 부교감신경 과정과 관련이 있고, 더 높은 에너지 단계인 에너지 동원, 행동 단계는 교감신경 과정을 설명한다.

경험이 더 극단적이거나 지속적인 경우, 또는 현재의 트라우마가 과거 트라우마와 '연결된' 경우에는 다른 양상이 펼쳐진다. 교감신경계를 통한 건강한 행동 준비는 정상 범위를 넘어서는 빠른 움직임으로 과장된다. 테일러(Taylor, 2013: 6)는 "더 이상 자동적으로 조절된 상태로 돌아오지 않는 역치가 있으며, 역치를 넘어서면 전경 형성이 중단되고 접촉 기능은 손상된다."라고 하였다. 내담자는 자기 조절 능력을 상실하고 감각 수준에서 트라우마 사건에 얽매여 불안정한 경험에 빠진다. 이는 플래시백, 해리, 현재로부터의 분리로 나타날 수 있다. 이러한 과각성 상태는 빠른 속도를 특징으로 하며, 생각이 질주하고 신체 시스템도 급격히 반응하여 급성 불안, 공황, 압도감으로 나타나게 된다. 반대로, 트라우마 반응으로 고통을 받는 사람은 저각성 상태를 보일 수도 있다. 이러한 상태는 사고의 빈곤, 연결의 부재, 둔마된 정서, 둔감화와 같은 우울한 증상이 있는 저각성 상태로 나타날 수 있다. 이러한 두 극 사이에 '수용의 창'(Siegel, 1999)이 있다. 이는 내담자가 최적의 수준에서 기능할 수 있는 각성 영역을 말한다. 내담자는 이 영역에서 마치 폭풍우와 바람 한 점 없는 사해의 중간 지점에서 쾌적한 상태를 유지하며 항해하는 것과 같다(Siegel & Bryson, 2012). 이 '창'은 매우 좁을 수도 있으며 빠르게 과각성 상태가 될 수도 있다. 이때는 치료사가 상황을 주도적으로 조절하고, 직접적이고 지시적으로 안정화에 초점을 맞추어야 하는 시기이다. 이 시점에는 내담자의 호흡에 초점을 맞추는 개입을 선택할 수 있다. 내담자에게 배에 손을 얹고 손이 거기에 있는 것을 느끼면서 더 깊은 호흡을 하도록 요청하는 것이다. 내담자는 과각성 동안 자신의 기반과 접촉을 잃어버리므로, 실제로 발을 바닥에 대고 땅이나 의자의 지지를 느끼는 것이 필요할 수도 있다. 내담자를 인지적 과정으로 이동시켜 현재에 정향하고 과거의 소매틱(sometic) 경험에서 벗어나게 하는 것이 필요하다. 이러한 경우 단순한 개입이 우선이다. 예를 들어, 현재 삶의 구체적인 사실을 묻거나 날짜를 말해 보도록 하는 것이다.

반 데어 콜크(van der Kolk, 2015)는 모든 기능 수준에 영향을 미칠 수 있는 트라우마의 유산을 설득력 있게 논의하였고, 신경과학의 지속적인 발견은 트라우마에 대한 이해를 더해 왔다. 과각성 상태가 이전 수준으로 돌아가지 않을 수 있으며, 교감신경계 및 부교감신경계가 비교적 편안하게 허용되는 한계 내에서 높아졌다 낮아졌다 하는 파도와 같은 패턴을 보이지 않을 수도 있다. 대신 과각성과 그로 인한 모든 고통스러운 생리적 · 심리적 영향이 만성화되어서 압도되는 경험, 편집증, 불안 발작 및 해리 등의 결과를 초래한다. 그들은 고통을 다루기 위해 노출 정도를 제한하려고 하고, 고립과 철수로 자신의 세계를 축소하려고 시도할 수 있다.

분명히 트라우마 경험을 지울 수는 없다. 그렇다면 게슈탈트 접근이 어떻게 도움이 될 수 있을까? 지면상 여기서는 간단한 안내밖에 할 수 없지만, 어떤 면에서는 트라우마 작업 과정이 다른 문제들을 다루는 과정과 다르지 않다. 내담자가 확실히 그라운딩되도록 보장하면서 그의 성장점, 즉 다음 단계로 가기 위한 충분한 지지가 있는 가장자리에서 작업한다. 우리는 이를 수용의 창이라는 관점에서 생각할 수 있다(Siegal, 2010). 우리는 대화, 그리고 내담자의 현상학에 대한 존중 어린 호기심을 통해 현재 상황에서 배경을 구축하면서 창의 가장자리를 살짝 밀어 그것을 확장할 수 있다.

90 치료 단계와 종결

개인의 대인관계 패턴은 치료에서 반복된다. 어떤 의미에서는 이것은 치료가 작동하는 방식인데, 치료사가 다른 경험을 제공할 수 있기 때문이다. 그러나 내담자(그리고 치료사)는 항상 익숙한 상황을 재현한다. 치료를 시작할 때는 불안감으로 서두를 위험이 있고, 종결할 때는 내담자와 치료사 모두 각자의 삶에서 이전에 경험하였던 결말을 떠올릴 수 있다. 치료사로서 우리는 자신의 관계 패턴에 대한 알아차림을 발달시키고 이러한 패턴이 내담자와의 접촉에 어떻게 영향을 미치는지를 질문해야 한다.

체험적 실습

편안하게 앉아서 눈을 감고 몸에서 긴장이 느껴지는 부분을 알아차리세요. 천천히, 규칙적으로 숨을 내쉬고 들이마시면서 긴장이 사라지는지 혹은 그대로인지 알아차려 보세요. 이제 과거의 다양한 관계를 되돌아보면서 특히 어떻게 관계가 끝났는지에 초점을 맞추어 보세요. 과거 관계를 떠올릴 때 당신 몸의 긴장 혹은 일어나는 생각에 주의를 기울여 보세요. 어떤 패턴이 알아차려지나요? 이런 방식 중 어떤 부분이 당신의 일상적인 사회적 상호작용에서도 재현되나요?

우리가 내담자를 장기간 만나든 단기간 만나든, 종결은 관계의 한 부분이며 시작할 때부터 종결을 인식해야 한다. 치료 초기 단계에서는 종결에 대한 간단한 계약으로 충분할 수 있으며, 계약의 성격은 치료의 길이에 따라 달라질 수 있다. 약 15회기 이내의 단기 치료를 받는 내담자를 위한 대략적인 지침으로서, 나는 한 회기 전체를 종결에 할애하여 종결이 내담자에게 불러일으키는 미해결 과제와 기타 관련 이슈를 살펴보기를 권한다. 장기 치료에서는 치료 과정 중에 종결 기간을 내담자와 협의한다.

치료 여정을 단계적으로 바라볼 때, 각 단계의 길이는 다양한 요인에 좌우될 것이다. 중요한 요인들은 다음과 같다.

- 내담자의 종결 역사: 만족스럽지 않고 갑작스럽거나 고통스러운 종결 역사가 있는 내담자에게는 건강한 종결 과정을 경험하는 것이 가장 중요한 단계일 수 있다. 이는 어쩌면 내담자에게 처음 있는 기회일 수도 있다.
- 내담자의 관계 스타일이 중요한 고려사항이 될 수 있다(Shub, 2000). 다음과 같은 가능성들이 있다.
  - 융합과 의존, 회피적인 행동이 특징인 내담자의 경우, 치료의 종결 단계 자체가 치료의 핵심이 될 수 있다.
  - 편집증적 성향을 보이는 내담자의 경우, 신뢰를 형성하기 어려울 수 있기 때문에 치료의 초기 단계가 더 큰 도전이 될 수 있다.
  - 양극화된 방식으로 변덕스러운 관계 스타일을 보이고 경계를 유지하기 어려운 내담자의 경우, 관계에 들어가기 위한 토대를 마련하기 위해 초기 단계가 더 길어질 수 있다.

더 넓은 장에서의 요인들도 우리가 시작하고 끝내는 방식에 영향을 미칠 것이다. 서구 사회는 욕구가 떠오를 수 있는 공백을 남기지 않고 다음 과제로 돌진하도록 압박함으로써 만족과 철수의 과정을 갖지 못하도록 문화적으로 프로그램 되어 있다. 치료 시작 단계에서 치료사도 경험 주기의 초기 단계인 감각과 알아차림 단계를 서둘러 지나가려는 유혹을 느낄 수 있고, 특히 내담자가 '앞으로 나아가고 싶다'는 소망을 표현할 때 더욱 그렇다.

나의 경험상 게슈탈트 치료를 받으러 오는 대부분의 내담자는 이 접근 방식에 대해 거의 혹은 전혀 알지 못하며, 과정보다는 해결 중심적으로 시작하는 경향이 있다. 알아차림과 접촉 기술의 발달을 촉진하는 과정에서 일부 심리교육이 필요할 수 있다. 예를 들어, '~에 대하여 말하기'보다는 직접 말하도록 내담자를 초대하는 것이다. 일부 내담자는 이 단계를 상대적으로 빠르게 통과하여 다른 존재 방식을 실험할 수 있는 중간 단계에 진입할 수 있으며, 그들을 지지하는 배경이 명확해짐에 따라 전경 주제가 선명해지기 시작한다. 종결 단계는 미해결 과제 없이 관계를 떠나고 동화할 수 있는 기회를 제공한다. 이런 과정을 촉진하기 위해 다음과 같은 영역들을 다루는 것이 유용할 수 있다.

- 회고: 함께 보낸 시간을 회상하면서 처음 만났을 때 내담자에게 받은 인상과 지금 내담자를 어떻게 경험하는지를 비교하여 공유해 보라. 이는 시간의 흐름에 따른 치료 과정을 성찰할 기회를 제공하며, 여기에는 치료실 밖 내담자 삶에서 일어난 변화도 포함될 수 있다.
- 후회: 내담자가 미해결 과제 없이 떠날 수 있도록 하는 기회로서, 치료사가 자신의 후회를 일부 공유하는 것도 적절할 수 있다. 지금-여기에서 사소한 후회, 비합리적일 수 있는 희망, 비현실적 기대를 나누는 것은 자유로움을 줄 수 있다.
- 기억: 치료 과정에서 특별한 사건이나 변화의 전환점을 기억해 보라. 그것은 완결된 기억할 만한 실험일 수도 있고, 겉보기에는 사소해 보이는 상호작용일 수도 있다.

때로는 내담자가 갑자기 치료를 멈출 수 있다. 이로 인해 치료사는 다양한 감정과 반응을 경험할 수 있는데, 내담자와 직접 접촉하기보다 슈퍼바이저의 지지를 받아 관리해야 할 수도 있다. 더 이상 오지 않는 내담자와의 관계를 종결할 때 내가 제안하는 일반적인 지침은 내담자가 약속을 지키지 않은 것에 대한 유감을 표현하고 연락해 주기 바란다는 짧은 편지를 쓰는 것이다. 만약 답변이 없으면 더 이상 치료를 지속하고 싶어 하지 않는다고 간주할 것임을 알려 주면서 답변 기한을 포함하고, 앞으로도 잘 지내기를 바란다고 쓴다.

91 알아차림에 대한 알아차림을 발달시키기

알아차림에 대한 알아차림은 내담자가 특정 영역에 대한 알아차림을 증진하는 것이라기보다 전체 치료 상황에 대한 알아차림 과정과 관련이 있다. 알아차림은 인간 고유의 반성적(relfective)이고 자기 반영적인(reflexive) 능력을 더 정교하게 발달시키기 위한 기반이다. "다른 존재와 달리 우리는 알아차린다는 것을 알아차릴 수 있는 유일한 존재이다. …… 의식적 알아차림은 인간 경험을 특징짓는 특성이다"(Brownell, Meara, & Polak, 2008). 알아차림에 대한 알아차림의 발달 과정은 표준 렌즈가 아닌 광각 렌즈를 사용하는 것과 유사하다. 개인은 알아차림 영역과 관련하여 자신의 강점과 성장 영역에 대한 알아차림을 발달시키며, 변화하는 장 조건에 따라 이러한 알아차림이 어떻게 변화하는지를 알아차리게 될 것이다. 동시에 더 넓은 상황에 대한 알아차림도 확장된다.

알아차림은 자신이 처한 상황과 관련하여 내부에서 일어나는 것을 자발적으로 감지하는 것으로, 내성(introspection)과 혼동해서는 안 된다. PHG는 알아차림과 내성의 차이를 시적으로 표현했는데, "알아차림은 스스로 타는 석탄에서 발생하는 빛과 같고, 내성은 손전등을 비추었을 때 물체에서 반사되는 빛과 같다"(PHG, 1951: 75). 그들은 알아차림 과정이 전체 유기체에서 일어나는 반면, 내성에서는 자기 감찰/자의식 과정과 유사하게 유기체의 한 부분이 분리된다고 설명한다. 그들은 이 부분을 의도적인 자아(deliberate ego)라고 명명한다. 손전등 하나와 달리, 알아차림에 대한 알아차림은 석탄 내부에서 발생하는 빛과 유사한 광채로 전체 알아차림 과정을 조명한다.

그렇다면 이것은 게슈탈트 치료 회기에서 구체적으로 어떻게 이루어지는 것일까? 부분에 대한 알아차림보다는 어떻게 내담자가 부분들을 연결시키는지 전체 구조를 이해하고, 그 기능 및 더 큰 전체와의 연결을 알아차리는 것이 중요하다.

이를 통해 내담자의 알아차림이 모든 영향 요소와 함께 발달할 수 있다. 내담자는 현재의 이슈에 대한 단순한 알아차림을 넘어서 전체 알아차림 과정에 대한 자기 반영적 알아차림으로 이동한다. "이러한 정교한 현상학적 태도는 성격구조와 알아차림의 회피 패턴에 대한 통찰로 이끈다"(Yontef, 1993: 251). 모든 작업은 치료적 관계와 내담자의 더 넓은 관계의 장이라는 배경에서 출현하는 것이고, 다시 배경으로 돌아간다는 인식이 있다. 전에는 별개의 알아차림 사건이었던 각 점들이 연결되며, 완성된 형태는 더 큰 패턴의 부분임을 인식하게 된다. 욘테프(Yontef)는 아이드(Idhe, 1970: 28)를 인용하여 알아차림에 대한 알아차림의 특성을 설명하는 **현상학적 상승**(phenomenological ascent)에 대해 언급한다. 이 태도에서는 인식의 명확성이 더해지고, 다양한 방식으로 상황을 바라볼 수 있는 개방성이 증가하며, 상황의 구조와 관련하여 자신의 명확성 또는 불명확성에 대한 민감성이 조율된다. 이는 전체의 단일 측면을 보는 대신 상황에 대한 보다 광범위한 이해를 이끌어 낸다.

알아차림에 대한 알아차림을 실천하는 능력은 뇌의 통합 능력을 요구하는데, 이 능력은 트라우마를 겪으면서 손상될 수 있다. 시겔(Siegel)에 따르면, "알아차림 연습은 의식의 변화를 통합할 수 있다. 왜냐하면 이 연습이 알아차림에 대한 알아차림과 의도에 대한 주의를 촉진하기 때문이다"(2010: 41). 이런 변화가 어떻게 발생하는지에 대한 한 가지 설명은 신경을 보호하고, 신경을 따라 충동이 전달되도록 돕는 단백질 피복인 미에린 수초(myelin sheath)가 "깊은 알아차림 연습에 의해 증가하기 때문이다. 알아차림의 역동적 특성이 신체를 변화시킨다"(Taylor, 2014: 87). 이것은 게슈탈트의 전체론적이고 통합적인 세계관에 완벽하게 부합한다. 우리는 뇌와 몸을, 또는 몸과 세상을 분리할 수 없다.

Part 5

윤리와 가치

모든 여정의 핵심 이정표

92 치료적 경계

윤리적 행동은 세상에서 체화된 윤리적 태도에서 비롯된다. 블룸(Bloom)은 이를 상황 윤리(situated ethics)라고 명명하였고, "심리치료의 체험적 세계를 구성하는 기본 구조"(2013: 131)라고 설명한다. 이러한 태도의 발달과 유지는 관리 기관의 수많은 윤리 규정을 통해 만들어지는 것이 아니다. 윤리적인 치료사는 자신의 삶을 윤리적으로 살며, 상징적으로 '윤리적 흰 가운'을 입는 것이 아니라 자신이 먼저 윤리적인 사람이 된다. 이러한 태도는 그 자체가 치료적이며, 이를 통해 치료사의 임상 실제에 치료적 경계가 통합될 수 있다. 치료적 경계는 돌봄의 태도에서 비롯되어야 한다.

우리는 윤리적 태도와 더불어 치료 관계 내에 필요한 치료적 경계가 무엇인지에 대한 지식이 필요하다. 크리켓에서 경계는 경기장의 가장 먼 영역을 표시하는 것을 의미하는데, 마찬가지로 치료적 경계는 그 안에서 일어나는 사건을 포함하는(contain) 역할을 한다. 경계는 치료 관계가 제자리에 있도록 해 주며, 치료 관계가 경계를 벗어나면 그것은 더이상 치료라고 할 수 없다. 내담자도 치료적 경계를 준수할 책임이 있지만, 치료적 경계를 명확히 하고 그 안에 관계가 유지되도록 함으로써 안전한 작업 환경을 제공하는 것은 치료사의 책임이다. 치료를 위한 안전한 환경을 제공하기 위해서는 다음과 같은 영역을 명확히 해야 한다.

- **비밀보장**: 치료 관계를 형성하고 유지하는데 필수적인 것은 비밀보장 및 비밀보장의 한계를 명확히 하는 것이다. 이러한 한계는 안전과 관련되며 내담자가 자신이나 타인을 위험하게 할 경우 비밀보장은 파기된다. 또한 치료사는 회기 자료를 슈퍼바이저에게 제출해야 하며(포인트 97 참조), 이를 위해 내담자에게 녹음에 대한 동의를 구해야 한다. 영국 독자들을 위한 비밀보장에 대

한 자세한 논의는 UKCP[52] 또는 BACP[53] 웹사이트를 참고하기 바란다.

- 관계의 한계: 치료를 처음 받는 내담자들은 종종 왜 치료사와 치료실 밖에서 만날 수 없는지 이해하지 못한다. 많은 내담자는 개인적 경계가 침범되는 경험을 한 적이 있다. 치료 외의 만남은 경계를 넘는 것이다. 치료 관계를 동등하게 하려고 노력하더라도 여전히 힘의 불균형이 존재한다. 이것이 엄격히 치료 관계가 제한되어야 하는 이유 중 하나이다. 치료가 종결되고 한참 후에라도 오염이 발생할 수 있다.
- 성적 경계: 치료사에 의한 성적 접근은 심각한 권력 남용이며, 성적 감정을 행동으로 옮기지 않는 것이 기본적인 치료적 경계이다. 이는 말할 것도 없이 당연해 보이겠지만, 안타깝게도 심리치료 역사 전반에 걸쳐 위반 사례들이 있었다. 이들의 행동은 전체 직업군에 손상을 입히는데, 다행히도 이들은 훌륭한 임상가들 중 극소수에 불과하다.
- '비즈니스' 관련 사항: 상담비(해당하는 경우), 회기 길이, 회기 취소에 필요한 사전 통지 기간, 내담자가 치료를 종결하고자 할 때 권장되는 회기 수 등을 명확히 해야 한다.
- 치료 계약 기간: 단기 치료에서처럼 회기 수가 정해져 있는 경우, 처음부터 이를 명확히 해야 한다. 나는 예외적인 상황을 제외하고 계약된 회기 수를 연장하는 것을 권하지 않는다. 또한 주어진 회기 수가 현재 이슈에 적절한지를 스스로 질문해야 한다. 장기 치료에서는 몇 회기를 진행한 후 치료 과정을 검토한 뒤에 개방형 계약을 체결하는 것을 권한다.
- 게슈탈트 치료 과정에 대한 설명: 당신이 작업하는 방식에 대해 간결하고 명확한 설명을 제공하라. 너무 기술적(technical)으로 설명하지 않도록 주의하라. 치료 분야에는 이미 이해하기 어려운 전문적인 설명이 충분히 많다.

치료 공간에 대한 명확하고 확고한 경계가 필요한 동시에 내담자와 치료사 및 그들의 접촉 경계 간에 건강한 유동성과 투과성이 가능해야 한다는 데는 역설적

52 영국 심리치료협의회(United Kingdom Council for Psychotherapy)

53 영국 상담 및 심리치료 협회(British Association for Counselling and Psychotherapy)

인 면이 있다. 게슈탈트 치료의 과정은 대화를 중심으로 포함, 현전, 확인을 강조하며 내담자가 자신의 세계를 만나고 이해하는 방식을 이해하고자 한다. 이러한 과정은 치료사와 내담자 간의 친밀한 관계로 이어질 수 있다.

규제 기관이나 나와 같은 전문가가 치료적 경계 유지의 중요성에 대해 쓸 수 있고, 우리 모두 동의하며 고개를 끄덕일 수는 있다. 그러나 치료 관계에서 가장 중요한 장 조건은 규칙을 따르는 우리의 능력이 아니라 태도이며, 내담자와 우리의 전문 분야에 대한 진실한 배려이다. 우리가 실수를 할 수도 있지만, 본능적으로 무엇이 옳고 무엇이 잘못인지를 알고 있다. 더욱이 내담자들도 우리가 그것을 알고 있다는 사실을 느낄 것이다.

93 관계적 윤리

앞의 포인트에서 언급한 바와 같이 우리가 고려할 수 있는 실천 윤리가 있으며, 이는 치료 관계를 담아내는 틀을 형성하는 '참여의 규칙'이다. 이러한 윤리는 충분히 동화되지 않은 채 단순히 내면화되어 실천될 수도 있다. 그러나 내가 이전에 언급한 또 다른 윤리, 즉 윤리적인 태도를 형성하는 윤리가 존재하며, 이는 무엇을 **하는 것**보다 **존재하는 것**과 관련이 있다.

> **내담자:** (**얕은 숨을 쉬며 아래를 내려다보면서**) 데이브, 이 치료는 나에게 효과가 없어요. 난 좀 변할 거라고 기대했지만, 전과 다름없이 여전히 막혀 있는 것처럼 느껴져요. (**몸이 매우 고정되어 있다.**) 언제나 그랬듯이 똑같은 과거 이야기예요.
>
> **치료사:** (**주의 깊게 자신의 호흡을 모니터링하며, 몸을 앞으로 기울인다.**) 힘든 상황인 것 같네요. 필, 괜찮다면, 잠깐만 나를 한 번 바라봐 줄 수 있나요? (**고개를 약간 숙인다.**)
>
> **내담자는 조심스럽게 고개를 들고 처음에는 잠깐 눈을 마주치지만, 이내 치료사의 눈을 응시한다. 치료사의 호흡이 깊어질수록 내담자의 호흡도 깊어진다. 내담자와 치료사는 촉촉해진 눈으로 말 없이 서로를 마주한다. 두 존재가 서로의 시선 속에 연결되어 있다.**

앞선 대화에서 내담자와 치료사는 서로의 인간성을 인정하는 **윤리적 만남**으로 나아간다. 한 인간이 다른 인간의 고통을 인식하고 양측이 상대방을 향해 다가가는 과정에서 접촉 경계가 부드러워지고 치료사와 내담자의 역할에서 벗어나 오롯이 고통을 받는 사람과 그 고통을 인식하는 사람이 드러난다. 이러한 관계는 부버의 나-너 태도에 기반을 두고 있지만, 상대방에 대한 책임은 치료사에게 있기 때문에 관계에는 비대칭적인 차원이 있다. 또한 개인의 건강은 더 넓은 장의 건강에 달려 있고 자기와 상황 모두를 위한 지지가 필요하기 때문에, 책임은 이자 관계를 넘어 확장된다(Lee, 2004b). 윤리적 존재 방식은 치료적 경계, 치료비, 윤리 강령과 같은 윤리적 문제의 토대를 형성한다. "윤리적 관계는 인식에 선행하는 관계에 추가되는 것이 아니다. 윤리적 관계는 상위 구조가 아니라 기초이다"(Levinas, 1987: 56).[54]

당신이 치료사로 일하고 있다면 내담자에 대하여 다음의 질문을 고려해 보라.

- 당신은 내담자를 알고 있다고 느끼나요?
- 당신은 슈퍼비전에서 내담자에 대해 어떻게 이야기하나요?

이 질문을 숙고한 후, 철학자 엠마뉴엘 레비나스(Emmanuel Levinas)의 다음 인용문에 대한 당신의 관점을 생각해 보라.

> 만약 타인을 소유하고, 이해하고, 파악할 수 있다면, 그 사람은 이미 타인이 아닐 것이다. 소유, 이해, 파악은 권력의 동의어이다(Levinas, 1987; Orange, 2010: 77에서 재인용).

우리가 현상학적 장 관점을 통한 윤리적 견해에 동의한다면 타인을 완전히 안다는 것은 결코 가능하지 않다. 우리는 타인에게 영향을 받을 수 있고 그들의 관점과 경험을 이해하려고 노력하며 나-너 순간을 경험할 수 있을지 몰라도, 결코 완전히 알 수는 없다. 우리가 타인을 소유한다고 느끼지 않을 수도 있지만, 내담자를 설명할 때 사용하는 언어는 소유의 그림자를 암시한다. 치료사가 슈퍼비전에서 **나의** 내담자(또한 **나의** 사례)라고 말하는 것은 흔한 일이다. 우리는 자주 동료 인간과의 관계를 이야기할 때 소유 대명사를 사용한다. 우리가 관계 맺는 방식에서

54 역자 주: 윤리적 관계는 인간관계의 근본적인 기반으로, 논리적 사고나 인식 과정의 결과로 생겨나는 것이 아니라 인식보다 더 근본적인 차원에서 존재한다는 의미이다.

나타나는 우리의 불완전성, 즉 우리가 사용하는 언어에 의한 불완전성을 알아차린다면, 우리는 고통받는 인간을 보다 연민 어린 태도로 경험할 수 있을 것이다. 왜냐하면 고통을 받는 것은 우리 앞에 있는 그 사람뿐 아니라 그 사람의 전체 상황이고, 따라서 한 인간으로서 나 역시 그들과 함께 고통받고 있는 것이기 때문이다, "당신을 위해 종이 울릴 때, 그것은 나를 위해서도 울린다"(Orange, 2009).

내가 말하는 관계적 윤리는 윤리 강령과 치료적 경계가 서 있어야 할 토대이다. 그것들은 전경에 대한 배경이다. 윤리적 태도는 우리가 치료실에 들어갈 때 취하는 것이 아니라, 치료사 삶의 모든 영역을 아우르는 관계적 태도이다. 나는 우리 모두 성자가 되어야 한다고 말하는 것이 아니다. 오히려 우리 모두는 인간이어야 한다. 그러나 우리가 어디에 있든지 동료 인간에 대해 예의를 갖출 필요가 있다. 레비나스는 타자의 얼굴을 향하는 것에 대해 말하였다. 얼굴을 향하는 것은 개념화, 치료적 지도, 표상, 혹은 고정관념에서 벗어나, 있는 그대로 타자를 보고 그에게 응답하는 움직임이다.

94 터치의 치료적 사용

터치의 사용은 감정을 불러일으키고 표현적이며 친밀한 느낌을 줄 수 있다. 종종 '터치(touch)'라는 단어는 '나는 감동 받았어(I feel touched).'와 같이 감각 느낌(felt sense)을 표현하기 위해 사용된다. 서구 문화에서는 관계에서 터치를 사용하는 정도가 그 관계의 친밀도를 나타낸다. 성적 친밀감, 우정, 비즈니스 등과 관련하여 다양한 종류와 특성의 터치가 있다. 토튼(Totton, 2003)은 터치가 위안, 접촉 탐색, 증폭, 도발, 숙련된 개입의 방식으로 사용될 수 있다고 설명한다. 중요한 것은 터치의 사용이 잠재적으로 학대적이거나 학대로 인식될 수도 있음을 알아야 한다는 것이다.

치료에서 터치의 사용이 논란이 되는 것은 놀라운 일이 아니다. 촉각적인 요소가 적은 문화일수록 논란은 더 커진다. 터치는 종종 성적인 것으로 여겨지기 때문이다. 이러한 문화적 조건은 우리가 치료에서 터치를 사용할 때 주의를 기울일 필요가 있다는 것을 의미한다. 중요한 것은 치료사가 터치를 하기 전 자신의 내면적 동기에 충분한 주의를 기울이는 것이다. 알아차림 없이 표현되는 성적인 감정, 내담자를 유아화하는 것, 치료사가 불편하게 여기는 감정을 달래기, 관계에서 위계 질서를 만들고 유지하는 것 등은 모두 터치를 통해 전달될 수 있다. 내담자와 치료사 간의 다른 성 정체성(gender)과 성적 지향(sexuality)의 조합에 따른 다양한 역동은 잠재적 위험 요소를 더 복잡하게 만든다. 이러한 어려움에 대해 치료사는 슈퍼비전을 통해 지지를 받을 필요가 있다.

치료에서 터치를 할 때는 신중을 기하는 것뿐 아니라 사전에 정보를 제공하고 동의를 얻어야 하며, 터치의 자극적인 특성을 고려하여 동의가 있을 경우에도 반복적으로 내담자에게 확인할 필요가 있다. 또한 원하면 언제라도 '그만'이라고 말할 수 있다는 것을 명확히 해야 한다. 치료사는 터치가 내담자에게 어떻게 도움이 될 수 있는지에 대해 설명하고, 적절하다고 느껴진다면 치료사의 생각을 간단히 제시하는 것도 유용하다. 치료사가 특별한 방식으로 접촉을 사용하는 경우, 그러한 기술을 사용하는 데 필요한 훈련과 슈퍼비전을 적절하게 받아야 한다(Joyce & Sills, 2018). 우리는 체화된 치료(embodied therapy)를 실천하고 있다는 것을 명심해야 한다. 만일 우리가 사람이 아니라 '몸(body)'을 만진다면, 우리는 내담자를 대상화하는 것이다(Kepner, 1987).

체험적 실습

이 실습은 당신에게 덜 익숙한 환경에서 하는 것이 가장 좋습니다. 방 안을 둘러보고 방 안에 있는 사물을 하나 선택하세요. 그 사물을 주의 깊게 관찰하고 조사하되, 만지지는 마세요. 다른 감각들을 사용하여 그것을 철저히 탐색하세요. 그것의 질감, 무게, 단단함을 상상해 보세요. 이 작업을 최소 5분 동안 수행한 후, 동일한 사물을 촉감을 사용하여 탐색하세요. 그것에 대해 새롭게 얻은 정보와 그 사물이 당신에게 미치는 영향(예: 그 사물의 차가움에 놀람, 단단함에 안정감을 느낌)을 기록하세요.

촉감을 통해 우리는 다른 방법으로는 발견할 수 없었던 자기, 타인, 그리고 타인과의 관계에 대한 무언가를 발견한다. 우리가 아무리 묘사에 능숙하거나 다른 감각을 예민하게 조율하더라도, 경험의 한 영역을 생략하면 모르는 영역이 생긴다. "접촉 그 자체가 타인과 나 자신에게 존재감을 부여하며, 동시에 우리의 차이를 나타낸다. 동일한 작용이 분리도 하고 연결도 한다"(Robin, 2011: 291). 치료에서 터치를 사용하지 않는 데는 건전한 윤리적, 치료적 및 보호적 이유가 있지만, 그 결과 체화된 관계 방식에서 멀어져 인지적인 관계 형태로 치우칠 위험이 있다. 반면, 폴 바버(Paul Barber)는 작고한 미리엄 폴스터(Miriam Polster)와의 개인 치료 경험에 대해 "그녀는 나를 만진 적이 없지만 나는 어루만져지고 안겨 있는 듯한 느낌을 받았다."(Barber, 2002: 76)라고 말한다. 나는 실제 터치 없이도 감싸여 있는 느낌이었다는 비슷한 경험을 여러 번 들은 바 있다. 어쩌면 우리는 눈으로, 연민으로, 우리의 존재 방식으로 내담자를 안아 줄 수 있는 능력을 과소평가해서는 안 될 것이다. 우리는 만지지 않고도 체현된 방식으로 내담자의 몸과 작업할 수 있다. 이를 위해 다음과 같은 방법을 사용할 수 있다. 몸의 움직임과 자세에 주의를 기울이기, 체현된 언어를 사용하기, 움직임을 도입하기, 몸을 활용한 실험에 초대하기, 모래 상자와 같은 촉감 실험을 사용하기 등이다.

나는 항상 터치를 사용할 때 신중을 기하는 것을 권장한다. 간단히 말해서, 조금이라도 의심이 든다면 신체 접촉을 하지 마라. 터치를 사용하든 사용하지 않든, 당신이 내담자와의 신체 접촉을 원하는지 혹은 원하지 않는지, 그리고 이것이 이 관계에 어떤 의미가 있는지를 고려하는 것이 유용하다. 나는 치료에서 터치의 사용을 둘러싼 불가피한 제한적 조건에 안타까움을 느낀다. 발달적으로 촉각은 시각이나 언어 이전에 우리가 세계를 알아 가는 첫 번째 방법 중 하나이다. 케프너(Kepner, 2001)는 신체 접촉이 부족한 아기는 제대로 성장하지 못하는 반면, 충분한 신체 접촉을 받은 아기는 잘 성장한다는 관찰을 통해 우리에게 진지하게 생각할 거리를 제공한다. 신체 접촉은 아기에게 가장 중요한 의사소통 방식이다. 케프너는 후속 논문에서 게슈탈트 치료에 신체 접촉 개입을 위한 방법론이 없으며, 전문적인 교육이 필요하다고 지적한다. 그는 신체 과정과 터치에 대한 개입 레퍼토리를 개발하기 위해 게슈탈트 접근 방식을 넘어 새로운 탐색을 할 필요가 있다고 말한다(Kepner, 2008).

아포샨(Aposhyan)은 대안적 접근으로, 치료사의 안내에 따라 내담자가 자기 접촉(self-touch)을 통해 "자신의 몸과의 관계를 깊이 탐구하고, 내적 안전감을 얻으며, 분리된 신체의 일부를 깨울 수 있다."(2004: 179)라고 주장한다. 게슈탈트 관점에서 이것은 반전의 긍정적 사용으로 볼 수 있다. 나는 그녀의 주장이 매우 타당하다고 보지만, 자기 접촉이 다른 사람의 신체적 터치를 완전히 대체할 수는 없다. 타인에 의한 터치는 강력한 치유를 제공할 수 있으며, 치료에 터치를 사용하는 것에 반대하는 윤리적 주장이 아무리 타당하더라도, 신체 접촉을 박탈당한 내담자의 갈망을 없앨 수는 없다. 아마도 내담자는 치료실이 아니라 그들의 세상에서 이러한 필요를 충족시켜야 할지도 모른다.

95 비착취

치료 관계가 착취적이면 안 된다는 것은 너무나 명백하여 말할 필요도 없을 것이다. 그러나 이를 분명히 언급해 둘 필요가 있는데, 선의의 치료사든 의도적으로 조종하고 착취하려는 치료사든, 알아차리든 알아차리지 못하든, 착취가 발생하기 때문이다(Yontef, 1981). 치료사가 내담자를 위한 대화에서 멀어져 자신을 위한 대화로 이동하는 순간, 이는 잠재적인 착취의 한 형태가 될 수 있다. 이것이 치료사가 내담자와의 관계에서 확인과 포함을 경험할 수 없다는 의미는 아니지만, 이러한 경험은 대화적 관계의 부산물이어야 한다.[55]

우리는 치료사가 내담자보다 더 권력을 가진 위치에 있다는 것을 인정해야 하고, 치료사는 관계를 수평화하기 위한 필수 단계로서 힘을 남용할 수 있는 잠재성을 인식할 필요가 있다. 내담자가 치료사를 이상화하는 것과 같은 치료 과정에서 흔히 발생하는 역동을 고려하면, 알아차림이 있든 없든 치료사가 상황을 자신에게 유리하게 조작할 수 있다는 것은 너무나 명백하다. 치료사는 자신의 착취적인 권력의 잠재성을 이해하기 위해, 개인 치료나 슈퍼비전에서 이러한 가능성을 탐색할 책임이 있다. 또한 치료사-내담자 관계에서 보상 행동이 나타날 가능성을 방지하기 위해 자신의 삶에서 충분한 지지를 받고 있는지를 고려할 필요가 있다.

착취의 잠재성을 인식하면 착취가 실제 일어날 위험을 줄일 수 있다. 이를 염두에 두고, 나는 당신이 그림자 특성을 탐색할 수 있는 다음의 실습에 참여하기 바란다.

---

55 역자 주: 치료사가 내담자와의 대화적인 관계를 통해 얻는 긍정적인 반응은 대화 과정에서 자연스럽게 발생하는 결과이지, 치료사 자신의 욕구 충족을 목적으로 해서는 안 된다는 것을 말하고 있다.

체험적 실습

포인트 20에서 다룬 실습 지침을 따르되, 이번에는 당신이 싫어하거나 경멸하거나 증오하는 특성을 가진 '안티 히어로(anti-hero)'를 선정해 보세요. 이전 실습과 마찬가지로, 이러한 특성이나 능력이 실제로 당신 안에 있다고 말하는 것이 아닙니다. 그러나 일단 이러한 특성을 적어 본 후, 역량이나 잠재성의 관점에서 생각해 보세요. 그 특성을 행동화하는 것이 아니라 자신에게 어떻게 적용될 수 있을지를 생각해 보세요. 이제 장 관점에서 이러한 특성들이 어떻게 유용할 수 있는지 생각해 보세요.

게슈탈트와 같은 현상학적-대화적 접근은 내담자가 조율되고 이해받는다고 느낄 수 있는 깊은 친밀감이 특징이다. 따라서 이러한 관계는 과거의 관계적 파열을 치유할 최상의 기회를 제공한다. 그러나 연속선의 다른 끝에는 내담자를 자기 만족을 위한 대상으로 취급함으로써 신뢰를 산산 조각낼 수 있는 착취의 가능성이 있다.

심리치료의 역사는 성적 착취로 가득 차 있고 게슈탈트의 역사도 예외가 아니다. 안타깝게도 이러한 예에는 프리츠 펄스도 포함되어 있다. 그는 에살렌에서 활동하던 시기에 극도로 개인주의적인 접근으로 기울어졌고, 내담자 및 훈련생들과의 관계에서 개인적 향락주의가 드러났다(Clarkson, 1991). 이는 PHG에 제시된 치료와는 거리가 멀다. 오셰아(O'Shea)는 "훈련 그룹에서는 정치적으로 올바른 태도가 강조되는 듯 하지만, 그 표면 아래에는 자기애적인 개인주의, 동성애 혐오, 가부장제, 성차별주의, 착취적이며 도덕주의적인 신념들이 존재한다."(O'Shea, 2000: 13)라는 사실에 놀라서는 안 된다고(비록 충격적이긴 하지만) 하였다. 나는 이 말에 동의하며, 우리 모두가 훈련생이라는 사실을 추가하고자 한다(그러니 우리도 책임에서 자유롭지 않다). 이러한 태도들은 훈련 기관 내에서도 드러난다. 나의 동료 중 한 명이 자주 하였던 말처럼 "우리는 우리가 가장 배워야 할 것을 가르친다." 로버트 레스닉(Robert Resnick)이 말하였듯이, '타인'이 '우리'이고, '우리'가 '타인'이라는 것을 깨닫기 전까지, '우리'는 계속해서 정당화하고, 비인간화하고, 착취하고, 약탈할 것이다"(2002: 65).

우리는 치료적 관계가 서 있는 문화적 배경을 고려해야 하며, 이것이 잠재적 착취의 측면에서 치료적 만남이 어떤 영향을 미치는지 생각해야 한다. 예를 들어, 내가 어떤 인종의 사람과 마주할 때 그의 조상이 내 인종의 노예나 하인이었던 경우,[56] 그것이 현재 우리 만남에 영향을 미치지 않는다고 가정할 수 있는가? 그렇게 하는 것은 관계의 역사적 장에 편안한 맹점을 만들 수 있다. 대화에 대한 열린 태도에 충실하고자 한다면, 이러한 관계적 패턴을 존중할 필요가 있다. 만약 착취가 장에 존재한다면, 그것은 인식되고 인정되어야 한다.

56 역자 주: 예를 들어, 치료사는 백인으로 자신의 조상이 노예를 소유했던 가문 출신이고, 내담자는 조상이 노예였던 아프리카계 미국인인 경우를 말한다.

96 치료사의 지지

우리는 종종 내담자와의 관계에서 친밀한 접촉이 포함된 시간을 보내지만, 치료 관계에 필요한 경계로 인해 고립감을 느낄 수 있다. 이것이 우리 직업의 역설이다. 여러 해 동안 만났던 내담자들 중에는 다른 상황에서 만났더라면 친구가 될 수 있었을 것 같은 사람이 많이 있었다. 영국의 두 주요 상담 및 심리치료 기관인 BACP와 UKCP는 현재 치료 중인 내담자와 개인적 관계를 맺지 말아야 한다는 것을 명확히 하고 있지만, 치료가 종결된 내담자와 개인적 관계를 시작하는 문제에 대한 지침은 걱정스러울 정도로 모호하다. 내 생각에는 일단 우리가 한 번이라도 누군가의 치료사로 일한 후에는, 항상 그 관계를 그에 내재된 모든 제약을 고려한 관점에서 바라보아야 한다. 따라서 알아차리지 못한 채 일어나는 착취의 가능성을 방지하기 위해, 나는 '한 번 내담자는 언제나 내담자'라고 말한다. 이 입장은 그가 나와 치료를 다시 시작하고 싶어 할 때 내가 가용하다는 것을 보장할 뿐 아니라, 종결 후까지 치료 관계의 지지를 유지시켜 준다. 우리를 고립시키는 또 다른 요인은 비밀보장과 관련된다. 저녁 식사를 하면서 아내가 자신의 음악 강의에 대해 이야기하는 것처럼 내가 내 일에 대해 편하게 이야기할 수는 없다. 게슈탈트의 장 관점에서 볼 때, 우리가 치료사로서 충분히 지지받지 못하면 이는 내담자들에게 전달될 것이다. 이것이 내가 치료사로 일하는 데 열정을 갖되, 치료를 유일한 열정으로 삼지는 말라고 말하는 이유 중 하나이다.

무너져 내리는 세상에서 산산조각 난다고 느끼는 내담자와 함께 어려운 작업을 할 때, 치료사는 견고하고 지지적인 배경 위에 서 있어야 한다. 우리는 반복적으로 외상 경험에 노출되면서 대리 외상에 취약해질 수 있다. 슈퍼비전, 동료 슈퍼비전, 사례회의 및 지속적인 전문성 발달과 같은 전문적 지지가 당연히 필요하지만, 치료사는 더 폭넓은 영양분이 필요하다. 치료사가 더 넓은 상황에서 치료 세계 외의 지지를 구축하는 것도 그만큼 중요하다. 치료적 장에 완전히 자신을 몰입시키면, 치료사의 더 넓은 상황으로부터 소외될 위험이 있다. 시스템 관점에서 이런 가능성을 극단적으로 생각해 본다면, 심리치료사들은 치료 세계 안에 자신을 고립시키고 우리가 돕고자 하는 더 큰 사회로부터 소외될 수도 있다. 우리의 내담자들은 개인적으로나 집단적으로 스스로를 고립될 수 있는 우리의 잠재적 가능성을 비춰 주는 거울 역할을 할 수 있다. 내담자와 마찬가지로, "알아차림은 변화를 가져오기 위한 필요 조건이지만, 그것만으로는 충분하지 않다"(Miller, 2011b: 111). 우리는 모두 습관에 빠질 수 있으며, 지지 체계를 확장하기 위한 실험이 필요하다. 우리는 우리가 '설교한 것'을 실천해야 한다.

게슈탈트 치료 훈련은 다른 모든 여가 및 관심사를 배제하고 게슈탈트 치료 이론과 실습 장에만 집중적으로 몰입하는 과정을 의도치않게 모델링할 수 있다. 이것이 게슈탈트에만 국한되는 것은 아니라고 생각한다. 나는 훈련 중에 교재가 아닌 소설을 마지막으로 읽었던 때가 언제인지 대화를 나누었던 기억이 난다. 마지막 훈련 과제에 대한 만족감이 출현할 기회를 갖기도 전에 다음 훈련 과제가 즉시 전경이 된다. 주기의 접촉 후 단계에 공간이 주어지지 않는다. 훈련이 종종 자극적이고 흥미진진하지만, 철수의 중요성을 간과하지 말고 충만한 공백이 출현할 수 있도록 공간을 남겨 놓아야 한다. 그곳에서 새로운 창조성이 탄생할 수 있다. 내담자의 세계에서 우리가 보고 싶은 변화를 우리 자신이 살아 내기 바란다.

우리가 충분한 지지를 받고 있는지 확인하는 과정에서 분명한 것을 놓치지 않아야 한다. 포인트 30의 체험적 실습으로 돌아가서 현재 당신이 얼마나 지지를 잘 받고 있는지 확인해 보라. 충분한 지지를 받기 위해서는 대인관계적 지지뿐 아니라 이러한 관계를 구축할 수 있는 탄탄한 기반이 필요하다. 나는 '시간에 쫓기는 점심'을 먹거나 과도하게 일하는 치료사가 많다는 것에 우려를 표한다. 다시 한번 말하지만 우리의 필요와 욕구가 떠오를 수 있도록 허용하는 공간, 환경에서 섭취한 것을 음미할 시간이 필요하다. 그것이 문자 그대로이든, 비유적인 의미에서든 말이다.

체험적 실습

중앙에 당신을 대표하는 원을 그리고 그 주위에 4~5개의 동심원을 그려 보세요. 바깥쪽 원부터 시작해서 현재 당신의 지지 요소들을 적되, 중앙에 가까울수록 중요한 지지 요소를 적어 보세요. 이 실습을 빠르게 완료한 후, 뒤로 물러나서 지지의 지도에 추가할 수 있는 지지 요소를 생각해 보세요.

97 게슈탈트 슈퍼비전

영국에서는 상담사나 심리치료사로 일하는 동안 정기적인 슈퍼비전을 받는 것이 필수 조건이다. 그러면 슈퍼비전은 무엇인가? 슈퍼비전과 슈퍼바이저라는 용어의 일상적인 사용은 몇 가지 오해를 초래할 수 있다. 처음 접하는 사람들은 슈퍼비전이 단순히 산업 분야의 감독자처럼 치료사에게 지시하고 규칙을 제시하는 것이라고 생각할 수 있다. 전문직을 처음 시작하는 사람들에게는 안전한 실천을 보장하기 위해 지침이 필요한 경우도 있지만, 이러한 지침은 치료사로서 자신만의 철학을 발전시킬 수 있는 공간을 허용하는 것과 균형을 이루어야 한다. 슈퍼비전의 기능은 슈퍼바이지에게 기법과 개입을 위한 무기를 제공하는 것이 아니라 치료 관계의 공동 창조적인 역학을 이해하도록 돕는 것이다.

슈퍼비전 과정은 메타 치료의 한 형태로 설명되어 왔는데(Hess, 1980; Hawkins & Shohet, 2012; Gilbert & Evans, 2000), 이는 슈퍼바이저와 슈퍼바이지 사이에서 일어나는 것이 종종 내담자/치료사 관계의 특성과 유사하다는 것을 의미한다. 이러한 병렬 과정은 치료와 슈퍼비전 사이의 개념적 다리로 볼 수 있다. 다양한 저항이 병렬적으로 나타날 수 있고, 슈퍼바이지와 슈퍼바이저는 내담자/치료사 관계에 존재하는 다양한 역동을 재현할 수 있다. 이러한 과정에 이름을 붙이는 것은 종종 유용하다. 치료에서와 마찬가지로, 슈퍼바이저-슈퍼바이지 관계는 좋은 결과를 달성하는 데 핵심적인 역할을 하고(Bucky et al., 2010; Norcross & Lambert, 2011; Creaner, 2014), 좋은 작업 관계는 정직과 개방성을 촉진하며 신뢰를 발달시킨다.

슈퍼비전 관계에서 건강한 과정을 모델링하는 것은 강력한 체험적 학습을 제공한다. 슈퍼비전 관계를 시작할 때, 우리가 치료에서 치료적 경계를 제공하는 것과 마찬가지로 기초 작업을 수행하는 것이 중요하다. 또 다른 유사점은 슈퍼바이저가 이러한 기초 작업을 적절히 하면서도 슈퍼바이지에게 정보를 너무 많이 제공하여 압도하지 않도록 균형을 찾아야 한다는 것이다. 이는 슈퍼바이저가 해당 정보를 전달하는 데 있어 과정 중심의 방식을 모델링할 수 있는 기회이다. 치료에서와 마찬가지로, 슈퍼비전에서도 자유와 창의성을 촉진하기 위해 구조가 필요하다.

구조와 관련하여 나는 슈퍼비전에 초점을 맞춘 메뉴를 다음에 제안한다. 이는 호킨스와 쇼헷(Hawkins & Shohet, 2012), 길버트와 클락슨(Gilbert & Clarkson, 1991)의 작업을 수정하여 적용한 것이다.

1. **치료적 전략과 개입 방법 탐색**: 치료사가 잘하는 것을 인정하면서도, 치료사의 범위와 변화를 확장하는 데 초점을 맞춘다.
2. **치료적 관계의 과정 중심 탐색**: 관계에서 어떤 패턴이 나타나고 있는가?
3. **지속적인 관계적 주제 탐색**: 치료 회기의 지금-여기 관계가 다른 시공간과 어떻게 연결되는지를 포함한다. 다른 관계에서의 패턴이 이 관계에서 어떻게 유사하게 반복되고 있는가?
4. **진단적 초점**: 게슈탈트 지도, 성격 스타일과 관련하여 진단적 기술을 하거나, 게슈탈트 관점에서 정신의학적 진단 용어를 논의하는 것을 포함한다.
5. **이론을 실제에 적용하고, 실제를 이론과 연결하기**: 후자의 경우 무의식적 유능함(unconscious competence)을 발견하는 것이 포함될 수 있다.
6. **치료실에서 일어나는 일을 더 넓은 장과 연결하기**
7. **도덕적 · 윤리적 딜레마**
8. **치료사가 잘한 점을 축하하고 검토하기**

슈퍼비전 회기는 제시된 초점이 배경으로 사라지고 다른 필요성이 전경이 됨에 따라 여러 영역을 오갈 가능성이 있다. 병렬 과정은 다시 한번 내담자가 관계를 맺는 방식을 파악할 수 있는 창을 제공할 수 있다. 예를 들어, 문제를 회피하면서 편향하는 내담자에 대해 논의하는 슈퍼바이지는 핵심 주변을 맴돌며 어느 하나도 직접적으로 다루지 않을 수 있다.

- 게슈탈트 치료가 내담자의 경험을 명료화하기 위해 현상학적 초점화와 실험

을 사용하는 것과 같이, 게슈탈트 슈퍼비전은 슈퍼바이지가 내담자와의 관계에서 경험하는 것을 명료화하기 위해 현상학적 방법을 사용한다(Yontef, 1996).

- 게슈탈트 치료사가 상황을 지속적으로 변화하는 상태로 바라보는 장 초점을 갖는 것처럼, 게슈탈트 슈퍼비전도 어떤 단일한 측면을 다른 것보다 잠재적으로 더 중요하다고 간주하지 않고 전체 상황을 중요시한다.
- 게슈탈트 치료가 수평적 관계에서 대화에 참여하듯이, 게슈탈트 슈퍼비전은 슈퍼바이지와의 대화를 통해 내담자의 경험을 체화된 수준에서 이해하고자 한다.

나의 슈퍼바이저 중 한 명은 게슈탈트 치료와 게슈탈트 슈퍼비전 사이에는 차이가 없다고 말하였는데, 내가 생각하기에 이는 도발적인 의도를 가진 진술 같다. 나는 근본적인 차이가 있다고 생각한다. 그러나 게슈탈트에서는 슈퍼바이지(그리고 내담자)에게 받는 영향을 포함하여 슈퍼바이지의 장 속에서 상호 관계적으로 작업하기 때문에, 어디서 슈퍼비전이 끝나고 치료가 시작되는지를 구분하는 명확한 경계가 있을 수 없다. 내담자들은 필연적으로 우리 자신의 문제를 건드리는 이슈를 가지고 온다. 하나의 차이점은 슈퍼바이저의 초점은 일차적으로 치료적 관계에 있기 때문에 슈퍼바이지와의 많은 상호작용은 나-그것이 될 것이며, 여기서 '그것'은 슈퍼바이지와 내담자 사이의 관계를 의미한다. 이러한 상호작용은 슈퍼바이저와 슈퍼바이지 관계가 갖는 이미 설정된 특성 때문에 나-너보다는 나-그것으로 유지될 가능성이 더 크다.[57] 따라서 슈퍼바이지와의 관계에서 나-너 태도를 유지하는 것이 중요하다.

네비스(Nevis, 1997)를 참고하여 나는 게슈탈트 슈퍼비전 과정을 다음과 같이 은유적으로 표현하고 싶다. 감정과 생각을 통합하는 것은 피아노 연주에 비유할 수 있다. 왼손은 박자를 유지하는 역할을 하며, 그것이 슈퍼바이저가 하는 일이다.

---

57 역자 주: 슈퍼비전에서 슈퍼바이저의 주된 초점은 슈퍼바이지가 내담자와 맺는 치료적 관계이고, 슈퍼바이지가 내담자와 맺는 관계를 분석하는 관점에서 접근하는 경우가 많다. 슈퍼바이저와 슈퍼바이지의 관계는 이미 역할과 구조가 정해진 관계이므로 기본적으로 나-그것의 성격을 띠게 되고, 이러한 관계로 유지될 가능성이 크다.

사람들에게 리듬감과 타이밍에 대한 감각을 가르치는 것이다. 오른손은 멜로디를 담당하며, 더 표현적인 부분이자 당신이 더 진정성 있게 존재하는 영역이다. 구조를 가지고 능숙하게 연주하며 다른 연주자(치료사)와 소통하기 위해서는 악보를 읽고 쓰는 능력(심리치료 이론을 배우는 것)이 필요하다. 이 모든 것을 조화롭게 해내려면 연습과 헌신이 필요하다.

Part 6

평가하기

목적지와 회고

98 1:1 및 집단 치료를 넘어서

게슈탈트 치료의 적용 가능성은 우리가 '임상적 환경'으로 간주하는 범위를 넘어 광범위하다. 게슈탈트의 장 관점은 상황의 일부만을 다루는 것이 아닌 전체 상황을 개선하기 위해 어떤 개입을 할 수 있는지를 고려하게 한다. 서구에서는 문제 영역을 우리 사회의 부분으로 보기보다는 분리하여 다루는 경향이 있다. 소위 '정신적으로 아픈 사람들'은 실제로나 은유적으로 시설에 수용되고, 노약자들은 종종 요양원에 보내지며, 범죄자들은 감옥에 수감된다. 문제를 개인적인 것이 아니라 사회적 문제로 인식하고 더 큰 포용이 이루어진다면, 더 많은 사람이 더 수용적인 사회에 적응해 갈 수 있을 것이다. 또한 우리 사회는 이러한 증상으로 표현되는 기저의 근본적인 사회적 상황을 해결할 수 있는 기회를 가질 수 있을 것이다. 이는 급진적이고 비현실적으로 이상적이라고 보일 수 있지만, 더 큰 통합과 포용을 향해 우리가 할 수 있는 작은 단계들이 있을 수 있다. 앞서 본 것처럼 게슈탈트는 전체를 다루고, 장 접근 안에는 체계적 관점이 내재되어 있다.

게슈탈트는 치료일 뿐 아니라 철학이기도 해서 건강한 기능을 촉진하기 위해 다양한 환경에 적용될 수 있다. 이미 부부나 가족 같은 소규모 체계와의 작업에 잘 정착되어 있고, 영국을 비롯한 해외에서는 기관과 조직에 게슈탈트를 적용하는 교육 과정도 성공적으로 잘 확립되어 있다.

게슈탈트가 1960년대 프리츠 펄스의 에살렌 시대의 '전경 중심적인(figure-bound)' 작업 방식에서 벗어난 이후, 개인과 집단 치료를 넘어 광범위한 적용을 할 수 있었던 것은 전경이 출현하는 배경 구조를 탐색하는 능력 덕분이다. 개인과 작업하든 체계와 작업하든, 전경으로 드러난 문제를 단독으로 고립시켜 분석하기보다 그것이 출현한 배경과의 관계 속에서 탐색하는 치료 과정은 근본적으로 동일하다. '이 아동은 학교에서 왜 성적이 저조한가?'라는 질문은 '이 아동의 행동에서

학교 내의 관계 패턴이 어떻게 반영되고 있는가?' 또는 '이 아동이 전체 시스템에서 대표하는 것은 무엇인가?'[58]와 같이 보다 현상학적인 장에 초점을 맞춘 형태로 재구성될 수 있다. 우리는 '아동'과 '학교'를 '근로자'와 '사무실', '부서'와 '회사', '병동'과 '병원' 등 더 큰 조직 내의 작은 체계의 예로 쉽게 바꿔 볼 수 있다.

일반적으로 우리가 임상 환경이라고 생각하는 범위를 넘어선 영역에서 게슈탈트 치료사들이 발표한 훌륭한 연구와 문헌이 있다. 깊이 다루어진 분야 중 일부로는 게슈탈트 코칭(Brownell, 2018; Siminovitch, 2017; Francis & Parlett, 2016; Bluckert, 2015; Leary-Joyce, 2014), 조직 내 게슈탈트(Chidiac, 2018; Barber, 2012; Chidiac & Denham-Vaughan, 2009; Critchley et al., 2007), 그리고 더 넓은 사회적 초점을 반영한 게슈탈트(Parlett, 2015, 2005, 2000; Melnick & Nevis, 2012; Lichtenberg, 2008)가 있다.

게슈탈트 치료의 원로 중 한 명인 필립 리히텐베르크(Philip Lichtenberg)는 한 은퇴 공동체에 거주하고 있다. 이 공동체의 구성원 350명은 게슈탈트 치료사는 아니지만 게슈탈트 원칙을 실천하고 있다. 그는 이 공동체에서 강좌를 개설하고 있고, 회원들은 필요한 지지를 받으면서 여전히 더 넓은 지역사회에서도 활동하고 있다. 이것을 영국을 비롯한 여러 나라에서 운영되는 획일적인 요양원의 현실과 비교해 보면, 노인들이 암묵적으로 평가 절하되는 방식이 드러난다. 리히텐베르크(2007)는 게슈탈트 치료사들이 일상적인 대화 속에서 일상을 변화시키기 위해 손을 내밀어야 하며, 세상과 맺는 일상적 접촉 속에서 대화에 참여해야 한다고 말한다. 더 나아가 우리가 세상에서 보고 싶은 변화가 곧 우리 자신이 되어야 한다고 강조한다.

게슈탈트 치료사로서 우리는 우리의 삶을 우리 전문 분야의 원칙을 받아들이며 살아가야 한다. 우리는 내담자와 함께할 뿐 아니라 우리의 일상생활에서도 정치적으로, 조직적으로, 생태적으로 적극적일 필요가 있다. 그렇게 함으로써 우리는 주변 사람들에게 영향을 미치고 다른 사람들 및 우리의 행성과 더 조화롭게 사는 방향으로 나아갈 것이다. 더 넓은 공동체적 관점을 지닌 게슈탈트 철학의 광범위한 적용 가능성은 우리의 창의성의 한계로 인해 제한될 뿐이며 아마도 지금이 역사상 다른 어떤 시기보다도 게슈탈트 철학의 넓은 적용이 필요한 시기일 것이다.

---

58 역자 주: 아동의 행동이 학교에서 일어나는 상호작용의 특징을 반영하고 있는지, 전체 체계에서 어떤 역할이나 의미를 가지고 있는지를 탐색하고자 하는 질문들이다.

99 회고와 성찰

이 책의 2판을 집필하면서, 나는 지난 십여 년에 걸쳐 등장한 새로운 이론들에 비추어 초판을 돌아보고 재평가하였다. 나는 무엇을 유지하고 싶었나? 무엇을 삭제해야 하였나? 나는 과거의 내가 쓴 것에 여전히 동의하는가? 아니, 전부는 아니다. 나는 이전에 썼던 글의 일부를 대체하기 위해 포함될 가능성이 있는 자료들을 깊이 숙고했고, 때로는 너무 많이 고민하였다. 내가 초판을 쓰기 시작한 이후로 나의 장과 게슈탈트 치료의 장은 필연적으로 변화해 왔으므로, 나는 게슈탈트 치료와 나의 현재 관계를 검토하고 재평가하였다. 이 과정은 모든 학습에 포함되어야 하는 과정과 유사하다. 우리는 문자 그대로 다시 보는 것이다(re-view).

치료사로서 우리는 만나는 모든 내담자로부터 배우는 데 항상 열려 있어야 한다. 내담자로부터 배우는 데 열린 마음을 유지하는 것은 관계를 수평화하는 데 도움이 된다. 어떤 관계에서든 배움은 양방향이다. 당신의 경험을 돌아보고, 자신이 한 일을 감상하고, 가능한 맹점을 고려하며, 내담자의 관계 맺는 방식의 변화를 기록하고, 이 변화가 어떻게 내담자와 당신의 관계, 내담자와 내담자 세계와의 관계를 새롭게 형성하는지를 살펴볼 시간을 갖는 것은 중요하다. 이러한 영역들은 한 걸음 떨어진 거리에서 더 잘 보이게 된다. 나는 치료를 종결한 후 검토하는 것뿐 아니라 치료가 진행 중일 때도 슈퍼비전이나 셀프 슈퍼비전을 통해 주기적으로 검토하는 것을 권한다. 이와 같은 과정에 참여하는 것은 **과거**의 낡은 상이 아닌 **현재 있는 그대로**와 접촉하도록 도와준다.

게슈탈트 이론에 따르면 성장과 발달을 위해서는 지속적이고 유동적인 전경 형성과 파괴의 과정이 필요하며, 이러한 관점은 프래그낸츠(Pragnanz)의 법칙에 내재되어 있다. 게슈탈트 심리학자들에 따르면 'Pragnanz'는 독일어이며 가장 가까운 영어 번역은 'pithiness'로, 간결함, 의미 있는 것, 질서정연함을 뜻한다. 프래그

낸츠는 주어진 상황이 가능한 최고의 형태를 만드는 경향이 있다는 믿음과 관련이 있다. 간단히 말해서, "우리는 할 수 있는 최선을 다해 장을 조직화한다."(ibid.)는 것이다. 치료사로서 우리는 지금-여기의 현재 장 조건을 알아차릴 때만 그렇게 할 수 있고, 따라서 현재 장 조건을 검토할 필요가 있다.

치료사로서의 발달을 검토할 때 초점을 맞추도록 도와주는 질문을 몇 가지 제안하자면 다음과 같다.

-내가 잘한 것은 무엇인가?

-다른 내담자들과의 치료를 위해 기억하고 싶은 것이 있는가?

-게슈탈트 이론과 관련해서 우리의 여정은 어떤 의미가 있는가?

-이 관계에서 가장 기억에 남을 것은 무엇일까?

-되감기 버튼이 있다면 무엇을 다르게 할 것인가?

-치료사로서 내가 성장해야 할 부분은 무엇인가?

이러한 질문들에 답하면서 건설적인 비판보다는 부정적으로 비판하는 경향이 있는지에 주목하라. 또한 파괴와 복구의 주기를 기억하면서 당신이 한 '실수'에서 긍정적인 측면이 무엇인지도 고려하라. 나는 만족, 물러남, 공백을 피하고 다음 과업으로 빠르게 이동하는 서구의 문화적 패턴(게슈탈트 순환에서 접촉 후 단계를 건너뛰는 것)을 이야기했다. 검토 과정을 통해 우리는 공식적 또는 비공식적 평가를 위한 주관적 연구 자료를 생성하는 동시에 이러한 문화적 배경의 내사에 대항할 수 있다.

이 책과 이 특별한 여정이 끝나 가는 시점에 나는 앞서 언급한 내용들과 관련하여 당신의 학습 경험을 되돌아보기를 제안하고 싶다. 다시 한번 몇 가지 질문을 제시하겠다.

-무엇이 도움이 되었는가?

-무엇이 도움이 되지 않았는가?

-이해하기 어려운 부분이 무엇인가?

–이해하기 어려운 부분을 마주했을 때 스스로에게 어떤 말을 하는가?
–나의 공부/관심사를 앞으로 어떻게 발전시켜 나갈 계획인가?
–특별히 나에게 흥미로웠던 부분이 있었는가?

나는 앞선 질문들을 구성하면서, 단순한 알아차림에서 보다 성찰적인 알아차림으로 나아가도록 촉진하고자 하였다. 예를 들어, '나는 게슈탈트에 대해 더 배우고 싶다'와 같은 간단한 알아차림에서 시작하여 게슈탈트에 대해 배우는 방법, 자신의 학습 과정, 알아차림 및 알아차림을 차단하는 패턴에 대한 알아차림과 같은 더욱 성찰적인 알아차림으로 이동하는 데 도움을 주고자 하였다. 이는 포인트 91에 논의된 것과 같이 "자신의 전반적인 알아차림 과정에 대한 알아차림"(Yontef, 1993: 251)으로 이끌어 주도록 돕기 위함이다. 그때 거기를 돌아보는 것은 더 큰 알아차림을 촉진하고 지금–여기와의 접촉을 증진하며 미래를 위한 가능한 방향을 제시하는 데 도움이 될 수 있다. 우리의 과거는 현재 경험을 형성하고 이는 다시 우리의 미래를 형성한다. 그리고 우리가 관계에 있어서 얼마나 유동적인지, 어떤 고정된 게슈탈트가 있는지는 이러한 시간대 사이의 흐름 속에서 드러난다.

100 불확실성과 확실성에 대하여

게슈탈트 치료사들은 상호주관적 관계의 불확실성과, 그로 인해 찾아오는 실존적 불안에서부터 다음에 어떤 일이 펼쳐질지 알 수 없음에서 오는 놀라움과 기쁨에 이르기까지 모든 것들을 견딜 필요가 있다. 이 책을 통해 나는 세상을 바라보는 우리 모두의 독특한 방식, 즉 공유된 세상 속에서 서로 다른 현상적 세계에 대한 서로 다른 인식에 대해 이야기하였다. 우리 모두는 해석을 하고, 이는 당연한 사실이다. 그러나 우리가 자신의 확신에 얼마나 얽매일 것인지에는 선택의 여지가 있다. 다른 불완전한 인간들과 마찬가지로, 게슈탈트 치료사도 자신의 세계관에 의문을 던지는 정보에 고집스럽게 저항할 수 있다. 게슈탈트 임상가가 유능하고 윤리적으로 일하기 위해서는 견고한 이론적 토대가 필수적이다. 그러나 항상 변화하고 있는 장에서 우리가 만나는 사람들과의 관계 속에서 이론을 끊임없이 점검할 필요가 있다. 왜냐하면 변화하는 장에는 인간 행동에 대한 새로운 '설명'이 끊임없이 등장하기 때문이다. 신경과학에서 이루어진 놀라운 발전은 우리의 접근법과 특정 방식의 작업에 많은 정보를 제공해 주지만 조심스럽기도 하다. 우리의 상황은 무수히 많은 상호 연결된 시스템으로 구성되어 있기 때문에, 다층적 장을 하나의 시스템으로 환원시키려는 경향에 대해 조심해야 한다. 앞선 포인트들에서 논의하였던 많은 개념을 경직되게 적용할 때도 환원주의적 접근이 될 수 있다. 그러나 우리는 다른 세계관을 포용하고 대화적 태도로 각각의 상황을 맞이함으로써 이를 방지할 수 있을 것이다. 게슈탈트 치료사로서 우리는 과학자가 아니라 예술가, 즉 관계 예술가이다. 그러나 예술을 하려면 과학이 제공하는 통찰이 필요하다. 우리는 눈앞의 내담자에 맞춰 우리의 팔레트를 섞어야 하며, 그 만남에서 이전에는 결코 만들어진 적이 없는 색이 창조될 수도 있다. 이를 실현하기 위해서는 붓(이론)을 가볍게 잡아야 한다. 우리는 지식이 많아질수록 더 많이 의심해야 한다. 의심이나 질문이 없으면 변화에 대한 개방성이 제한되고, 변화에 대한 개방성이 없으면 선호하는 이론이나 개념은 교리화되어 살아 숨 쉬는 치료가 아니라 단순히 존재하는 치료로 정체될 수 있다. 세상을 순수한 호기심과 신선함으로 바라보는 어린아이는 우리 치료사에게 많은 것을 가르쳐 준다.

게슈탈트 치료사로서, "우리는 주관적이어야 한다. 주관성은 상황 속에 있는 것이기 때문이다. 그러나 이것은 우리가 자기 마음대로 행동해야 한다는 뜻은 아니다"(Merleau-Ponty, 2010: 6). 삶에서와 마찬가지로, 불확실성은 게슈탈트 치료의 모든 측면에 스며들어 있다. 내담자와의 대화 속에서 우리는 다음 단계를 알 필요가 없다. 만일 우리가 다음 단계를 알고 있다고 생각한다면, 그것은 나-그것 관계를 강화한다. 그러나 우리는 불확실성의 상태에서 무작정 헤매지는 않는다. 앞서 살펴보았듯이, 대화를 실천하기 위해서는 부버(1958), 하이스너(1993), 하이스너와 제이콥스(1995) 등의 논의에서 제시된 특정한 원칙과 기법을 따라야 한다. 우리는 고립되고 고정된 자기는 존재하지 않으며, 자기는 접촉 과정에서 유동적으로 형성된다고 믿는다. 이러한 믿음은 우리가 예측할 수 없는 것에 대해 열린 태도를 유지하도록 하지만, 동시에 그러한 믿음을 유지하는 것만으로도 우리가 따르는 이론에는 일정한 확실성이 존재하게 된다. 고립되고 고정된 자기는 없으며 자기는 접촉 과정에서 유동적으로 형성된다는 우리의 믿음은 우리가 지지하는 이론에 어느 정도의 확신을 유지하면서도 우리가 예측할 수 없는 것에 대해 열려 있다는 것을 의미한다. 우리는 우리와 내담자 사이에 관계의 패턴이 형성될 것이라고 믿으며, 현상학적으로 작업하기 위한 방법론이 있고, 개인과 치료적 관계에 대해 상황적 관점을 취할 필요가 있다고 믿는다. 지금-여기의 관계의 가치를 믿으며 창조적 적응을 업데이트할 필요성을 믿는다. 이러한 믿음들은 우리가 창조성을 저해하지 않고 체계적으로 실천할 수 있도록 지지해 준다.

스테임러(1997, 2009, 2012)는 **길러진 불확실성**(cultivated uncertainty)에 대해 논의하면서, 이러한 태도는 변화가 가능하다는 것을 암묵적으로 보여 주기 때문에 낙관주의의 한 형태라고 하였다. 이러한 태도는 후설의 현상학적 방법론을 따른다. "치료사는 지금 이해하려고 시도하는 것을 이전에 이와 같은 특정한 형태로 접해 본 적이 없고"(Staemmler, 2012: 76) 따라서 "내담자의 독특성과 공동 상황에 열려 있어야 한다"(ibid.). 또한 스테임러는 길러진 불확실성은 내담자가 치료사를 교정해 줄 수 있는 공간을 허용하고, 이는 대화적 태도를 가능하게 한다고 말한다. 내가 여기서 말하고자 하는 것은, 불확실성이 필요하지만 우리의 불확실할 수 있는 능력을 지지하는 일정 수준의 확실성도 있다는 것이다. 한쪽 극이 존재하려면 반대 극이 필요하다.

이 책을 마치면서 나는 당신이 100가지 포인트에 대해 너무 확신을 갖지도, 너무 불확신하지도 않기를 바란다. 이 책의 내용을 너무 쉽게 내사하거나 거부하지도 않으면서 신중히 숙고하고 되새겨 보기를 바란다. 내가 당신의 흥미를 끌었기를 바라고, 여러분 중 일부는 게슈탈트 치료의 복잡성을 더 깊이 연구하고 현재 순간에 더 많은 시간을 보내기를 진심으로 바란다.

> 작년의 말은 작년의 언어에 속하며,
> 새해의 말은 새로운 목소리를 기다린다.
>
> – T. S. 엘리엇

참고문헌

Almog, M. (2016). Transforming the Problem of the Other: Rethinking Merleau-Ponty's Itinerary. *The Southern Journal of Philosophy*, *54*(3).

Anderson, R., & Cissna, K. (1997). *The Martin Buber-Carl Rogers Dialogue.* State University of New York Press.

American Psychiatric Association (2013). *Diagnostic and Statistical Manual of Mental Disorders* (5th ed.). American Psychiatric Association.

Aposhyan, S. (2004). *Body-Mind Psychotherapy: Principles, Techniques and Practical Applications.* Norton.

Bainbridge-Cohen, B. (1993). *Sensing, Feeling and Action.* Contact Editions.

Barber, P. (2002). Remembering Miriam Polster. *British Gestalt Journal*, *11*(2), 76-79.

Barber, P. (2012). *A Reflective Guide to Facilitating Change in Groups and Teamss-A Gestalt Approach to Mindfulness.* Libri Press.

Beebe, B., & Lachmann, F. M. (2002). *Infant Research and Adult Treatment: Co-constructing Interactions*. The Analytic Press.

Beisser, A. (1970). The Paradoxical Theory of Change. In J. Fagan & I. Shepherd (Eds.), *Gestalt Therapy Now*. Harper.

Benjamin, J. (1999). Recognition and Destruction: An Outline of Intersubjectivity. In S. A. Mitchell & L. Aron (Eds.), *Relational Psychoanalysis: The Emergence of a Tradition* (pp. 181-210). The Analytic Press.

Bion, W. R. (1962). *Learning from Experience*. Maresfield Reprints.

Blake, W. (1977). *William Blake: The Complete Poems*, In A. Ostricher (Ed.). Penguin Classics.

Bloom, D. (2003). Tiger! Tiger! Burning Bright. In M. Spagnuolo-Lobb & N. Amendt-Lyon (Eds.), *Creative Licence: The Art of Gestalt Therapy*. Springer-Verlag.

Bloom, D. (2005). Revisiting the Aesthetic Criterion: A Response to Sylvia Crocker. *British Gestalt Journal*, *14*(1), 54-56.

Bloom, D. (2010). One Good Turn Deserves Another… and another… and another: Personal Reflections on Relational Approaches to Gestalt Therapy. *Gestalt Review, 15*(3).

Bloom, D. (2013). Situated Ethics and the Ethical World of Gestalt Therapy. In G. Francesetti, M. Gecele & J. Roubal (Eds.) *Gestalt Therapy in Clinical Practice: From Psychopathology to the Aesthetics of Contact*. Milan: FrancoAngeli.

Bloom, D. (2014). Sensing Animals/Knowing Persons: A Challenge to Some Basic Ideas in Gestalt Therapy. In D. Bloom & B. O'Neill (Eds.), *The New York Institute for Gestalt Therapy in the 21st Century: An Anthology of Published Writings Since 2000.* Ravenwood Press.

Bloom, D. (2015). The Relational Function of Self: Self Functioning of the Most Human Plane. In J. M. Robine (Ed.), (2016). *Self, A Polyphony of Contemporary Gestalt Therapists*. L'Exprimerie.

Bloom, D., Spagnuolo-Lobb, M., & Staemmler, F. (2008). Notes on Nomenclature. *Studies in Gestalt Therapy: Dialogical Bridges*, *2*(1).

Bluckert, P. (2015). *Gestalt Coaching.* Open University Press.

Bollas, C. (2018). *The Shadow of the Object.* Routledge.

Brentano, F. (1995). *Psychology from an Empirical Standpoint*, edited by L. L. McAlister. Routledge.

Brownell, P. (2012). Spirituality in Gestalt Therapy. In T. Levine-Bar Yoseph (Ed.), *Gestalt Therapy: Advances in Theory and Practice.* Routledge.

Brownell, P. (2018). *Gestalt Psychotherapy and Coaching for Relationships.* Routledge.

Brownell, P., Meara, A., & Polak, A. (2008). Introduction. *Handbook for Theory, Research, and Practice in Gestalt Therapy.* Cambridge Scholars Publishing.

Buber, M. (1958). *I and Thou* (2nd ed., R. G. Smith, trans.). T & T Clark. (original published 1923).

Buber, M. (1965a). *The Knowledge of Man: A Philosophy of the Interhuman*. Harper & Row.

Buber, M. (1965b). *Between Man and Man*. MacMillan.

Buber, M. (1967). *A Believing Humanism: Gleanings*. Simon & Schuster.

Buber, M. (1992). *On Intersubjectivity and Cultural Creativity.* University of Chicago Press.

Buber, M. (1999). *Martin Buber on Psychology and Psycho-therapy: Essays, Letters and*

Dialogue. Syracruse University Press.

Bucky, S., Marques, S., Daly, J., Alley, J., & Karp, A. (2010). Supervision Characteristics Related to the Supervisory Working Alliance as Rated by Doctoral Level Supervisees. *Clinical Supervisor*, *29*(2), 149–163.

Bushman, B., Baumeister, R., Thomaes, S., Ryu, E., Begeer, S., & West, S. (1999). Looking Again, and Harder, for a Link Between Low Self–Esteem and Aggression. *Journal of Personality*, *77*(2), 427–446.

Carlson, C., & Kolodny, R. (2016). Making the Relational Turn: Some New Perspectives on Coaching Groups. *Contact and Context: New Directions in Gestalt Coaching.* Gestalt Press.

Chidiac, M.–A. (2017). Gestalt as a Relational Approach to Organisational Development. *British Gestalt Journal*, *26*(1), 48–56.

Chidiac, M.–A. (2018). *Relational Organisational Gestalt: An Emergent Approach to Organisational Development.* Routledge.

Chidiac, M.–A., & Denham–Vaughan, S. (2009). An Organisational Self: Applying the Concept of Self to Groups and Organisations. *British Gestalt Journal*, *18*(1), 42–49.

Clarkson, P. (1989). *Gestalt Counselling in Action* (4th ed.). Sage.

Clarkson, P. (1991). Individuality and Commonality in Gestalt. *British Gestalt Journal*, *1*(1), 28–37.

Clarkson, P. updated by Cavicchia, S. (2013). *Gestalt Counselling in Action* (4th ed.). Sage.

Clemmens, M. (2012). The Interactive Field: Gestalt Therapy as an Embodied Relational Dialogue. In T. Bar–Joseph–Levine (Ed.) *Gestalt Therapy: Advances in Theory and Practice.* Routledge.

Cole, P., & Reese, D. (2018). *New Directions in Gestalt Group Therapy.* Routledge.

Cozolino, L. (2014). *The Neuroscience of Human Relationships: Attachment and the Developing Social Brain* (2nd ed.). Norton.

Cozolino, L. (2017). *The Neuroscience of Psychotherapy: Healing the Social Brain*, 3rd Edition. Norton.

Creaner, M. (2014). *Getting the Best Out of Supervision in Counselling and Psychotherapy.* Sage.

Critchley, B., King, K., & Higgins, J. (2007). *Organisational Consulting: A Relational Perspective.* Middlesex University Press.

Crocker, S. (2004). Creativity in Gestalt Therapy: Book Review Essay. *British Gestalt Journal*, *13*(2), 126–134.

Crocker, S. (2007). Dramatic Gestalt Dreamwork. *Gestalt Journal of Australia and New Zealand*, *4*(1), 67–84.

Crocker, S. (2013). *A Well Lived Life: Essays in Gestalt Therapy.* Gestalt Press.

Delisle, G. (1999). *Balises II: A Gestalt Perspective on Personality Disorders*. Le Reflet.

Denham–Vaughan, J., & Edmond,V. (2010).The Value of Silence. *Gestalt Journal of Australia and New Zealand*, *6,* 1.

Denham–Vaughan, S. (2005). Will and Grace: An Integrative Dialectic Central to Gestalt Psychotherapy. *British Gestalt Journal*, *14*(1), 5–14.

Denham–Vaughen, S. (2010a). The Liminal Space and Twelve Action Practices for Gracious Living. *British Gestalt Journal*, *19*(2), 34–45.

Denham–Vaughan, S. (2010b). The Liminal Space: An Opening to Transformational Shift. Marianne Fry Lecture 2010. https://mariannefrylectures.uk/past–lectures/2010–dr–sally–denham–vaughan–the–liminalspace–an–opening–to–transformational–shift/

Desmond, B., & Jowett, A. (2011). *Stepping into the Unknown: Dialogical Experiential Learning*. Ashridge Business School.

Desmond, B. (2016). Homophobia Endures in Our Time of Changing Attitudes: A "Field" Perspective. *British Gestalt Journal*, *25*(2), 42–52.

Dilthey, W. (2002). *The Formation of the Historical World in the Human Sciences.* Princeton University Press.

EAGT Conference Brochure (2019). *An Experiential Exploration: The Fertile Void and Creative Indifference.* *www.* gestaltconference2019.com/wpcontent/uploads/2019/09/EAGT_brochure_online–1.pdf

Ehrenfels, C. von (1988). On 'Gestalt Qualities. In B. Smith (Ed. & Trans.) *Foundations of Gestalt Theory* (pp. 82–123).Philosophia.

Evans, K. (2007). Living in the 21st Century: A Gestalt Therapist's Search for a New Paradigm. *Gestalt Review*, *11*(3), 190–203.

Fagan, J., & Shepherd, I. (Eds.) (1971). *Gestalt Therapy Now: Theory, Techniques, Applications.* Science & Behavior Books.

Fairfield, M., & Shelton, M. (2016). Resources for Relational Leadership. In M. Francis & M. Parlett, *Contact and Context: New Directions in Gestalt Coaching* (Introduction). Gestalt

Press.

Farber, L. (1966). *The Ways of the Will*. Basic Books.

Feder, B. (1978). Responsibility and the Gestalt Therapist. *Gestalt Journal*, *1*(1), 83–87.

Ferrari, P. F., & Rizzolatti, G. (2015). *New Frontiers in Mirror Neuron Research*. Oxford University Press.

Fodor, I. (1998). Awareness and Meaning Making: The Dance of Experience. *Gestalt Review*, *2*(1), 50–71.

Frambach,L. (2003). The Weighty World of Nothingness: Salomo Friedlaender's Creative Indifference. In M. Spagnuoulo–Lobb & N. Amendt–Lyon (Eds.), *Creative License: The Art of Gestalt Therapy*, pp. 113–127. Springer.

Francesetti, G. (2016). The relational function of self: Self functioning of the most human plane. In J.–M. Robine (Ed.), *Self: A polyphony of contemporary Gestalt therapists*. L'Exprimerie.

Francesetti, G. (2015). From individual symptoms to psycho–pathological fields. Towards a field perspective on clinical human suffering. *British Gestalt Journal*, *24*(1), 5–19.

Francesetti, G., Gecele, M., & Roubal, J. (2013). Gestalt Therapy Approach to Psychopathology. in G. Francesetti, M. Gecele, & J. Roubal (Eds.), *Gestalt Therapy in Clinical Practice: From Psychopathology to the Aesthetics of Contact*. FrancoAngeli.

Francesetti, G., & Griffero, T. (2019). (Eds.). *Psychopathology and Atmospheres: Neither Inside nor Outside*. Newcastle–upon–Tyne: Cambridge Scholars Publishing.

Francis, T., & Parlett, M. (2016). Introduction. in *Contact and Context: New Directions in Gestalt Coaching*. Gestalt Press.

Frank, R. (2001). *Body of Awareness: A Somatic and Develop–mental Approach to Psychotherapy*. Gestalt Press.

Frank, R., & La Barre, F. (2011). *The First Year and the Rest of Your Life*. Taylor & Francis Group.

Freud, S. (1955). *The Interpretation of Dreams*. Translated by J. Strachey. Basic Books.

Friedlaender, S. (1918). *Schöpferische Indifferenz* [Creative indifference]. Reinhardt.

Friedman, M. (1990). Dialogue, Philosophical Anthropology and Gestalt Therapy. *The Gestalt Journal, XIII*(1), 7–40.

From, I., & Muller, B. (1977). *Didactical notes (unpublished)* in Muller (1996). Isadore From's Contribution to the Theory and Practice of Gestalt Therapy. *The Gestalt Journal*

XIX(1), 57–81.

Gadamer, H–G. (2004). *Truth and Method*. Bloomsbury Academic.

Gaffney, S. (2016). The Art and Craft of the Field Attuner. in T. Francis & M. Parlett (Eds.) *Contact and Context: New Directions in Gestalt Coaching*. Routledge.

Gallese, V. (2001). The "Shared Manifold" Hypothesis; from Mirror Neurons to Empathy. *Journal of Conscious Studies*, *8*, 33–50.

Gandhi, M. (2019). www.Brainyquote.com/quotes/mahatma_gandhi_109075 (last accessed 25 May 2020).

Gendlin, E. T. (1962). *Experiencing and the Creation of Meaning: A Philosophical and Psychological Approach to the Subjective*. Free Press of Glencoe.

Gendlin, E. T. (2008). Vision Statement for Focusing: Action Steps and Projects. *The Folio: A Journal for Focusing and Experiential Therapy*, *21*(1). The Focusing Institute Inc.

Gergen, K. J. (2009). *Relational Being: Beyond Self and Community*. Oxford University Press.

Gilbert, M., & Clarkson, P. (1991). The Training of Counselling Trainers and Supervisors. In W. Dryden & B. Thorne (Eds.), *Training and Supervision for Counselling in Action*. Sage.

Gilbert, M., & Evans, K. (2000). *Psychotherapy Supervision: An Integrative Relational Approach to Psychotherapy Supervision*. Buckingham: Open University Press.

Ginger, S. (2007). *Gestalt Therapy: The Art of Contact*. London. Karnac.

Goldstein, K. (1939). *The Organism*. American Book.

Goodman, P. (1977). *Nature Heals: The Psychological Essays of Paul Goodman*. Edited by T. Stoehr. Free Life Additions.

Goodman, P. (1994). *Crazy Hope and Finite Experience*. Edited by T. Stoehr. Jossey–Bass.

Hawkins, P., & Shohet, R. (2012). *Supervision in the Helping Professions* (2nd ed.). Maidenhead: Open University Press.

Heidegger, M. (1962). *Being and Time*. Translated by J. Macquarrie & E. Robinson. Harper & Row.

Heimbach, J. T., & Jacoby, J. (1972). The Zeigarnik Effect in Advertising. *Proceedings of the Third Annual Conference of the Association of Consumer Research*. 746–758.

Hess, A. K. (Ed.) (1980). *Psychotherapy Supervision: Theory, Research and Practice*. Wiley.

Howarth, A., & Ibrahim, Y. (2012). Threat and Suffering: The Liminal Space of "The Jungle".

In H. Andrews & L. Roberts (Eds.), *Liminal Landscapes: Travel, Experience and Space* (pp. 200–216). Routledge.

Husserl, E. (1931). *Ideas: General Introduction to Pure Phenomenology, Vol 1.* MacMillan.

Hycner, R. (1985). Dialogical Gestalt Therapy: An Initial Proposal. *The Gestalt Journal*, *8*(1), 23–49.

Hycner, R. (1993). *Between Person and Person: Toward a Dialogical Psychotherapy*. Gestalt Journal Press.

Hycner, R. (1999). Dialogical Gestalt Therapy: An Initial Proposal. *Gestalt Journal*, *8*(1), 23–49.

Hycner, R., & Jacobs, L. (1995). *The Healing Relationship in Gestalt Therapy–A Dialogic/Self Psychology Approach.* Gestalt Journal Press.

Iacoboni, M. (2005). Understanding Others: Imitation, Language and Empathy. In S. Hurly & N. Chater (Eds.), *Perspectives on Imitation.* MIT Press.

Idhe, D. (1977). *Experimental Phenomenology: An Introduction*. State University of New York.

Jacobs, L. (1992). Insights from Psychoanalytic Self–Psychology and Inter–Subjectivity Theory for Gestalt Therapists. *The Gestalt Journal*, *XV*(2), 25–61.

Jacobs, L. (1995). Shame in the Therapeutic Dialogue. *British Gestalt Journal*, *4*(2), 86–90.

Jacobs, L. (2000). For Whites Only. *British Gestalt Journal*, *9*(1), 3–14.

Jacobs, L. (2007). Self, Subject and Intersubjectivity. *Studies in Gestalt Therapy: Dialogical Bridges*, *1*(1).

Jacobs, L. (2012). Critiquing Projection: Supporting Dialogue in a Post–Cartesian World. in T. Bar–Yoseph Levine (Ed.), *Gestalt Therapy: Advances in Theory and Practice* (pp. 59–69). Routledge.

Jacobs, L. (2017). Hopes, Fears and Enduring Relational Themes. *British Gestalt Journal*, *26*(1), 7–16.

Jacobs, L., & Hycner, R. (Eds.). (2009). *Relational Approaches in Gestalt Therapy.* Gestalt Press/Routledge.

Johnson, F. (2016). The Aesthetics of Transformational Gestalt Coaching: A Heartfelt Research Project. In T. Francis & M. Parlett (Eds.), *Contact and Context: New Directions in Gestalt Coaching*. Gestalt Press.

Joyce, P., & Sills, C. (2018). *Skills in Gestalt Counselling and Psychotherapy* (4th ed.). Sage.

Kafka, F. (2005). *Investigations of a Dog in Franz Kafka: The Complete Short Stories.* Vintage.

Kaufman, G. (1985). *Shame: The Power of Caring.* Shenkman Books.

Kaufman, G. (1996). *The Psychology of Shame: Theory and Treatment of Shame-based Syndromes (2nd ed.).* Springer.

Keating, F. (2007). *African and Caribbean Men and Mental Health.* Race Equality Foundation.

Kennedy, D. (1994). Transcendence, Truth and Spirituality in the Gestalt Way. *British Gestalt Journal*, *3*(1), 4-10.

Kennedy, D. (2013). *Healing Perception: An Application of the Philosophy of Merleau-Ponty to the Theoretical Structures of Dialogic Psychotherapy.* Queensland, Australia: Ravenwood Press and Create Space Publishers.

Kepner, J. (1987). *Body Process: A Gestalt Approach to Working with the Body in Psychotherapy*. Gardner.

Kepner, J. (2001). Touch in Gestalt Body Process Psychotherapy: Purpose, Practice, and Ethics. *Gestalt Review*, *5*(2), 97-114.

Kepner, J. (2008). Towards a More Deeply Embodied Approach in Gestalt Therapy. *Studies in Gestalt Therapy, 2*(2), 43-56.

Kermode, F. (1983). Freud is Better in German. *New York Times*, 6 February.

Keysers, C. (2011). *The Empathic Brain.* E-book published by Christian Keysers.

Koffka, K. (1935). *Principles of Gestalt Psychology*. Harcourt, Brace and World.

Kohler, K. (1938). Physical gestalten. In W. Ellis (Ed.), *A Source Book in Gestalt Psychology* (pp. 17-54). Kegan Paul.

Korb, M. (1999). Redefining Maturity and Maturational Processes. *Gestalt Journal*, *XXII*(2).

Latner, J. (1985). What Kinds of Figures Does Gestalt Therapy Cut?. *Gestalt Journal*, *VIII*(1), 55-60.

Latner, J. (2000). The Theory of Gestalt Therapy. In E. C. Nevis (Ed.), *Gestalt Therapy: Perspectives and Applications*. Gestalt Press.

Leary-Joyce, J. (2014). *The Fertile Void: Gestalt Coaching at Work.* AOEC Press.

Lee, R. (1995). Gestalt and Shame: The Foundations for a Clearer Understanding of Field Dynamics. *British Gestalt Journal, 4*(1), 14-22.

Lee, R. (2004a). Ethics: A Gestalt of Values/The Values of Gestalt-A Next Step. In R. G. Lee (Ed.) *The Values of Connection* (pp. 3-34). Gestalt Press.

Lee, R. (2004b). (Ed.). *The Values of Connection: A Relational Approach to Ethics.* Gestalt Press.

Lee, R. (2007). Shame and Belonging in Childhood: The Interaction between Relationship and Neurobiological Development in the Early Years of Life. *British Gestalt Journal 16*(2), 38–45.

Lee, R., & Wheeler, G. (1996). (Eds.). *The Voice of Shame: Silence and Connection in Psychotherapy.* Gestalt Press.

Levinas, E. (1987). *Collected Philosophical Papers.* Trans. A. Lingis. Nijhoff.

Levitsky, A., & Perls, F. (1970). The Rules and Games of Gestalt Therapy. In J. Fagan & I. Shepherd (Eds.), *Gestalt Therapy Now*. Science and Behaviour Books.

Lewin, K. (1935). *A Dynamic Theory of Personality Selected Papers*. McGraw–Hill.

Lewin, K. (1936). *Principles of Topological Psychology*. McGraw–Hill.

Lewin, K. (1952). *Field Theory in Social Sciences*. Tavistock.

Lichtenberg, P. (2007). Radical Relationships–Interviewed by Christine Stevens. *British Gestalt Journal*, *16*(1), 28–34.

Lichtenberg, P. (2008). Culture Change: Conversations Concerning Political and Religious Difference. *Studies in Gestalt Therapy: Dialogical Bridges*, *2*(1), 45–68.

Lichtenberg, P. (2012). Inclusive and Exclusive Aggression: Some (Gestalt) Reflections. *Gestalt Review, 13*(2), 145–161.

MacKewn, J. (1997). *Developing Gestalt Counselling*. Sage.

MacKewn, J., & Clarkson, P. (2012). *Fritz Perls.* Sage.

Mann, D. (2010). *Gestalt Therapy: 100 Key Points and Techniques.* Taylor & Francis.

Mann, D. (2013). Assessing Suicidal Risk. In G. Francesetti, M. Gecele & J. Roubal (Eds.), *Gestalt Therapy in Clinical Practice: From Psychopathology to the Aesthetics of Contact.* Instituto di Gestalt HCC Italy.

Mann, D. (2014). Gestalt Therapy. *The Handbook of Individual Therapy* (pp. 179–205). (6th ed.). Sage.

Marrow, A. J. (1969). *The Practical Theorist: The Life and Work of Kurt Lewin*. Basic Books.

Maslow, A. (2013). *The Theory of Human Motivation*. Edited by D. Webb. Psychology Classics. CreateSpace Independent Publishing Platform.

Mazur, E. (1996). The Zeigarnik Effect and the Concept of Unfinished Business in Gestalt Therapy. *British Gestalt Journal*, *5*(1), 18–23.

McConville, M. (2001). Lewinian Field Theory, Adolescent Development and Psychotherapy. In M. McConville & G. Wheeler (Eds.), *The Heart of Development: Gestalt Approaches to Working with Children, Adolescents and their Worlds: Vol 2.* Analytic Press.

McConville, M. (2013). *Adolescence: Psychotherapy and the Emergent Self.* Gestalt Press.

Melnick, J. (2003). Editorial: Conflict. *Gestalt Review*, *7*(3), 175–179.

Melnick, J., & Nevis, E. (2012). *Mending the World.* Edited by J. Melnick & E. Nevis. Gestalt Press.

Melnick, J., & Roos, S. (2007). The Myth of Closure. *Gestalt Review, 11*(2), 90–107.

Merleau-Ponty, M. (1962). *Phenomenology of Perception*. Translated from French by C. Smith. Routledge & Kegan Paul.

Merleau-Ponty, M. (1968). *The Visible and the Invisible.* Translated by A. Lingis & edited by C. Lefont. Northwestern University Press.

Merleau-Ponty, M. (2002). The Primacy of Perception and its Philosophical Consequences. In D. Moran & T. Mooney (Eds.), *The Phenomenology Reader*. Routledge.

Merleau-Ponty, M. (2010). Consciousness and the Acquisition of Language. In *Child Psychology and Pedagogy.* Translated and edited by T. Welsh. Northwestern University Press.

Merleau-Ponty, M. (2014). *Phenomenology of Perception*. Translated from French by D. A. Landes. Routledge.

Meulmeester, F. (2017). Book Review: "19 voices on the Self". *British Gestalt Journal*, *26*(1), 65–69.

Midgley, D. (2006). Intersubjectivity and Collective Conscious-ness. *Journal of Conciousness Studies*, *13*(5), 99–109.

Miller, M. V. (1994). Elegiac Reflections on Isadore From. *British Gestalt Journal*, *3*(2), 76–79.

Miller, M. V. (2001). The Speaking Body (Or why did Wilhelm Reich go Crazy). *The Gestalt Journal*, *24*: 11–29.

Miller, M. V. (2003). Reflections on Cornell: The Aesthetics of Sexual Love. *British Gestalt Journal*, *12*(2), 111–115.

Miller, M. V. (2011a). Foreword in Robine J-M. *On the Occassion of the Other*. Gestalt Journal Press.

Miller, M. V. (2011b). *Teaching a Paranoid to Flirt.* Gestalt Journal Press.

Morrison, K., & van der Werf, G. (2012). Editorial. *Educational Research and Evaluation: An International On-line Journal, 18*(5), 399-401. Taylor & Francis online.

Muller, M. (1993). (Ed.) *Psychophysiologische Risikofaktoren bei Herz/Kreislauferkrankungen-Grundlagen und Therpie.* Hogrefe.

Myers, D., & Hayes, J. (2006). Effects of Therapist Self-Disclosure and Countertransference and Disclosure on Ratings of the Therapy Session. *Psychotherapy: Theory, Research, Practice, Training, 43,* 173-185.

Neimeyer, R. A (2005). The Construction of Change: Personal Reflections on the Therapeutic Process. *Constructionism in the Human Sciences, 10,* 77-98.

Nevis, E. (1987). *Organizational Consulting: A Gestalt Approach.* Gardner Press.

Nevis, E. (1997). Gestalt Therapy and Organization Develop-ment: A Historical Perspective, 1930-1996. *Gestalt Review, 1*(1), 110-130.

Nevis, E., & Melnick, J. (2012). Gestalt Concepts as Applied to Social Cange Intervention. In J. Melnick & E. Nevis (Eds.), *Mending the World.* Gestalt Press.

Nin, A. (1990). *The Dela of Venus.* Penguin Books.

Norcross, J., & Lambert, M. (2011). Evidence-based Therapy Relationships. In J. C. Norcross (Ed.) *Psychotherapy Relationships That Work: Evidence-Based Responsive-ness, 2nd ed* (pp. 3-21). Oxford University Press.

Orange, D. (2009). Psychoanalysis in a Phenomenological Spirit. *International Journal of Psychoanalytic Self Psychology, 4,* 119-121.

Orange, D. (2010). *Thinking for Clinicians.* Routledge.

O'Shea, L. (2000). Sexuality: Old Struggles and New Challenges. *Gestalt Review 4*(1), 8-25.

Park, D. C., & Huang, C-M. (2010). Culture Wires the Brain: A Cognitive Neuroscience Perspective. *Perspectives on Psychological Science.* Sage Journals.

Palmer, P. (1997). The Grace of Great Things: Reclaiming the Sacred in Knowing, Teaching and Learning. *Holistic Education Review, 10*(3), 8-16.

Parlett, M. (1991). Reflections on Field Theory. *British Gestalt Journal, 1*(2), 69-81.

Parlett, M. (1993). Towards a More Lewinian Field Theory. *British Gestalt Journal, 2,* 115-120.

Parlett, M. (1997). The Unified Field in Practice. *Gestalt Review, 1*(1), 16-33.

Parlett, M. (2000). Creative Adjustment and the Global Field. *British Gestalt Journal, 9*(1), 15-27.

Parlett, M. (2005). Contemporary Gestalt Therapy: Field Theory. In A. L. Woldt & S. M. Toman (Eds.), *Gestalt Therapy: History, Theory and Practice*. Sage.

Parlett, M. (2007). The Five Abilities'Summary. *Unpublished Manuscript*.

Parlett, M. (2015). *Future Sense: Five Explorations of Whole Intelligence for a World that's Waking Up*. Matador.

Pawlett, J. S. (2018). Gestalt Structures in Multi−person Inter−subjectivity. *Synthese: An International Journal for Epistemology, Methodology and Philosophy of Science*. Springer.

Perls, F. (1947). *Ego, Hunger and Aggression*. George Allen and Unwin.

Perls, F. (1948). Theory and Technique of Personality Integration. *American Journal of Psychotherapy*, *2*, 565−586.

Perls, F. (1969). *Gestalt Therapy Verbatim*. Real People Press.

Perls, F. (1973). *The Gestalt Approach and Eye Witness to Therapy*. Science and Behaviour Books.

Perls, F. (1979). Planned Psychotherapy. *The Gestalt Journal*, *II*(2), 4−24.

Perls, F. (1992a). *Gestalt Therapy Verbatim*. Gestalt Journal Press.

Perls, F. (1992b). *In and Out of the Garbage Pail*. Gestalt Journal Press.

Perls, F., Hefferline, R., & Goodman, P. (1951). *Gestalt Therapy: Excitement and Growth in the Human Personality*. Souvenir Press.

Perls, L. (1978). Concepts and Misconceptions of Gestalt Therapy. *Voices*, *14*(3), 31−36.

Perls, L. (1992). *Living at the Boundary*. Gestalt Journal Press.

Perls, L., & Rosenfeld, E. (1982). A Conversation between Laura Perls and Edward Rosenfeld. *Voices*, *2*, 22−29.

Petzold, H. G. (2006). Aggressionsnarrative, Ideologie und Friedensarbeit−Integrative Perspektiven. In F−M. Staemmler & B. Staemmler (Eds.), *Aggression, Time, and Understanding*. Gestalt Press.

Philippson, P. (2001). *Self in Relation*. Gestalt Journal Press.

Philippson, P. (2002). A Gestalt Approach to Transference. *British Gestalt Journal*, *11*(1), 16−20.

Philippson, P. (2009). *The Emergent Self: An Existential−Gestalt Approach*. Karnac Books.

Philippson, P. (2011). Mind and Matter: The Implications of Neuroscience Research for Gestalt Psychotherapy. In T. Levine (Ed.), *Gestalt Therapy: Advances in Theory and*

Practice. Routledge.

Philippson, P. (2017). Three Levels of Training. *British Gestalt Journal*, *26*(1), 41–43.

Philippson, P. (2018). *Gestalt Therapy: Roots and Branches Collected Papers*. Routledge.

Polster, E. (1993). Individuality and Communality. *British Gestalt Journal*, *2*(1), 41–43.

Polster, E. (1995). *A Population of Selves–A Therapeutic Explorationof Personal Diversity*. Jossey–Bass.

Polster, E. (2012). Flexibility in Theory Formation. *Gestalt Therapy: Advances in Theory and Practice*. Routledge.

Polster, E., & Polster, M. (1973). *Gestalt Therapy Integrated: Contours of Theory and Practice*. Vintage Books.

Polster, E., & Polster, M. (1999). *From the Radical Center: The Heart of Gestalt Therapy*. The Gestalt Institute of Cleveland Press.

Power, M., & Dalgleish, T. (1997). *Cognition and Emotion: From Order to Disorder*. Psychology Press.

Renik, O. (2004). Intersubjectivity in Psychoanalysis. *International Journal of Psychoanalysis*, *85*, 1053–1064.

Resnick, R. (1995). Gestalt Therapy: Principles, Prisms and Perspectives: Interviewed by Malcolm Parlett. *British Gestalt Journal*, *4*(1), 3–13.

Resnick, R. (2002). When 'Other'is Less Than…. *British Gestalt Journal*, *11*(1), 64–66.

Resnick, S. (2004). Somatic–Experiential Sex Therapy: A Body–Centered Gestalt Approach to Sexual Concerns. *Gestalt Review*, *8*(1), 40–64.

Richards, C., & Barker, M. (2013). *Sexuality and Gender for Mental Health Professionals: A Practical Guide*. Sage.

Roberts, A. (1999). Digging up the Bodies. *British Gestalt Journal*, *8*(2), 134–137.

Robine, J.–M. (2003). Intentionality in Flesh and Blood: Toward a Psychotherapy of Fore–contacting. *International Gestalt Journal*, *26*(2), 85–110.

Robine, J.–M. (2011). *On the Occassion of the Other*. Gestalt Journal Press.

Robine J.–M. (2016). Self: Artist of Contact. In J.–M. Robine (Ed.), *Self: A Polyphony of Gestalt Therapists*. L'exprimeire.

Roubal J., Franscetti, G., & Gecele, M. (2017). Aesthetic Diagnosis in Gestalt Therapy. *Behavioural Sciences*, *7*(4), 70.

Sabar, S. (2013). What's a Gestalt?. *Gestalt Review 17*(1), 6–34.

Saner, R. (1984). Culture Bias of Gestalt Therapy Made-in-USA. *Gestalt Theory*, *6*(2), 158-170.

Sartre, J.-P. (1948). *Being and Nothingness*. Trans. H. E. Barnes. Philosophical Library.

Schore, A. (2003). *Affect Regulation and the Repair of the Self*. Norton.

Schore, A. (2011). *The Science of the Art of Psychotherapy*. Norton.

Schulz, F. (2013). Roots and Shoots of Gestalt Therapy: Historical and Theoretical Developments. *Gestalt Journal of Australia and New Zealand*, *10*(1), 24-47.

Shub, N. (2000). Gestalt Therapy over Time: Integrating Difficulty and Diagnosis. *Gestalt Therapy: Perspectives and Applications*. Edited by Edwin Nevis. Gestalt Press.

Siegel, D. (1999). *The Developing Mind: How Relationships and the Brain Interact to Shape Who We Are*. Guildford Press.

Siegel, D. (2010). *The Mindful Therapist: A Clinician's Guide to Mindsight and Neural Integration*. Norton.

Siegel, D., & Bryson, T. (2012). *The Whole-Brain Child: 12 Proven Strategies to Nurture Your Child's Developing Mind*. PESI Publishing & Media.

Sills, C., Lapworth, P., & Desmond, B. (2012). *An Introduction to Gestalt*. Sage.

Silverstein, S. (1996). Three stings. *Falling Up*. HarperCollins.

Siminovitch, D. (2017). *A Gestalt Coaching Primer: The Path Toward Awareness IQ*. Gestalt Coaching Works, LLC.

Smith, E. (1998). At the Cusp of Being and Becoming: The Growing Edge Phenomenon. *The Gestalt Journal*, *XXI*(2), 9-19.

Smuts, J. (1926). *Holism and Evolution*. MacMillan.

Sonne, M., & Toennesvang, J. (2013). *Integrative Gestalt Practice: Transforming our Ways of Working with People*. Karnac.

Spagnuolo-Lobb, M. (2002). A Gestalt Model for Addressing Psychosis. *British Gestalt Journal*, *11*(1), 5-15.

Spagnuolo-Lobb, M. (2008). From the Epistemology of Self to Clinical Specificity. *International Gestalt Journal*, *31*(1), 51-73.

Spagnuolo-Lobb, M. (2009). The Therapeutic Relationship in Gestalt Therapy. *Relational Approaches in Gestalt Therapy*. Gestalt Press.

Spagnuolo-Lobb, M. (2010). *The Nowfor Nextin Psychotherapy: Gestalt Therapy Recounted in Post Modern Society*. Syracuse: Instituto di Gestalt HCC.

Spagnuolo-Lobb, M. (2017). From Losses of Ego Functions to the Dance Steps Between Psychotherapist and Client. Phenomenology and Aesthetic of Contact in the Psychotherapeutic Field. *BGJ*, *26*(1), 28-37.

Spagnuolo-Lobb, M. (2019a). Aesthetic Relational Knowledge of the Field: A Revised Concept of Awareness in Gestalt Therapy and Contemporary Psychiatry. *Gestalt Review*, *22*(1), 50-68.

Spagnuolo-Lobb, M. (2019b). Teaching and Conducting Gestalt Research through the Instituto di Gestalt, HCC Italy: Capturing the Vitality of Relationships. In P. Brownell (Ed.), *Handbook for Theory, Research and Practice in Gestalt Therapy*, 2nd Edition. Newcastle-upon-Tyne: Cambridge Scholars Publishing.

Spinelli, E. (2005). *The Interpreted World: An Introduction to Phenomenological Psychology* (2nd ed.). Sage.

Staemmler, F-M. (1997). Cultivated Uncertainty: An Attitude for Gestalt Therapists. *British Gestalt Journal*, *6*(1), 30-40.

Staemmler, F-M. (2006). A Babylonian Confusion? On the Uses and Meanings of the Term "Field". *British Gestalt Journal*, *15*(2), 64-83.

Staemmler, F-M. (2009). *Aggression, Time and Understanding*. Gestalt Press.

Staemmler, F-M. (2010). Contact as First Reality: Gestalt Therapy as an Intersubjective Approach. *British Gestalt Journal*, *19*(2), 26-33.

Staemmler, F-M. (2012). *Empathy in Psychotherapy: How Therapists and Clients Understand Each Other*. Springer.

Staemmler, F-M. (2016). Taking Another Turn: The Relational Turn in Gestalt Therapy Revisited. *British Gestalt Journal*, *25*(2), 3-19.

Stauffer, K. (2010). *Anatomy and Physiology for Psychothe-rapists.* Norton.

Stern, D. N. (1998). *The Interpersonal World of the Infant*. Karnac.

Stern D. N. (2010). Forms of Vitality. *Exploring Dynamic Experience in Psychology and the Arts.* Oxford University Press.

Stoehr, T. (1994). *Here, Now, Next: Paul Goodman and the Origins of Gestalt Therapy*. Jossey-Bass.

Stratford, C. D., & Brallier, L. W. (1979). Gestalt Therapy with Profoundly Disturbed Persons. *The Gestalt Journal*, *2,* 90-103.

Strawman, S. (2011). Empathy and Understanding: Phenomenology and Hermeneutics in

Relational Gestalt Psychotherapy. *British Gestalt Journal*, *20*(1), 5–13.

Taylor, M. (2013). On Safe Ground: Using Sensorimotor Approaches in Trauma. *British Gestalt Journal*, *22*(2), 5–13.

Taylor, M. (2014). *Trauma Therapy and Clinical Practice: Neuroscience, Gestalt and The Body*. Open University Press.

Tellenbach, H. (1983). *Goût et Atmosphère*. Trans. J. Amsler. P. U. F.

Thomas, W. I., & Znaniecki, F. (1999). In M. De Fornel & L. Quere, *La logique des situations: nouveaux regards surl'eclogie des activities sociales*. Editions de l'Ecole des Hautes Etudes en Science Sociales.

Totton, N. (2003). *Body Psychotherapy: An Introduction*. Maidenhead: Open University Press.

Trub, H. (1952). Healing through Meeting. In M. Friedman (Ed.), *The Worlds of Existentialism: A Critical Reader*. University of Chicago Press.

Van de Kolk, B. (2015). *The Body Keeps the Score: Mind, Brain and Body in the Transformation of Trauma*. Penguin Books.

Van de Riet, V. (2001). Gestalt Therapy and the Phenomenological Method. *Gestalt Review*, *5*(3), 184–194.

Van de Riet, V., Korb, M., & Gorrell, J. (1980). *Gestalt Therapy: An Introduction*. Pergamon Press.

Vasquez–Bandin, C. (2012). Personality: Co–creating a Dynamic Symphony. *Gestalt Therapy: Advances in Theory and Practice*. Edited by T. Bar–Yoseph. Routledge.

Vasquez–Bandin, C. (2016). In '*Self: A Polyphony of Gestalt Therapists*'. Edited by J.–M. Robine. L'exprimeire.

Wertheimer, M. (1925). Gestalt Theory. In W. D. Ellis (Ed.), *A Sourcebook of Gestalt Psychology* (1938). Routledge and Kegan Paul.

Wertheimer, M. (1959). *Productive Thinking* (2nd ed.). Harper and Row. First published 1945.

Wheeler, G. (1991). *Gestalt Reconsidered–A New approach to Contact and Resistance*. Gardner Press.

Wheeler, G. (1997). Self and Shame: A Gestalt Approach. *Gestalt Review*, *1*(3), 221–244.

Wheeler, G. (2000). *Beyond Individualism: Towards a New Understanding of Self, Relationship and Experience*. The Analytic Press.

Wheeler, G. (2003). Contact and Creativity: The Gestalt Cycle in Context. In M. Spagnuolo-Lobb & N. Amendt-Lyon (Eds.), *Creative License: The Art of Gestalt Therapy* (pp 163-178). Springer.

Wheeler, G., & Axelsson, L. (2015). *Gestalt Therapy*. American Psychological Association.

Wheeler, G., & McConville, M. (Eds.). (2014). *The Heart of Development: Gestalt Approaches to Working with Children, Adolescents and their Worlds*. Routledge.

Wheway, J. (1997). Dialogue and Intersubjectivity in the Therapeutic Relationship. *British Gestalt Journal*, *6*(1), 16-28.

White, C. (2008). *Beyond Transference*. http://gestalttherapyscotland.co.uk/downloads/Beyond%20transference%20web.Pdf

Woldt, A., & Toman, S. (Eds.). (2005). *Gestalt Therapy: History, Theory, and Practice*. Sage Publications.

Wolfert, R. (2000). Self in Experience, Gestalt Therapy, Science and Buddhism. *British Gestalt Journal*, *9*(2), 77-86.

Wollants, G. (2012). *Gestalt Therapy: Therapy of the Situation*. Sage.

Wollants, G. (2016). The Bodying Forth of the Situation. *Contact and Context: New Directions in Gestalt Coaching*. Gestalt Press.

Yontef, G. (1975). A Review of the Practice of Gestalt Therapy. In F. Stephenson (Ed.), *Gestalt Therapy Primer: Introductory Readings in Gestalt Therapy*. Charles C. Thomas.

Yontef, G. (1981). The Future of Gestalt Therapy: A Symposium with G. Yontef, J. Zinker, E. Polster and L. Perls. *The Gestalt Journal*, *IV*(1), 3-18.

Yontef, G. (1993). *Awareness, Dialogue and Process: Essays on Gestalt Therapy*. Gestalt Journal Press.

Yontef, G. (1999). Awareness, Dialogue and Process: Preface to the 1998 German Edition. *The Gestalt Journal*, *XXII*(1), 9-20

Yontef, G. (2002). The Relational Attitude in Gestalt Theory and Practice. *International Gestalt Journal*, *25*(1), 15-36.

Yontef, G. (2007). The Power of the Immediate Moment in Gestalt Therapy. *Journal of Contemporary Psycho-therapy*, *37*(1), 17-23.

Yontef, G. (2008). Relational Gestalt Therapy: What Is It, and What Is It Not?. *International Gestalt Journal*, *31*(1), 91-113.

Yontef, G. (2009). The Relational Attitude in Gestalt Therapy and Practice. In R. Hycner &

L. Jacobs (Eds.), *Relational Approaches in Gestalt Therapy* (pp. 37–59). Routledge/Gestalt Press.

Yontef, G., & Jacobs, L. (2010). Gestalt Therapy. In R. Corsini & D. Wedding (Eds.), *Current Psychotherapies* (pp. 342–382). Brookes/Cole Thompson Learning.

Yontef, G., & Schulz, F. (2016). Dialogue and Experiment. *British Gestalt Journal*, *25*(1), 9–21.

Zahavi, D. (2014). *Self and Other: Exploring Subjectivity, Empathy, and Shame*. Oxford University Press.

Zahm, S. (1998). Therapist Disclosure in the Practice of Gestalt Therapy. *Gestalt Journal*, *21*(2), 21–51.

Zeigarnik, B. (1927). Das Behalten erledigter und unerledigter Handlungen. *Psychologische Forschung*, *9,* 1–85.

Zeigarnik, B. (1938). On Finished and Unfinished Tasks. In W. D. Ellis (Ed.), *A Sourcebook of Gestalt Psychology* (pp. 300–314). Kegan Paul, Trench Truber & Co.

Zinker, J. (1977). *Creative Process in Gestalt Therapy*. Vintage Books.

찾아보기

인명

내용

저자 소개

Dave Mann

UKCP 공인 게슈탈트 심리치료사이며, 메타노이아(Metanoia) 연구소, 게슈탈트 심리치료 훈련 연구소, 셔우드(Sherwood) 심리치료 훈련 연구소의 슈퍼바이저이자 훈련가이다. 또한『영국 게슈탈트 학회지(British Gestalt Journal)』의 부편집장을 역임하였다.

역자 소개

장현아 (Hyuna Chang)

독일 튀빙겐 대학교(University of Tübingen) 심리학과에서 임상 및 심리치료 전공으로 박사 학위를 취득하였다. 또한 한국게슈탈트상담심리학회 공인 게슈탈트 상담전문가이며, 한국심리학회 공인 임상심리전문가 및 상담심리전문가, 한국인지행동치료학회 공인 인지행동치료전문가 자격을 취득하였다. 한국게슈탈트상담심리학회 학회장을 역임하였고, 현재 대전대학교 상담학과 교수이다.

게슈탈트 치료: 100가지 핵심 포인트

Gestalt Therapy: 100 Key Points and Techniques (2nd ed.)

2025년 7월 25일 1판 1쇄 인쇄
2025년 7월 30일 1판 1쇄 발행

지은이 • Dave Mann
옮긴이 • 장현아
펴낸이 • 김진환
펴낸곳 • (주) 학지사
04031 서울특별시 마포구 양화로 15길 20 마인드월드빌딩
대 표 전 화 • 02)330-5114 팩스 • 02)324-2345
등 록 번 호 • 제313-2006-000265호

홈 페 이 지 • http://www.hakjisa.co.kr
인스타그램 • https://www.instagram.com/hakjisabook

ISBN 978-89-997-3466-3 93180

정가 24,000원

역자와의 협약으로 인지는 생략합니다.
파본은 구입처에서 교환해 드립니다.